JN327552

なぜわたしは町民を埼玉に避難させたのか

証言者 前双葉町町長 井戸川克隆

井戸川克隆
企画・聞き手 佐藤 聡

駒草出版

なぜ私は井戸川さんにインタビューを続けたのか――

大学に入り立ての頃、ある講演会に参加した。講演者が話し終えた後、質問を促す声に押されて、手を挙げた――。

ずっと気になっていたことがあったからだ。

私の地元、南相馬市を含む福島県浜通りにはいつの間にか原子力発電所が当たり前のように建っていた。

だがそれを明確に意識することはなかった。当初四基だった原子炉は六基に増え、そればかりか一ヵ所だけだった原発基地は、二ヵ所にも増えた。いつ頃から原発銀座とも呼ばれるようになった。

東京に向かう電車の窓越しに見える大きな塔を見かけるたびに、それはこの、特に何があるわけでもない地域の発展の証なのだと勝手に納得していた。

一方で、漠然とした不安も募っていた。各地で原発のトラブルが相次いで報道されるようになったからだ。ただ記憶をたどる限り、福島原発で大きなトラブルや事故が報道されたことはなかった。聞こえてくるのは新潟や福井の〝よそ〟の原発のことだった。

よその話で不安が大きくなったのではない。むしろ何も聞こえてこないことが不気味だった。原発の話で耳に入ってくるのは、「原発は儲かる」ということだった。気がつけば原発の現場に労働者や技術者を派遣する、いわゆる下請け会社が、私が住んでいた南相馬市でも(当時はまだ合併前の小さな町だ)、あちこちにできていた。

だが南相馬は原発立地自治体ではない。その恩恵は必ずしも交付金や税という形で直接受けるだけではない。周辺の自治体にも雇用や新規ビジネスといった有形無形の恩恵を与えているのだ。

それは、県内の他の自治体でも同様だった。核燃料税などのように内容によっては県に落ちる額が市町村総額を上回るものもある。県が吸い上げ、それを県内のさまざまな事業予算に形を変えて分配する。

それでも立地自治体は優遇されていた。小さな町に相応しくないような音楽ホールやスポーツ施設、コミュニティセンターなどが建っていった。

福島県内で小学校教員をしている友人は、立地小学校に赴任したときの優遇ぶりに驚いたそうだ。

「県に要望すると、他の市町村では何かと渋られる設備や備品が、スイスイと通ってしまう。各教室にはエアコンが早々と設置され、教員一人ひとりに最新のノートパソコンが支給された。電子黒板が入ってきた。各教室に空気清浄機も入った。印刷機、コピー機も最新版が入っていた。

あり得ないと思った。嘘みたいだった。他の市町村の小学校では、まず過去の台帳を見て廃棄となったものを吟味して優先順位を決めて申請していた。それでもなかなか備品は入らなかったのに。原発立地の自治体の凄さを知った」

住民税が免除された町もあった。ちょっとしたタックスヘイブンである。

もちろんすべての立地自治体が同じように潤っていたわけではない。

ただその優遇ぶりは周囲の自治体の反感を買った。原発はそれがあれば潤う、巨大な打ち出の小槌だった。

だからこそ不気味なものを感じた。

「福島県浜通りには、原発銀座と呼ばれるほど原発が集まってしまった。危険ではないのでしょうか」

僕は、ずっと胸の内で広がっていた不安を、その講演者にぶつけた。

講演者の名は故・宇井純さんである。水俣病を世に知らしめた公害問題研究の第一人者だ。

宇井さんの答えは予想に反して短かった。

「ふつう市町村が企業を誘致する時には、市町村側がお金を出す。原発はその逆。進出先にお金を渡してつくらせてもらう。そこが分かれば、原発が危険かどうかは判断できるでしょう」

つまり電源三法に核燃料税、原発立地特別措置法による交付など、屋上屋を重ねるように増えていく原発マネーはそのリスクの見返りにほかならない。

だが果たして見返りは、リスクに見合ったものだったのか。

自分たちでリスクを引き受け、相応の見返りを受けたのだ、この結果は自業自得ではないか、という声も聞く。

そうではない。そもそもそんなリスクなどまともに説明されてはいなかった。

福島第一原発で爆発が起こった時、東京のテレビ局のスタジオに呼ばれていたある原子力工学の専門家は、「ベントではないですか」と、とんちんかんなコメントを発していた。

政府関係者や国会議員の中でベントがいったいどういう行為なのかを理解していた人間が何人いたのだろうか。

SPEEDIの存在を知っており、どう使うべきかを理解していた原子力安全・保安院の人間は何人いたのだろうか。

大量にばらまかれた放射性物質がどんな健康被害をもたらすか、知見をもった医者が何人いたのか。

原発が爆発した時、立地自治体の地元で何が起こったのか、把握している事故調の委員は何人いたのか。

今なお、一日一〇〇〇万ベクレル以上の放射性物質が放出されている福島第一を「収束した」と言った人間は、原発事故の「収束」の意味を理解していたのだろうか。

健康被害がないという政治家は何を調査して言っているのだろうか。

復興を阻害するから風評被害を邪魔するなというメディアは、実害と風評被害を区別して言っているのだろうか。

二〇兆円弱の金を注ぎ込み続けて完成しない核燃料サイクルに、なぜこだわり続けるのか。

東日本大震災で、原発の漠然とした不安は悲惨な現実となってしまった。

起こったことの全貌はいまだに分からない。

メディアも断片しか伝えない。

何が起こっているのかを知らなければならない。あれだけの原発が建ち並んでしまったエリアに生まれた者として、原発と原発の犠牲を知らなければならない。

私は事故後、業界紙に連載をはじめた。地元に通い、福島県内、東京、山梨、神奈川、千葉、新潟、関西にも足を運んで、さまざまな人の話を聞いた。いろいろな事実が分かった。一方で分からないことも増えた。

そんな中、双葉町の前町長の井戸川克隆さんの講演会を知った。そこで語られたことは、これまで噂の域だった事柄が事実だったことが分かった。バラバラだったピースが繋がりはじめた。

事故後、さまざまな事実が明らかになっていったが、起こりはじめた事実を赤裸々に語れる人はこの人をおいてほかにいないと思った。

この本で語られていることは、町長辞任後の二〇一三年一一月以降、断続的にインタビューを重ね、講演会や講演録などを参照しながらまとめたものだ。

もっと早くまとめられると思ったが、状況が刻々変化していることや、『美味しんぼ』問題が起こり、出版そのものが頓挫しかけて、時間がかかってしまった。

そのため、内容には時間的に前後する部分が出てくる。

ただ、その時点時点で語られたことは事実である。

事故後様々な「真実」を伝える本が出た。この本では真実という言葉は敢えて使わない。真実は主観によって左右されるからだ。ただ何が起ったのか。何が起っているのかは事実として記しておきたい。

この国で起こっている事実が、この本を手に取った読者の方に少しでも伝わることを願う。

佐藤　聡

二〇一五年春

町内東京電力天王山社宅付近から役場方面を望む（2012年10月30日）

双葉町の地図

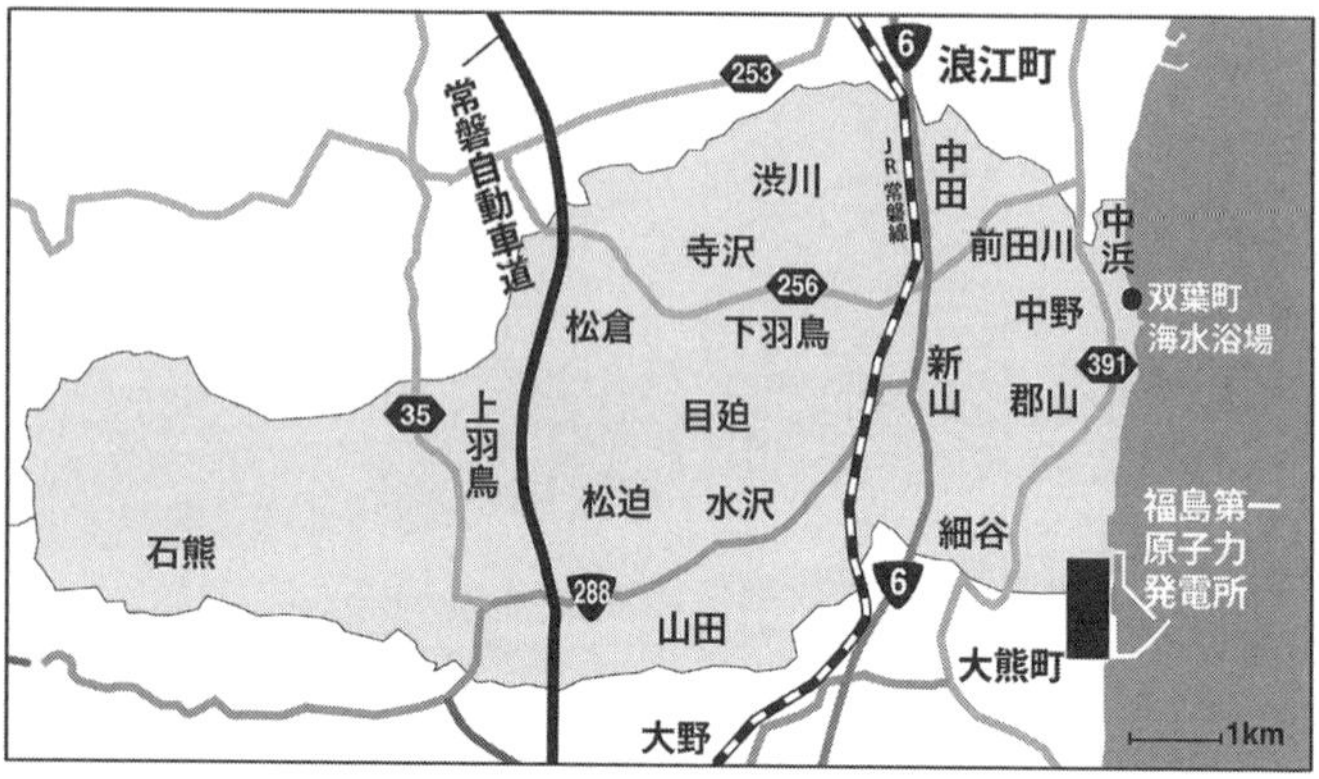

双葉町概要

面積	51.4平方キロメートル
人口	1985年に8219人を記録。2010年時点で6932人（総務省国勢調査より）
主要産業	農業
観光	新山城跡、双葉海水浴場（日本の水浴場55選）
歴史	7世紀前半は染羽国造（しめはのくにのみやつこ）の領土として記録されている。平安時代末から戦国時代にかけては標葉（しねは）氏統治下となる。戦国時代には北方の相馬市の領下となり、明治時代まで続く。1889年（明治22年）、町村制により、旧標葉郡新山村と長塚村が発足。その後、新山村に移行。1951年両村町が合併、双葉町の前進である標葉町が誕生する。1956年、現在の双葉町に改名
学校	小学校2校、中学校1校、高等学校1校

二〇一一年三月一一日からの双葉町と井戸川さんの動き

二〇一一年

◆三月一一日

●一四時四六分　三陸沖を中心とする東北地方太平洋沖地震発生。●井戸川さん、双葉地方町村会館の駐車場を出た頃に地震に遭遇

●一九時〇三分　菅直人首相が原子力緊急事態宣言

●二〇時五〇分　一号機の半径二キロメートル圏内の住民に避難指示。●井戸川さん、町内の避難所の見廻りに出る

●二一時二三分　半径三キロメートル圏内の避難と三〜一〇キロメートル圏内の屋内退避を指示

◆三月一二日

●五時四四分　菅直人首相が半径一〇キロメートル圏内の住民に避難を指示

●六時過ぎ　川俣町長へ避難受入要請の電話を入れる

●七時三〇分　町災害対策本部で確認

●八時〇〇分　町防災無線で川俣町に避難広報

●一四時頃　双葉町役場からヘルスケアへ移動

●一五時三六分　一号機の原子炉建屋が爆発

●一七時頃　双葉町から川俣町へ向かう

●一八時二五分　菅首相が半径二〇キロメートル圏内の住民に避難指示

●一九時頃　川俣町の避難所（川俣町合宿所）へ到着

◆三月一三日

●安定ヨウ素剤を投与

◆三月一四日

●安定ヨウ素剤を投与

●一一時〇一分　三号機の原子炉建屋が爆発

●一七時過ぎ　県庁の災害対策本部に行く。県庁の混乱を確認

●手許の線量計のレンジを上げる
●二〇時頃　夜間外出禁止令を出す
◆三月一五日
●六時一四分　四号機の原子炉建屋が爆発
●九時過ぎ　川俣町町長を訪ね、再移動の承認を得る
●再避難先を探す（柏崎市、片品村、さいたまスーパーアリーナ）
◆三月一六日
●再避難先をさいたまスーパーアリーナに決定。バスの手配を埼玉県にお願いする
◆三月一九日　川俣町から「さいたまスーパーアリーナ」に避難。上田（清司）埼玉県知事、清水（勇人）さいたま市市長の出迎えを受ける
◆三月二三日
●議会全員協議会開催。加須市旧騎西高校への移転を承認

◆三月二八日　さいたまスーパーアリーナで臨時議会を開催
◆三月三〇・三一日　埼玉県加須市・旧騎西高校に町民避難
◆四月一日　埼玉県加須市・旧騎西高校内に「役場埼玉支所」を開設。リステル猪苗代に「猪苗代連絡所」を開設
◆四月八日　天皇皇后両陛下が旧騎西高校避難所をご訪問
◆四月一二日　国際事故評価尺度でチェルノブイリと同じ「レベル7」に認定される
◆四月一七日　事故収束工程表が発表される
◆四月二一日　半径二〇キロメートル圏内の警戒区域設定指示（二二日に区域設定）
◆四月二二日　計画的避難区域及び緊急時避難準備区域の設定指示
◆四月二八日　国・県義援金支給開始
◆五月一日　県借上住宅の特例措置が遡及適用される

◆五月四日　菅直人内閣総理大臣が旧騎西高校避難所を訪問

●「仮の町」をお願いする

◆五月八日　日本赤十字社から生活基本家電セットの支給受付開始

◆五月二五日　応急仮設住宅募集および入居開始（七月一日）

◆五月二六日　警戒区域への町民一時帰宅開始

◆六月二日　警戒区域から車両持ち出し開始

◆六月一一日　双葉町慰霊式（一三世帯・二三人参加）

◆七月四日　家屋の屋根の応急措置作業の東電への要望実施

◆七月二〇日　町義援金第一次配分開始

◆七月二五日　家屋の屋根の応急措置作業に着手、『総合受付コールセンター』開設

◆七月二九日　災害弔慰金の支給開始

◆八月一日　災害救助法に基づく生活必需品の給付開始

◆八月一四日　旧騎西高校避難所で双葉盆踊り大会

◆八月一九日　「双葉町小中学校児童・生徒再会の集い」開催（〜二三日まで）

◆九月二五日　警戒区域への一時立入（二巡目）開始（一二月二四日まで）

◆九月二九日　放射線内部被ばく検診開始（茨城県東海村他五か所で実施）

◆一〇月一日　双葉町元気農園開園（埼玉県加須市）

◆一〇月二八日　郡山市「役場福島支所」を開設

◆一二月一五日　町義援金第二次配分

◆一二月一九日　茨城県つくば市に「つくば連絡所」を開設

◆一二月二二日　大震災以降の町民意向調査を開始

◆一二月二五日　「原発事故被害救済双葉町弁護団」結成式

二〇一二年

◆一月一日　「町復興への道」に関する町民アンケー

ト実施

◆一月八日　町成人式を郡山市で開催

◆一月九日　原子力損害賠償手続き支援のための双葉町弁護団相談説明会開催（一月九日〜三月一七日／一一九一世帯一七六七人／弁護人三一一人）

◆一月二〇日　いわき市にグループホーム「せんだんの家」を開設

◆一月二一日　町ダルマ市をいわき市南台応急仮設住宅で開催

◆一月二五日　電子掲示板（デジタルフォトフレーム）の貸与受付開始

◆一月二七日　いわき市南台応急仮設住宅に高齢者サポートセンター「ひだまりの家」開設

◆二月六日／二二日　放射性物質簡易測定GMサーベイメーターを配備（福島支所一〇台・埼玉支所五台）

◆二月一二日　警戒区域への一時立入（三巡目）（〜四月一五日まで）

◆二月一七日　町政懇談会の実施（〜三月三日まで福島県内外九方部）

◆二月二一日　個人線量計の貸与開始

◆二月二九日　双葉町弁護団が原子力損害賠償紛争解決センターへ集団申立（二一世帯・四七人）

◆三月四日　いわき市で東日本大震災犠牲者合同慰霊式

◆三月八日　東京電力に対し不動産（土地・建物）の損害賠償請求

◆四月一日　いわき市南台応急仮設住宅に「いわき南台連絡所」を開設

◆五月二三日　警戒区域への一時立入（四巡目）開始（〜七月一五日まで）

◆六月一〇日　関東方面における町政懇談会開催

◆六月一二日　放射線量の最も高い地域に合わせて町内全域を「帰還困難区域」に統一及び「一

律賠償」の要望書を平野復興大臣に提出
◆六月一三日　双葉町弁護団第一回口頭審理開催（一二世帯）
◆七月一九日　町の再生及び復興のあるべき姿などを検討する「双葉町復興まちづくり委員会」第一回の開催
◆七月二七日　「双葉町小中学校児童・生徒再会の集い（第二回）」開催（～二九日まで）　参加者：小中学生及び保護者五三五人
◆八月一日　ホールボディカウンター（WBC）による内部被ばく検査開始
◆八月七日　政府事故調査・検証委員会最終報告
◆八月一九日　中間貯蔵施設に係る国・県・双葉郡八町村による意見交換会
◆八月二三日　「避難指示区域見直しに伴う賠償基準」に関する説明会を開催（新潟県柏崎市を皮切りに、九月一〇日まで福島県内外で一八回開催）
◆八月二六日　警戒区域への一時立入（五巡目）開始（～一〇月一三日まで）
◆九月一日　旧騎西高校避難所で弁当有料化開始
◆九月一三日　双葉町老人クラブ連合会再会のつどい開催（郡山市）
◆九月二七日　町義援金第三次配分
◆一〇月一五日　双葉町役場機能をいわき市東田町への移転発表
◆一〇月二二日　屋根の応急復旧作業終了（施工件数（含：再施工）：一七三五件）
◆一〇月二八日　井戸川さん、ジュネーブ国連人権理事会サイドイベント（スイス）に出席
◆一一月四日　警戒区域への一時立入（六巡目）開始（～一二月一五日まで）
◆一一月九日　平野復興大臣が双葉町内公共施設及び被災状況確認
◆一一月一三日　福島県知事と双葉地方八町村長との現地視察実施

◆一一月一五日　町独自の疫学調査に係る調査書を町民に発送

◆一一月二八日　井戸川さん、福島県知事と双葉地方町村長との会議を欠席

◆一二月一二日　町議会が町長辞職要求書提出

◆一二月二〇日　町及び議会が国から区域再編（案）の説明を受ける
　町議会が町長不信任決議を全会一致で可決

◆一二月二六日　●井戸川さん、町議会を解散

二〇一三年

◆一月二三日　●井戸川さん、町長の辞職を表明

◆二月三日　町議会議員一般選挙が行われる

◆二月一二日　●井戸川さん、町長を退任。町長職務代理者に井上副町長就任

◆二月一三日　町及び議会が国から区域再編（案）について説明を受ける

　警戒区域への一時立入（七巡目）開始（～三月二四日まで）

　医療費一部負担金及び介護保険利用料免除期間が延長される（平成二六年二月二八日まで）

◆二月二〇日　町役場仮庁舎の建築物確認済証が交付される

◆二月二一日　町区域再編（案）並びに賠償基準に係る町民説明会の実施（～三月五日まで）

◆二月二八日　町健康手帳を町民に発送
　町長選告示

◆三月二日　東日本大震災・原発事故に係る犠牲者慰霊塔除幕並びに追想式を実施（双葉町下条地区）

◆三月一〇日　町長選挙が行われる。投票は旧騎西高校と福島県郡山市の役場支所。伊澤史朗氏当選

◆三月一六日　避難指示再編（案）並びに賠償基準に係

◆三月二八日　る説明会を実施（対象：浜野・両竹地区）

◆四月六日　国から町及び議会に対し避難区域再編及び賠償基準の変更点について説明

避難区域再編（案）並びに賠償基準に係る説明会を再度実施

◆四月二三日　避難指示解除準備区域（案）に同意（対象：浜野・両竹地区）

避難指示区域の再編（案）について議会へ国が説明を行い、同意を得る

◆五月七日　町が国に対して意見書を提出する

国の原子力災害対策本部が避難指示区域の見直しを行い、避難指示解除準備区域及び帰還困難区域に決定される

◆五月八日　双葉町復興まちづくり委員会が「双葉町復興まちづくり計画（第一次）」を町長に報告

◆五月一八日　町政懇談会の実施（双葉町復興まちづくり計画案など）（五月二六日まで福島県内外で一一回実施）

◆五月二八日　双葉町における警戒区域（全面海域を含む）が、午前〇時をもって解除。これに伴い町の九六％が帰還困難区域に。四％が避難指示解除準備区域に再編

◆六月一二日　原子力損害賠償紛争審議会の能見会長が双葉町を現地視察

◆六月一七日　役場本体機能を福島県いわき市東田町に移転する

・避難者支援のため郡山支所（旧福島支所）、埼玉支所を引き続き設置

「東日本大震災及び福島第一発電所事故からの双葉町の概要」（福島県双葉町広報資料）より一部引用の上、作成

東京電力福島第一原発配置図（事故前）

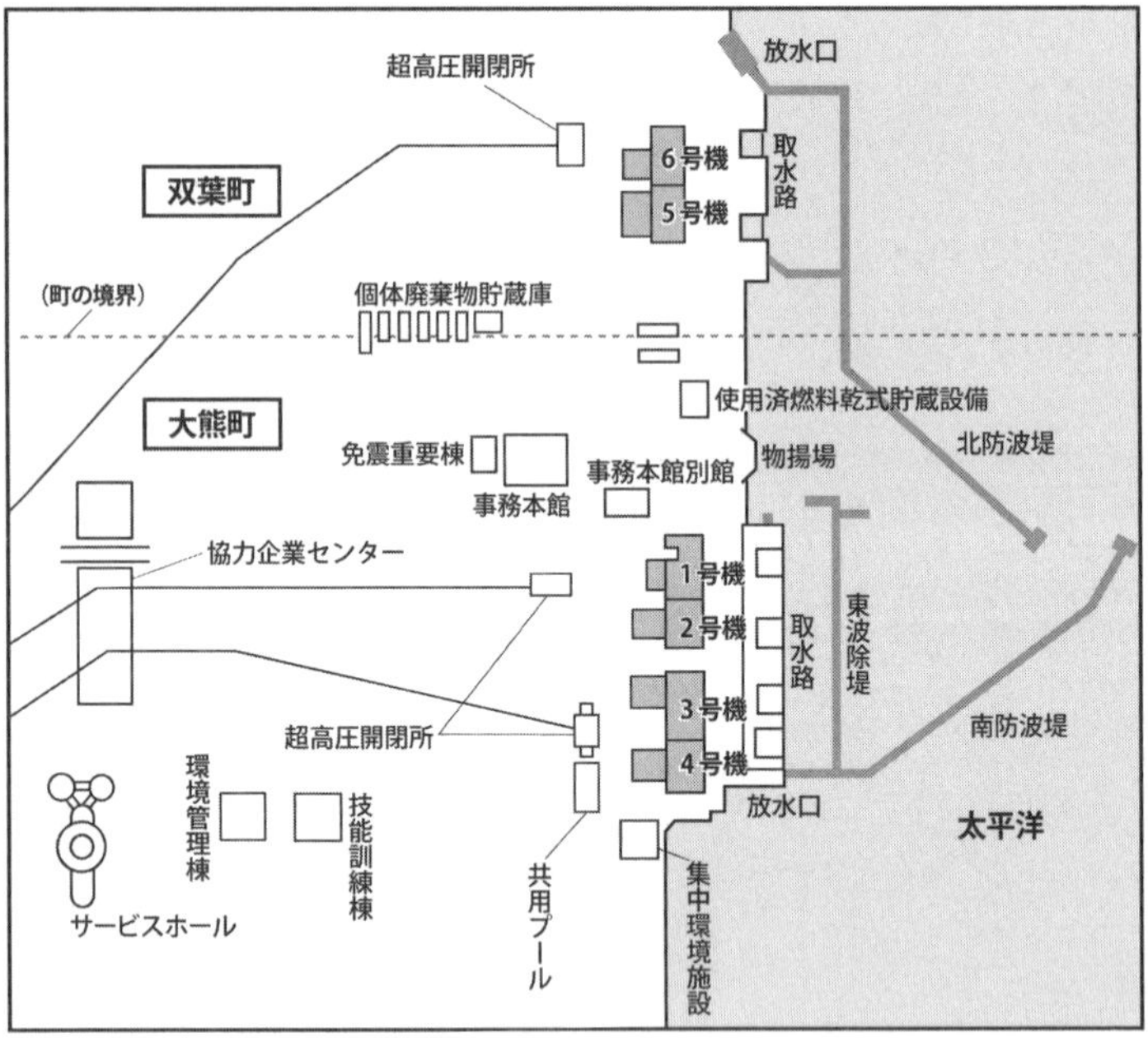

東京電力の資料を参考に作成

福島第一原子力発電所の構内配置図。東京電力ホームページ http://www.tepco.co.jp/nu/fukushima-np/roadmap/images/1f_decommissioning_plan_map-j.pdf 等を元に作成（参照：2015年２月20日）

３月12日15時36分に爆発した１号機の様子（映像提供／福島中央テレビ）

井戸川克隆（いどがわ・かつたか）

一九四六年生まれ。福島県双葉町出身。福島県立小高工業高校を卒業。昭和五三年～平成一七年まで株式会社丸井の代表取締役。双葉郡管工事組合長、県立双葉高校ＰＴＡ会長等を歴任。平成一七年一二月～平成二五年二月まで双葉町町長を務める。任期中は双葉地方町村会長、全国原子力立地市町村協議会副会長も務める。平成二五年二月一二日に町長を退任後、第二三回参議院通常選挙（みどりの風から比例区で出馬するが落選）、そして第二〇回福島県知事選挙（平成二六年一〇月二六日実施）への出馬に加え、各地での講演や国際会議への参加（脱原発世界会議、国連人権理事会のサイドイベント等）などを通じて原発事故への日本政府、東京電力、そして福島県の対応を批判。独自の脱原発活動を続けている。

・文中の太字箇所は、各段落（◆ではじまる見出しごとのまとまり）の最後に用語説明を入れています

・※を付けた箇所（傍線部等）は、適宜その後に解説を入れています

第一章　3．11。そして避難のはじまり

「国は何キロメートル以内は離れろと言うだけ。それでは足りないから自分で遠くに離れるしかない。私の役目は放射能から町民をいかに早く遠くに離すかしかないわけですよ。」

「町民が諦めて気力を失って、自殺をされるのが一番嫌だった。それと、国や東電や県にそのまま簡単に騙されるのが嫌だったんですよ。だから、『私を怒れ、どんどん怒れ。なんぼでも怒れっ』て言っていたんですよ。」

「そもそも災害救助法を使ったのが良くないんですよ。これは国がずるい。原発事故は災害ではないんですよ。一企業が起こした事故なんです。だから災害救助法が使えるかどうかも議論せずに、災害救助法を適用するのはおかしい。」

◆爆発前。3．11。双葉町――

――いろいろ伺いたいと思います。まず地震発生から原発の爆発、そして県外への避難にいたる経緯についてお話しください。

三月一一日の地震発生時、私はちょうど車で町外に出ていました。目的地で用を済ませて、その敷地から出て三〇メートルほど走ったあたりで、進まなくなりました。必死にハンドルにつかまりながら、「ふつうじゃないぞ、大きいな、これは。早く終わってくれ」と祈っていました。

私がそう思ったのは、地震の揺れが長くて大きかったこともありますが、原子力発電所が危なくなるからです。これだけ揺れが強ければ原発は必ず壊れてしまうと。そう思っていました。それから大急ぎで双葉町の役場に戻りました。

その時は通常通っている幹線道の国道六号を走っていたのですが、途中から海岸線の裏道（浜海道）を通りました。役場に戻ったのは、地震発生から二〇～三〇分後くらいでしょうか。

私が車で走っていた時、カーラジオでは「大津波警報」と何度も繰り返し言っていました。

あと五～六分ぐらい遅れて走っていたら、私はこの世にいなかったと思います。私の走ってきた道では、津波で橋を流され、道路が流され、県の施設が流されたりして、そこで何人もの人が犠牲になったのです。

役場に戻ってからは一階から二階、二階から三階、四階と駆け上がって、全部見て回りました。最後に東の窓から外を見た時、そこには見たことがない光景がありました。

海岸の松林や家々の木材などが流されてきていた。役場から四〇〇～五〇〇メートルまで来ていました。あるべきところにあるものがなくなっていて、そこにはなくていい津波が来ていました。

助けに行こうにも行けない。本当に辛い気持ちでその光景を見ていました。それから、「これは普通じゃない状況だ」と判断して、すぐ災害対策会議を立ち上げました。一時間ぐらい開いていましたね。

それから避難者の対応をして、物資を手配して、問題の洗い出しと対応、追究、追跡に時間を割きました。そして現地を見て回ろうと外に出ました。

ちょっと暗くなりかけた頃に、二回目の対策会議を開いて、一応役場の役割分担を確認して、私は、町中に出て飲料水の手配をしました。ですが結果的には水が通ってくるところまで行けなかった。

その後避難している公民館、学校関係に隈なく顔を出して、帰ってきたのは一二日の深夜〇時過ぎでしたね。

途中で、原発から半径二キロメートルと三キロメートルの**避難指示**が出されました※。対象となった二つの地域の住民は、さらに奥の公民館に移りました。

※　政府は一一日午後七時〇三分に原子力緊急事態を宣言。午後八時五〇分に福島県対策本部は、福島第一原子力発電所の半径二キロメートル以内の住人に避難指示。午後九時二三分に内閣総理大臣により、福島県知事、大熊町及び双葉町長に対して、東京電力株式会社福島第一原子力発電所で発生した事故に関し、**原子力災害対策特別措置法**第一五条三項の規定に基づく指示を出した。

「福島第一原子力発電所一号機から半径三キロメートル圏内の住民に対する避難指示」

「福島第一原子力発電所一号機から半径一〇キロメートル圏内の住民に対する屋内退避指示」

原子力災害対策特別措置法（平成十一年十二月十七日法律第百五十六号）

（原子力防災管理者の通報義務等）

第十条　原子力防災管理者は、原子力事業所の区域の境界付近において政令で定める基準以上の放射線量が政令で定めるところにより検出されたことその他の政令で定める事象の発生について通報を受け、又は自ら発見したときは、直ちに、内閣府令・原子力規制委員会規則（事業所外運搬に係る事象の発生の場合にあっては、内閣府令・原子力規制委員会規則・国土交通省令）及び原子力事業者防災業務計画の定めるところにより、その旨を内閣総理大臣及び原子力規制委員会、所在都道府県知事、所在市町村長並びに関係周辺都道府県知事（事業所外運搬に係る事象の発生の場合にあっては、内閣総理大臣、原子力規制委員会及び国土交通大臣並びに当該事象が発生した場所を管轄する都道府県知事及び市町村長）に通報しなければならない。この場合において、所在都道府県知事及び関係周辺都道府県知事は、関係周辺市町村長にその旨を通報するものとする。

二　前項前段の規定により通報を受けた都道府県知事又は市町村長は、政令で定めるところにより、内閣総理大臣及び原子力規制委員会（事業所外運搬に係る事象の発生の場合にあっては、内閣総理大臣、原子力規制委員会及び国土交通大臣。以下この項及び第十五条第一項第一号において同じ。）に対し、その事態の把握のため専門的知識を有する職員の派遣を要請することができる。この場合において、内閣総理大臣及び原子力規制委員会は、適任と認める職員を派遣しなければならない。

第三章　原子力緊急事態宣言の発出及び原子力災害対策本部の設置等

（原子力緊急事態宣言等）

第十五条　原子力規制委員会は、次のいずれかに該当する場合において、原子力緊急事態が発生したと認めるときは、直ちに、内閣総理大臣に対し、その状況に関する必要な情報の報告を行うとともに、次項の規定による公示及び第三項の規定による指示の案を提出しなければならない。

一　第十条第一項前段の規定により内閣総理大臣及び原子力規制委員会が受けた通報に係る検出された放射線量又は政令で定める放射線測定設備及び測定方法により検出された放射線量が、異常な水準の放射線量の基準として政令で定めるもの以上である場合

二　前号に掲げるもののほか、原子力緊急事態の発生を示す事象として政令で定めるものが生じた場合

二　内閣総理大臣は、前項の規定による報告及び提出があったときは、直ちに、原子力緊急事態が発生した旨及び次に掲げる事項の公示（以下「原子力緊急事態宣言」という。）をするものとする。

一　緊急事態応急対策を実施すべき区域

二　原子力緊急事態の概要

三　前二号に掲げるもののほか、第一号に掲げる区域内の居住者、滞在者その他の者及び公私の団体（以下「居住者等」という。）に対し周知させるべき事項

三　内閣総理大臣は、第一項の規定による報告及び提出があったときは、直ちに、前項第一号に掲げる区域を管轄する市町村長及び都道府県知事に対し、第二十八条第二項の規定により読み替えて適用される災害対策基本法第六十条第一項及び第六項※の規定による避難のための立退き又は屋内への退避の勧告又は指示を行うべきことその他の緊急事態応急対策に関する事項を指示するものとする。

四　内閣総理大臣は、原子力緊急事態宣言をした後、原子力災害の拡大の防止を図るための応急の対策を実施する必要がなくなったと認めるときは、速やかに、原子力緊急事態の解除を行う旨及び次に掲げる事項の公示（以下「原子力緊急事態解除宣言」という。）をするものとする。

一　原子力災害事後対策を実施すべき区域

二　前号に掲げるもののほか、同号に掲げる区域内の居住者等に対し周知させるべき事項

（緊急事態応急対策及びその実施責任）

第二十六条　緊急事態応急対策は、次の事項について行うものとする。

一　原子力緊急事態宣言その他原子力災害に関する情報の伝達及び避難の勧告又は指示に関する事項

二　放射線量の測定その他原子力災害に関する情報の収集に関する事項

三　被災者の救難、救助その他保護に関する事項

四　施設及び設備の整備及び点検並びに応急の復旧に関する事項

五　犯罪の予防、交通の規制その他当該原子力災害を受けた地域における社会秩序の維持に関する事項

六　緊急輸送の確保に関する事項

七　食糧、医薬品その他の物資の確保、居住者等の被ばく放射線量の測定、放射性物質による汚染の除去その他の応急措置の実施に関する事項

八　前各号に掲げるもののほか、原子力災害（原子力災害が生ずる蓋然性を含む。）の拡大の防止を

図るための措置に関する事項

二　原子力緊急事態宣言があった時から原子力緊急事態解除宣言があるまでの間においては、指定行政機関の長及び指定地方行政機関の長、地方公共団体の長その他の執行機関、指定公共機関及び指定地方公共機関、原子力事業者その他法令の規定により緊急事態応急対策の実施の責任を有する者は、法令、防災計画、原子力災害対策指針又は原子力事業者防災業務計画の定めるところにより、緊急事態応急対策を実施しなければならない。

三　原子力事業者は、法令、防災計画、原子力災害対策指針又は原子力事業者防災業務計画の定めるところにより、指定行政機関の長及び指定地方行政機関の長並びに地方公共団体の長その他の執行機関の実施する緊急事態応急対策が的確かつ円滑に行われるようにするため、原子力防災要員の派遣、原子力防災資機材の貸与その他必要な措置を講じなければならない。

※　**災害対策基本法第六十条第一項及び第六項**

（市町村長の避難の指示等）

第六十条　災害が発生し、又は発生するおそれがある場合において、人の生命又は身体を災害から保護し、その他災害の拡大を防止するため特に必要があると認めるときは、市町村長は、必要と認める地域の居住者等に対し、避難のための立退きを勧告し、及び急を要すると認めるときは、これらの者に対し、避難のための立退きを指示することができる。

二　前項の規定により避難のための立退きを勧告し、又は指示する場合において、必要があると認めるときは、市町村長は、その立退き先として指定緊急避難場所その他の避難場所を指示することができる。

三　災害が発生し、又はまさに発生しようとしている場合において、避難のための立退きを行うことによりかえつて人の生命又は身体に危険が及ぶおそれがあると認めるときは、市町村長は、必要と認める地域の居住者等に対し、屋内での待避その他の屋内における避難のための安全確保に関する措置（以下「屋内での待避等の安全確保措置」という。）を指示することができる。

四　市町村長は、第一項の規定により避難のための立退きを勧告し、若しくは指示し、若しくは立退き先を指示し、又は前項の規定により屋内での待避等の安全確保措置を指示したときは、速やかに、その旨を都道府県知事に報告しなければならない。

五　市町村長は、避難の必要がなくなつたときは、直ちに、その旨を公示しなければならない。前項の規定は、この場合について準用する。

六　都道府県知事は、当該都道府県の地域に係る災害が発生した場合において、当該災害の発生により市町村がその全部又は大部分の事務を行うことができなくなつたときは、当該市町村の市町村長が第一項から第三項まで及び前項前段の規定により実施すべき措置の全部又は一部を当該市町村長に代わつて実施しなければならない。

【用語説明】

避難指示…自然災害や原子力災害等で対象地域の土地、建物などに被害が発生する恐れのある場合、「災害

対策基本法」の第六〇条に基づいて、各自治体の市町村長が判断して住民に対して行われる勧告。「避難指示」の前に「避難勧告」、その前に「避難準備情報」がある。避難準備情報は、災害の可能性がある場合、避難の準備を促すと同時に、避難に時間がかかる病人や子どもなどの災害弱者などを避難させる目的がある。その後状況がさらに悪化し、人的被害の可能性が出てくると避難勧告に変わる。拘束力はないが、実質的な避難を促す。避難指示はその後危険性が高まったり、人的被害が発生した場合に発令され、拘束力がある。原子力関連の事故の場合、「原子力災害対策特別措置法」の第二六条に規定されている。

原子力災害対策特別措置法…一九九九年に起こった茨城県東海村JCO臨界事故を契機に制定された。この法律では、内閣総理大臣が原子力緊急事態宣言を出した場合、内閣総理大臣に全権が集中し、政府だけではなく地方自治体・原子力事業者を直接指揮し、災害拡大防止や避難などをすることができるようになった。全四二条と附則から成り、避難規定は第二六条に規定されている。なお、具体的な避難勧告は第一五条の通報をもって都道府県、または市町村の長が指示することになっている（三〇ページの条文参照）。

◆「あー、間に合わなかった……」

それで役場に戻って、テレビに釘づけになりながら対策会議を開きました。徹夜でした。一二日の夜が明けると政府から町外への避難指示が出ました。その時、「双葉町民は川俣町に避難するように」と言われたような気がするんですよ、誰かに。そこで私が川俣町の古川

（道郎）町長さんに電話を入れて、了解を取っている。それから防災無線を使って、町民に避難を呼びかけました。

大熊町には一一日の夜に政府からの避難用バスが来ていたそうですが、私にはそういった情報は何も来なかった。バスも来なかったですね。

従っておのおのにクルマを使って避難してもらうしかなかった。「とにかくどうにかして避難してくれ」と、ずっと防災無線を使って叫び続けていました。私らが最後に役場を離れる午後二時頃までやっていました。

役場には最少の職員を残して、あと残りの職員は町民と一緒に避難させました。ぽろぽろと町民が役場にやって来るんですね。そうするとそこにまた職員をつけなければならないので、つけて一緒に避難させました。職員がいなくなった後は、東京電力の社員に頼んで無線を使って避難の呼びかけをしていました。

福島県警の方から役場に一人専任者が来てくれていました。外には自衛隊が来ていました。

私は大方の町民を避難させた後、最後に残った三つの施設、「双葉厚生病院」と「社会福祉施設」と老人施設「ふたば福祉会せんだん」にまだたくさんの入所者と職員がいましたから、そのためのバスの手配をしたり、誘導したりしていたんです。もう残された時間はないと思っていました。一所懸命誘導していたんですが、その時一号機の爆発は起きてしまいました。「ああ間に合わない。まいったなー」って思った。誰もが無言になりました。その時はただ、絶望感だけでしたね。

この日、三月一二日は夏型の陽気だったんです。夏型の陽気になると、双葉町は風が一周するんです。だいたい正午から午後三時くらいの間は、南東から吹いてくる。まさに南東から吹いてくる風が**SPEEDI（スピーディ＝緊急時迅速放射能影響予測ネットワークシステム）**が示した予測図の姿なんです。そこにいたんですよ。

役場の庁舎の前に旗が立っていたんですが、その旗の動きで風の向きを見ていました。「今のところはいいな」と。でもお昼頃になると、「まずいなこっちに来た、だんだん回るな」と。窓に置いておいた放射能測定器の針が上がりました。

その頃**ベント**をやっていたんでしょうね。そういう情報も、私たちにはもたらされませんでした。とにかく今回の事故ではまともな情報が来なかった。混乱していただけでなく、嘘や隠ぺいが多過ぎました。

原子力安全委員会の防災指針検討ワーキンググループが後に発表した「大熊町職員による実態調査報告書」によれば、一一日夜一〇時頃に国土交通省から「バス七〇台を双葉町と分けて使ってほしい」との連絡が入ったという。

震災発生当時、第一原発から三キロメートル圏内にある大熊町の大熊小学校に勤務していた教師のTさん（五〇代）は、「震災当日の一一日の夜の段階で、避難所に約五〇台の茨城交通のバスが到着していた」と証言する。茨城交通は国土交通省の依頼を受けて向かっていたが、福島県内の事業者ではない。道に詳しくはなく、また道も寸断されていたため、双葉町の避難には間に合わなかった。

【用語説明】

ＳＰＥＥＤＩ（緊急時迅速放射能影響予測ネットワークシステム）…System for Prediction of Environmental Emergency Dose Information の略。原子力発電所などから大量の放射性物質が放出されたり、その恐れがある場合に周辺環境の大気中の放射性物質の濃度や被ばく線量などの情報を放出原情報、気象条件、および地形データを元に迅速に予測するシステムのこと。緊急時の避難先などの決定の際、重要な役割を担う。東日本大震災による原発事故ではその活用が期待されたが、三月二三日になって積算値が公開された。事故直後、肝心の原子力安全委員会にもそのデータは流れず、五月になって事故当時からの予測データが公開された。福島県は三月一一日の事故当夜からＳＰＥＥＤＩデータを受け取っていたが、一一日から一五日までの最も重要なデータを消去した。のちの国会事故調の参考人質問で「ついつい見逃してしまった」と釈明した。また県議会では所管の生活環境部長が「本来公表すべき国が公表しなかったので、公表をさし控えた」と釈明している。一方官邸でも当初、ＳＰＥＥＤＩの意味や存在を知る者は少なかったとされる。

ベント…原子炉格納容器の中の圧力が高くなって、冷却用の注水ができなくなったり格納容器が破損したりするのを避けるため、放射性物質を含む気体の一部を外部に排出させて圧力を下げる緊急措置。福島第一原子力発電所をはじめ沸騰水型（ＢＷＲ）原子炉に、この「格納容器ベント」を行う設備が設置されている。

原子力安全委員会…一九七八年、原子力の安全確保充実を図るため、原子力基本法の一部を改正、原子力委員会から分離して発足した。原子力の研究、開発および利用に関する事項のうち、安全の確保に関する事項について企画・審議し、決定

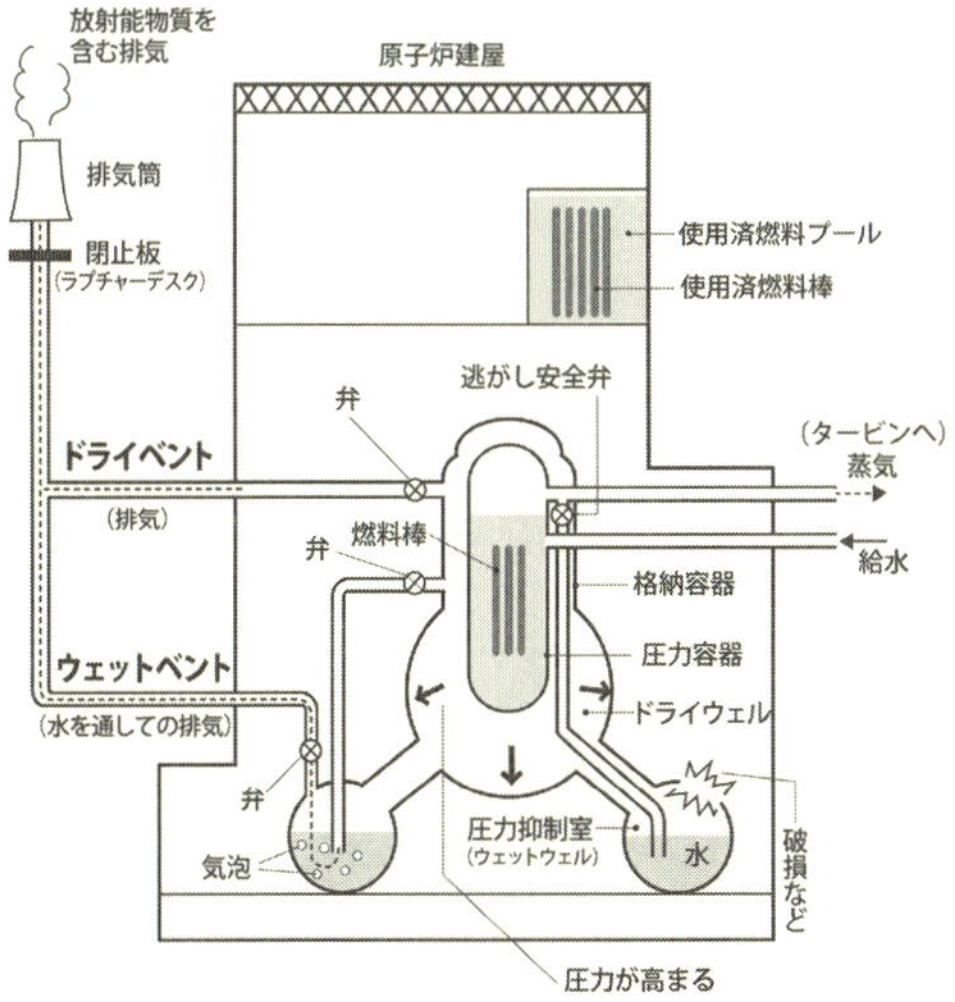

ベント断面図

「フィルタベント設備の概要」東京電力ホームページhttp://www.tepco.co.jp/news/2013/images/131219c.pdf#search='%E6%9D%B1%E4%BA%AC%E9%9B%BB%E5%8A%9B+%E3%83%99%E3%83%B3%E3%83%88
を元に図を作成（参照：2015年3月10日）

することを職務としていたが、二〇一一年三月一一日に発生した福島第一原子力発電所の事故を防ぐことができなかった経緯から、経済産業省原子力安全・保安院とともに二〇一二年九月一八日に廃止され、原子力規制委員会に統合された。

政府がいつ頃ベントを指示したのかは、当時の官房副長官の福山哲郎氏の『原発危機　官邸からの証言』（筑摩書房　二〇一二年刊）に詳しい。本には「一二日の午前一時近くに東電から官邸に『格納容器圧力異常上昇』発生の報を受けて、ベントを実施したい旨の連絡が入った」（同書）とある。一二日の早い段階でベントの実施が求められていたが、この時対象となったのは、一号機と二号機で、どちらを優先すべきかということも問題となっていた。当初は二号機だったが、途中で一号機の方がシビアな状態に変わっていった。東電から出向していた武黒フェローは見解として「二時間くらいをめどにベントができる」としている。菅総理は午前一時半にベントを了承している。

ベント了承の根拠は、「すでに前日の一一日の午後九時二三分に『三キロ圏以内の避難と三キロから一〇キロ圏の屋内退避』の指示は出している」からで、「他の選択肢は考えられなかった」（同書）。

しかし実際には、二時間以内にベントは実施されなかった。

結局ベントが行われたのは、一二日の午前九時三〇分だった。政府がベントの許可を出してから六時間後だった。官邸にはこれで爆発が回避できたと一種安堵感が広がった。「一号機の

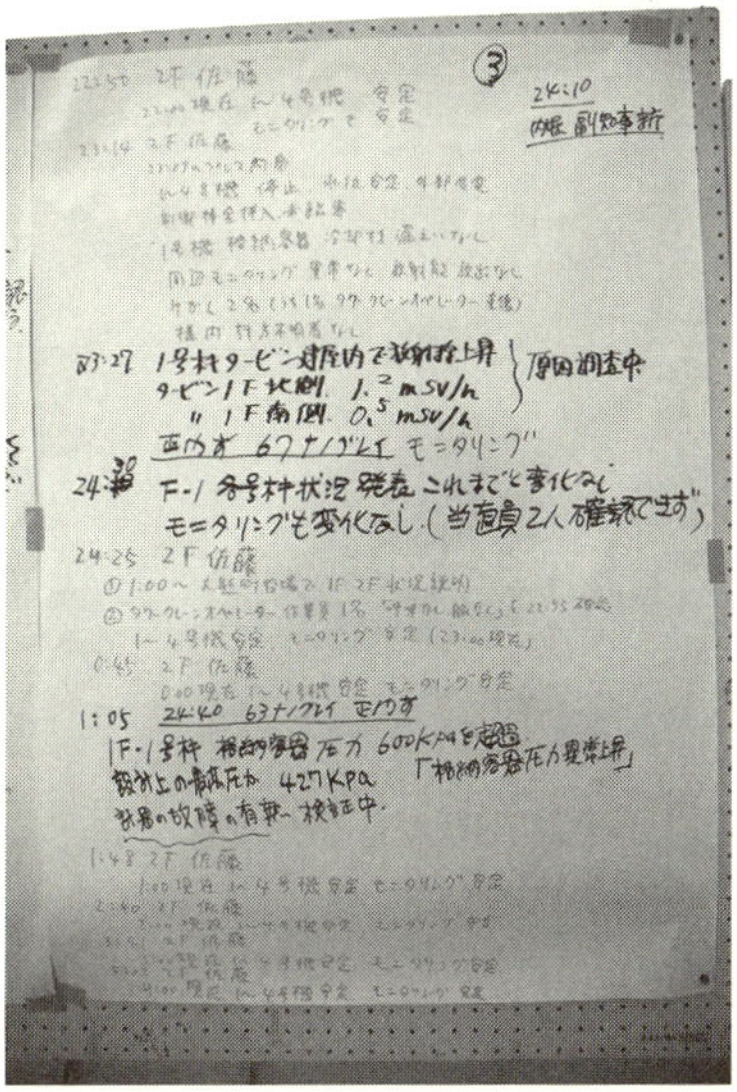

三月一二日の双葉町の緊急通報記録。一一日から一二日にかけて入ってきた福島第一原発の情報。緊迫した様子がわかるが、まだ避難の指示はない

2011年３月14日、午前11時１分の爆発により崩壊した３号機の建屋の様子。同年３月15日撮影のもの（提供：東京電力）

格納容器の圧力低下が確認されたのは、この日の午後二時半だった。現場付近の線量が上昇していることから、放射性物質が外部に放出されていることが窺えた。ベント弁が開き、最悪の事態は回避できたように思えた」（同書）。

だが午後三時三六分、一号機は水素爆発した。

◆それはまるでゆっくり降り注ぐ牡丹雪のようだった……

東京電力は**メルトダウン**の正確な時間を知っていたんです。でも我々にはそういった情報は全然来ていませんでした。

最終的に私と役場職員が避難する時には、手には線量計を持って出た。そして三つの施設にバスを誘導して、一所懸命、声を枯らして施設にいた人たちを誘導していた頃に、爆発が起きた——。

それから間もなくですね。空から塵やらゴミが降ってきた。これはたぶん建物の中の断熱材ですね。大きいのから小さいのから、いろいろ降っていました。異様なもんですよ。普段空から降るようなものではないわけですから。それがふわーっと音もなく落ちてくるわけですよ。おそらく瓦礫やかけらとかは重いから、もっと原発の近くに落ちていると思いますね。

私らのところには一〇センチメートルくらいの大きなかけらのようなものが落ちていました。ゆーっくりと舞い落ちる牡丹雪のようです。あれを映像で撮っていたら、どんなものになったんでしょう。忘れられませんね。

塵が落ちてきた時にはいったん、建物の中に住民の皆さんを戻しました。塵やゴミが落ちるまで、室内に戻して待機させました。もう線量計の針は振り切れていました。

ある程度、（爆発由来の）ものが落ちたと判断した後、すぐ避難を再開しました。三施設の車、バスを使い、さらに自衛隊の車に乗って出発。ＳＰＥＥＤＩが示した風向きの方向に避難した車が進み、渋滞がはじまってしまったんです。

午後五時頃、私は最後に出たんですが、混んでいるからと、（みんなが通った国道一一四号とは）違うコースを走っていきました。国道二八八号を走って避難したんですが、役場を出る時にはほとんど人気がなくなっていました。

渋滞はなかったんですが、細い道を陥没や崖崩れがないか、確かめるように走っていったので、川俣町に着いた時は暗かった。午後七時前くらいだったでしょうか。

その時（三月一二日の一五時過ぎ）は**タイベック®**という（素材でできた）白い防護服を着て誘導していました。マスクは付けていましたが、専用のものじゃなかったんです。職員に爆発前の避難時にそれを付けさせてしまっていたから、私らの分はなかったんですね。軍手をして、ふつうのマスクをして、三つの施設に向かっていったんですが、防護効果はなかったと思う。その後しばらく喉が痛かったですから。

【用語説明】

メルトダウン…原子炉の炉心の耐熱性を上回る高熱によって炉心が溶融、損傷する事態となること。または燃料被覆管の破損などによる炉心損傷で生じた燃料の破片が、過熱によって融解すること。炉心溶融、炉心融解ともいう。事故後しばらく、東京電力はメルトダウンも炉心溶融も認めていなかった。記者や外部の識者などから炉心溶融しているのではないかと再三質問されていたが、東京電力側は「炉心溶融の正確な定義はない」という理由を出し、これを認めていなかった。東京電力がメルトダウン（炉心溶融）を認めたのは、二〇一一年の五月になってから。その頃にはメルトダウンからさらに進んだ「メルトスルー」が指摘され出していた。

タイベック®…米国のデュポン社が開発した特殊服の素材名。一般の布に比べて気密性が高く、微粒子やスプレーなどの侵入を防ぐ。原発事故以来、警戒区域や廃炉作業など高線量域に立ち入る際に、この白いタイベック使用の防護服着用が求められていたが、タイベックはα（アルファ）線などには遮へい効果があ

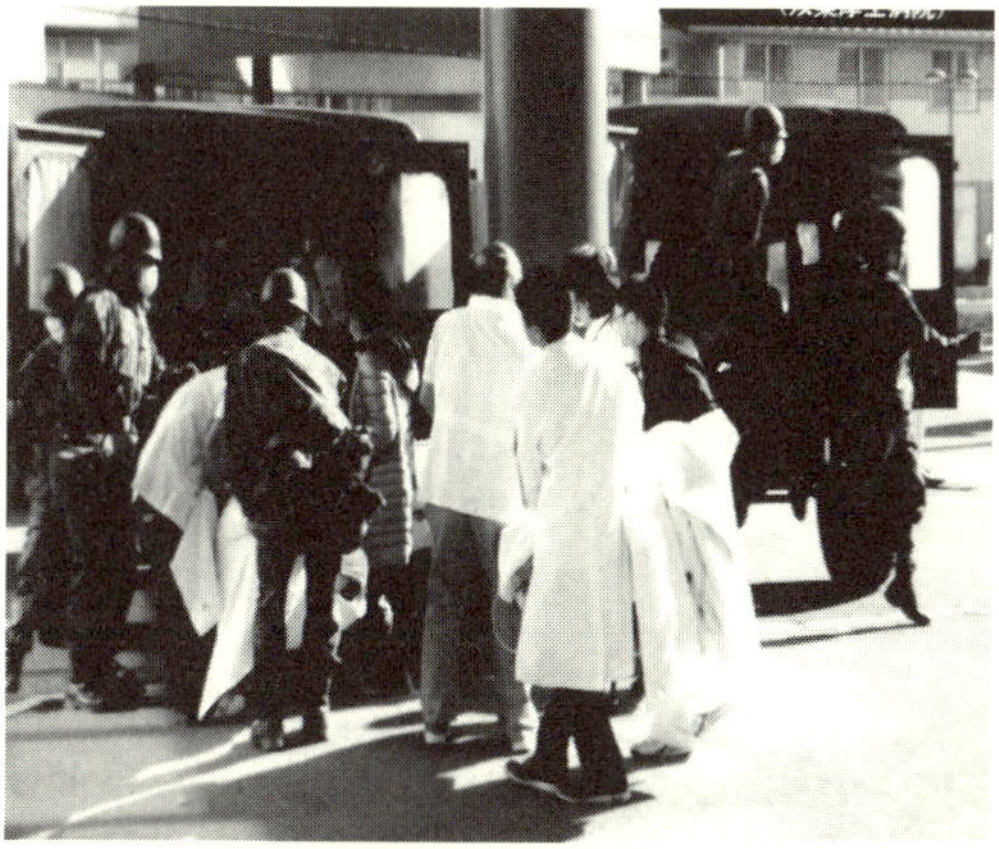

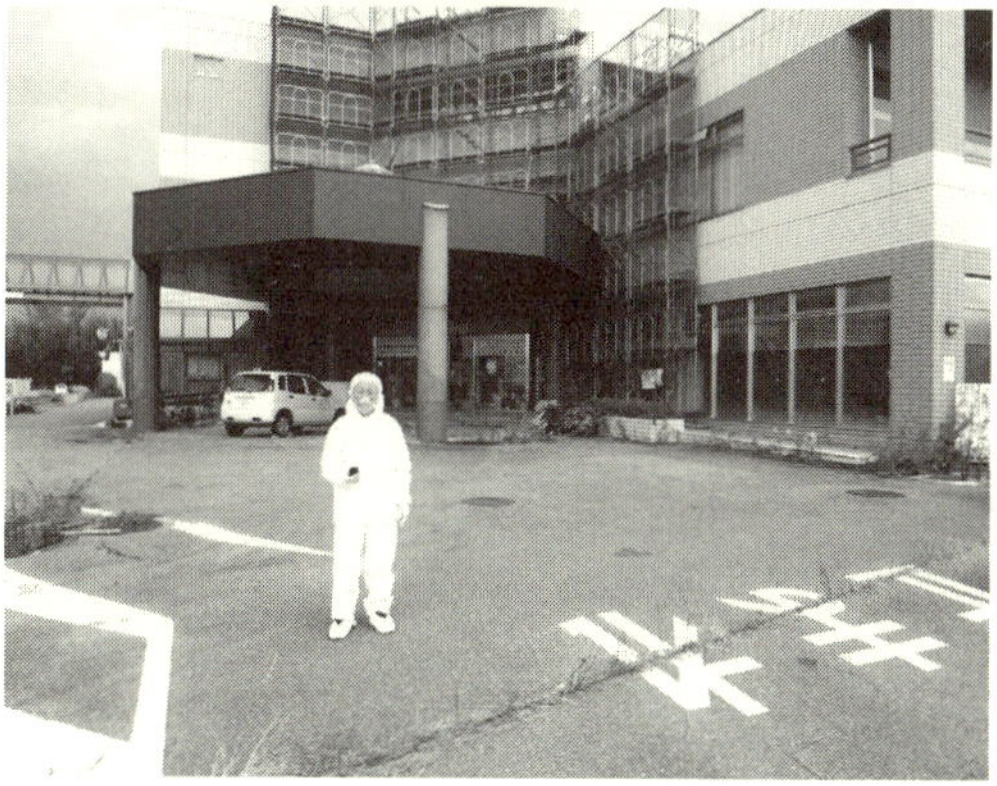

写真上：2011年３月12日15時30分頃、双葉町のヘルスケア前。厚生病院の入院患者を自衛隊車に収容している様子。事態の切迫感が伝わってくる。（「東日本大震災及び福島第一発電所事故からの双葉町の概要」〈双葉町広報資料〉より引用）

写真下：2014年10月30日、最後の誘導をした双葉町のヘルスケア前で。「ここは私が住民の避難誘導をしている時に、放射性物質が降ってきたところ」

るが、γ（ガンマ）線やX（エックス）線などへの遮へい効果はない。事故後、福島県をはじめ東日本一帯に降下沈着したセシウム137、134はγ線が主放射線である。タイベックの防護服は放射能から人体を守るためより、むしろ表面に付着した放射性物質を区域から持ち出さないために使用する。従って脱いだ後は、その区域内で処理を行う。なお放射性物質の人体付着を避けるのであれば、レインコートなどでも代用できる。

◆中通りの川俣町の町営施設に双葉町の住民、三千数百人が押し寄せた

私たちがたどり着いた建物は、川俣町合宿所「とれんぴあ」というところで、川俣町が用意してくれました。その時は地震の影響で電気も水道も来ていませんでした。でも川俣町の町長、古川道郎さんの計らいで、電気も水道もつないでくれたんです。当日の最低気温は氷点下でした。あんなに寒い中、使えるようにしてくださったんです。

その夜は、三千数百人分のおにぎりを川俣町の町民の皆さんが炊き出してくれました。本当にありがたかった。

一三日から一九日は、我々が経験したことがない避難生活をしていました。職員はほとんど毎晩徹夜だったんですね。私も相当徹夜をしました。

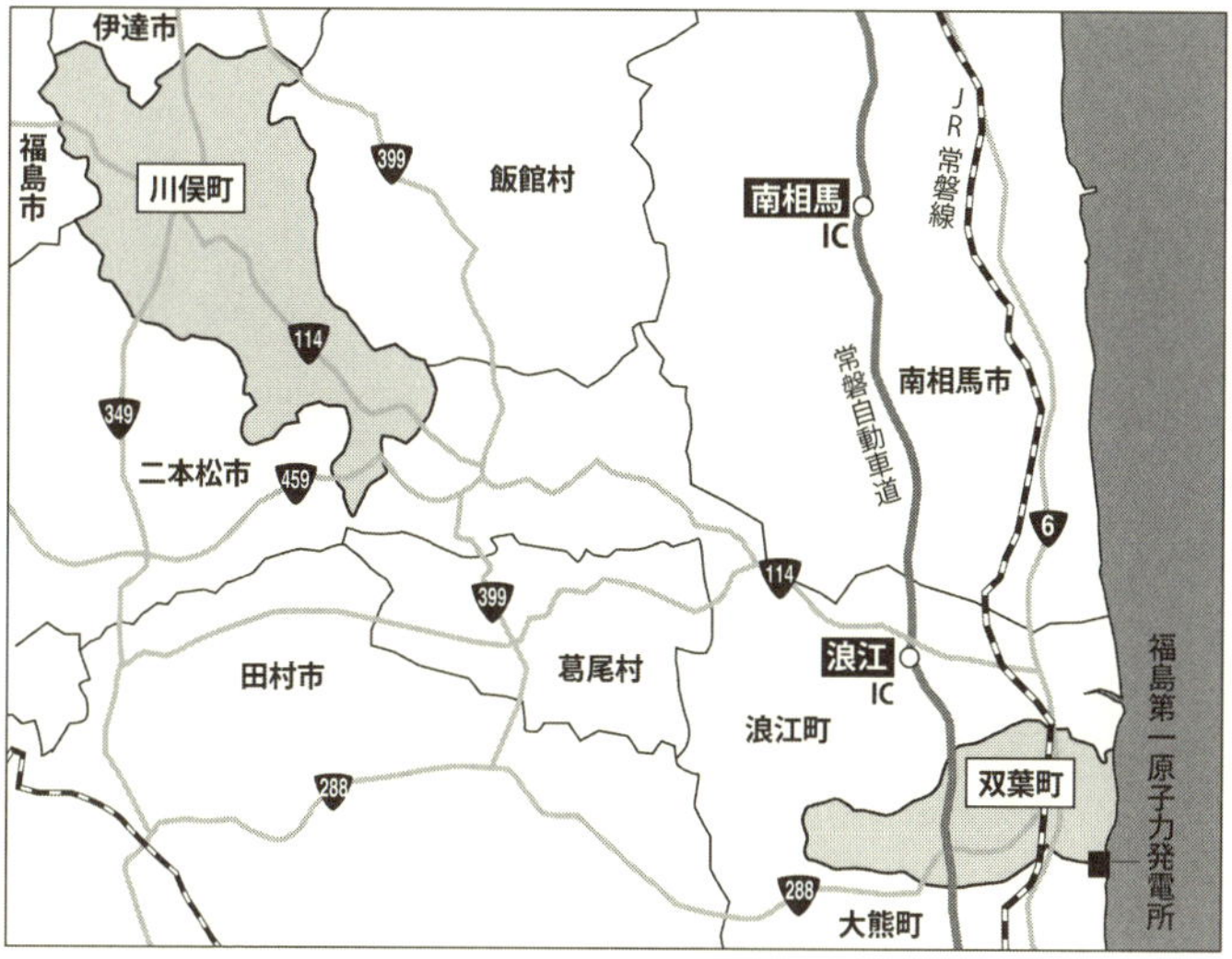

川俣町の地図

なぜ徹夜をしていたかというと、テレビの映像から原発の状況を探るためです。まさに二号、三号、四号機の状態がどうなるか分からない。さらに爆発などしてしまったらどうしようと思っていた。そう思ったら眠れませんよ。

疲れている職員と住民対応、外部折衝……。この先どうなるだろうと不安で仕方がなかった。その時も線量計を窓際に置いていました。そしたら一四日に三号機が爆発して、また針が振り切れた。その後雪が降ったので放射性物質が相当落ちていると思います。

【地名・用語説明】

川俣町…福島県伊達郡南東部の町。県庁所在地である福島市に隣接する。人口約一万四〇〇〇人。震災および原発事故発生後の三月一二日、国からの避難指示の際、双葉町の住民の一部が川俣町へ避難した。後に作成された文科省などの放射能マップによれば、福島第一原発爆発後の放射性物質は、双葉町から北東に向かって浪江町、飯舘村、川俣町、伊達市、福島市方面に降り、高線量地域をつくった。川俣町には爆発直後、避難勧告は出されなかったが、二〇一一年四月一日に放射能濃度が高い山木屋地区が計画的避難区域に指定された。

線量計…放射線の線量(放射線照射の度合いを示す量)を測る機器。測定方式や測定できる放射線などにより、さまざまなものがある。空間線量を測定する場合は、飛程距離の長いγ(ガンマ)線を測定する線量計が用いられる。飛距離の短いα(アルファ)線などを測定する線量計は高価で種類も少ない。

◆政府からの情報はほとんどなかった

政府からの情報はありませんでした。一二日に避難指示が出されたきりで、その後どうしろという指示は今も(二〇一五年一月末現在)きていませんよ。何かしらの報告はきていました。でも重要な情報は新聞、テレビといったメディアの報道から取っていましたね。政府からのまともな情報は二〇一一年の後半になってですかね、印刷物が来たり、通達のような感じで来始めたのは。

当時政府の指示は機能していませんでした。避難指示は「どこへでもご自由に」と当時の菅総理が言ってきたわけで、「どこに避難しなさい」ではなかった。「避難をどのような方法でしなさい」という指示も来ていません。

避難指示だけです。「何キロメートル以内は避難しなさい」って。あとは自己判断ですよ。福島県からの情報も双葉の役場にいる頃はいくらか来ていたと思います。でも指示はまともに来なかった。だって通信回線が満足に使えない状態だったから。携帯電話も使えない状態ですから、伝えたくても伝えられないだろうし。当時は福島県としても何やっているか分からないくらいパニックになっていたんです。

でも私はパニックになっていられなかった。住民を誘導しなければならないので。正確な判断のもとに、安全に誘導しなければならない。だから、その時は災害対策本部長として私の独断でやらせてもらいました。

◆県庁の混乱を目にして決心した。「自分でやるしかない」

私は避難指示が来たので町ごと避難したけれども、途中で住民の皆さんが被ばくしたことが分かったので、被ばくを知るために**スクリーニング**をかけてもらう約束を福島県に取り付けたんですよ。

「明日（一四日）の朝九時に川俣町の避難所にきてくれないか」と、県の災害対策本部に取り付けたんです。川俣町は県庁のある福島市の隣町ですから、これるはずだと思っていた。でも県庁の職員は来なかった。というのは、県庁内が混乱していて話が通じてなかったんだと思います。夕方、私はすぐ川俣町から福島市にある福島県の災害対策本部に向かいました。その時は福島県の県庁舎も地震で被災していたので、仮の庁舎が置かれた自治会館の三階に向かいました。

いやぁ、ものすごく混乱していました。ひと目で「これでは無理だ、自分でやるしかない」と思いましたね。とにかく情報は遅いし、何か相談しても返事が返ってこない。返ってくる状態ではなかったんですよ、混乱していて。福島県は危機管理がされてない、政府でも危機管理ができてない。あの時はどこもできていなくて当たり前ですが……。

それからは川俣町から出たら次はどこに役場を置くか、どこに行こうか、どうすればいいかと考えていました。

【用語説明】
スクリーニング…適格審査。健康な人も含めた集団から、目的とする疾患に関する発症者や発症が予測される人を選別する医学的手法のこと。原子力事故の場合は、救護所において、国の緊急被ばく医療派遣チームの協力を得て、身体表面に放射性物質が付着している者のふるい分けを実施する。実施の結果、基準値以上の値が出た場合（CPM＝カウントパーミニッツで〈一分間あたりの放射線数〉測定）、応急除染が必要と認められ、救護所要員による指示のもとに自分で除染を行うことになる。残存汚染があったり、また医療処置が特に必要と認められる人については、二次被ばく医療施設に転送され、全身除染や血液や尿などを採取して被ばく検査が行われる。福島県内では事故後、多くの浜通りの住民が中通りの体育館など公共の避難所に向かったが、入居前にスクリーニングが実施された。ただ県外の親戚などを頼って避難した人の場合は、スクリーニングは実施されていない。

◆いざという時は、情報は来ない。自ら判断するしかない

川俣町に避難していた時は私自身、やっぱりもっと真剣に防災について金と時間を使って

備えをすべきだったと、痛感させられた。いくら防災訓練をしていても、マニュアルをつくっていても、こういう（全町民が避難するような）事態になるとほとんど必要な情報が来ないんですよ。

原発の状態がどんどん悪化して、これ以上悪化したらとんでもないことになる、そういう危機感があるものの、実際何がどうなっているか分からないわけです。

国は何キロメートル以内は離れろと言うだけ。それでは足りないから自分で遠くに離れるしかない。私の役目は放射能から町民をいかに早く遠くに離すかしかないわけですよ。

◆大災害時の避難のポイント

私はここで、こうした大災害時の避難ポイントを二つほど指摘しておきたいんです。

まず常日頃から自家用車の燃料は、燃料メーターの半分まで来たらイコール空っぽ、という認識をもっておきたい。最悪半分あれば相当使えますから、距離が稼げる。今回燃料が足りないために車を途中で放置してきた人がたくさんいたんです。これで相当被ばくしています。

もう一つが所在確認、安否確認です。これに我々は手間取りました。避難所で使える電話は有線が一本だけだったので、朝から晩まで問い合わせ電話がかかってきて、こちらから伝えたい情報が伝わらないいんですよ。役場から電話がかけられないのに、全国から絶え間なくかかってきた。挙句の果てには、「名前分からないいんだけども、避難してっぺか？」って。こういう問い合わせの電話もきていました。

こういった災害時の安否確認は市町村の災害対策本部ではなくて、自分の親戚や知り合いのネットワークの中で自分自身で探していただいて、それでも分からなかった場合に、災害対策本部に問い合わせていただきたい。

今の時代はインターネットや携帯メールなどを使って、それぞれネットワークをつくれるんです。ある程度情報がつかめたら、そこからパーッと広がってしまう時代です。そのくらい広がるんだから、こちらから安否を教えなくても親戚を調べてもらって、いよいよという時に電話をもらうと助かります。

そうしていただかないと全体のしわ寄せが安否確認にきてしまって、肝心の危機管理対策ができなくなる。最初からいきなり対策本部に電話をかけてよこさないでほしい。

限られた人員でいろんなことをやっていかなければならないのに、仕事が安否確認専門になってしまう。

それにこういう時はいろいろ分からないことがたくさん出てきます。でも「ちょっと分からない」と言ったりすると、「何やってんだ！」なんて叱られてね。いやぁ、災害対策本部の仕事ができなかったですね。災害対策本部の仕事をするためにも、安否確認はできる限り自力でする術を身に着けておいていただきたいと思います。

この二つは訴えておきたいです。

◆なぜ埼玉に行くと決めたのか——

——県庁の混乱を見た時に、埼玉に避難するとか、いろんなことを自分で決めていくきっかけとなったのですか。

そう、そのことがきっかけになった。でも決定的だったのは三号機の爆発でした。これはテレビで見て確認しましたから。県からはこのことについての連絡はありませんでした。これは尋常な爆発じゃない。普通の避難レベルじゃないと。当然、川俣町の避難している場所も「大丈夫か？」と思っていた。避難所の窓際に放射線線量計を置いていたんですよ。その線量計が一気に振れましたから。

こういった原発事故の場合、トップとしていろんな指示を出していくには、線量計の表示する数値がその基礎になります。役場に線量計は二台あったんですが、私は双葉町の庁舎を離れる時からその一台をずっと持ち続けていたんです。一台は私が持って、もう一台は職員が持って出た。

なぜ二台あるかというと、原発立地自治体では時々職員が原子力発電所内に入るんですよ。原子力安全協定に基づいて、定期的に大熊町と双葉町が福島県と一緒に福島第一原発の検査に入るんです。でも立地自治体ではないけれども原子力安全協定に入っている自治体にも線量計はあったはずです。隣の浪江町町長はそれが使えない状態だったと言っていますから、そうだったのでしょう。

私はいつも線量計が二台あるのを確認していた。二台あるだけでいいんですよ、値段が高いんだから。その線量計がどこにしまってあって、いざという時はすぐに探せるように、ふだんからしていたんです。

川俣町でも三号機の爆発があった時に、その計器の針が通常のレベルから一レンジ上げないと測れなかったんです。川俣町は双葉町から五〇キロメートル以上離れているのに、こんなに高いのでは、だめだと。ここでも危ない。そこで遠くに行こうと判断したわけです。遠くに行こうとしたのはもう一つ、避難先で早く役場機能を立ち上げるためには、安心できる場所でないといけないと考えたからです。もしまたそこから逃げるという事態にでもなったらますます町民の把握ができなくなる。まず拠点を決めようと。安全な陣地をどういうふうに構えるかということは戦い方の基礎ですね。まさに戦争論です。それをもとに行動したんです。

私は爆発事故が起こって、ものすごい線量であることが分かってからは、連絡がつく町民にも呼びかけて、「これから埼玉県に避難するんだ、移動するんだ」と話をしました。もちろんこれは全員にではありません。よそに避難していった町民や正確に所在を確認できない人たちには、呼びかけはできませんでした。

——「所在を確認できない住民」の人たちにはどのように呼びかけたんですか。

私はとにかく、「避難するよ。こうするよ」って情報を知らせたかった。でもできなかった。こちらからの通信手段、発信は限られていましたので、どうしたらいいかと考え、「そうだ、テレビを使おう」と考えた。当時、テレビや新聞などいろいろなマスメディアが取材に来ていましたから。テレビカメラの前に立って、連絡先を書いた紙を持って「双葉町から避難している人は、ここに連絡をください」と映してもらったんです。これでだいぶ所在確認ができました。

とにかく、一刻も早く役場機能を復活させなければいけないと思った。こんな戦争状態の福島県、放射能の海に住民を置いておくわけにいかないと思っていたから。これからどのくらい原発が壊れるか分からないから、そんな場所の近くに住民を置いておくわけにはいかないんです。そこで埼玉県に行くぞって、独断で決めました。

この避難先の決定は町長独断でいいんです。なぜかというと、災害対策本部の長は首長なんです。それでやったんです。

埼玉には川俣町から千数百人が避難しましたが、私は残った町民をさらに県外に出したかったんです。それを福島県が拒んでしまった。福島県が県外に住民が出られては困るという理由から拒んできたんです。だから町民の間で分断が起きてしまった。物理的な分断だけでなく、意識の分断、心の分断が起きてしまった。

【用語説明】

三号機の爆発…福島第一原子力発電所三号機は、地震発生とともに運転を停止したが、全交流電源が喪失となり、三月一四日午前一一時一分、建屋が爆発、大量の煙が上がった。一号機の爆発同様、水素ガス爆発であると発表された。この爆発によって建屋は骨組みだけになり、作業中の東京電力、および協力企業の作業員、および自衛隊員の計一一名がけがを負っている。三号機は燃料にウランとプルトニウムを混ぜた混合燃料(MOX燃料)を使用していたため、ウラン燃料を使った他の炉とは危険度が格段に違う。放射性物質としてのプルトニウムの危険性は多くの物理学者が指摘している。プルトニウムが出す放射線は飛程の短いα線で、紙一枚で遮断できるが非常に危険で、特に肺や骨に入り込むと肺がんや骨肉腫のリスクが高まるとされる。

◆原発過酷事故《シビアアクシデント》での鉄則――「有事の際は、距離を取れ」

私は戦争論者ではないんですが、有事の時の戦い方ってあるんです。戦争が起こった時の戦い方は、自国の国民を安全な場所に置いておいて、兵隊だけが戦場で働くのがいい。

戦場の近くに住民を置いたら、負けたらすぐに住民に被害が出る。全滅しちゃう。私はそこで遠くに離すことを考えた。できるだけ遠くに住民を置いておけば、攻められても逃げる距離ができる。時間が確保できる。

混乱や大事故の中では人は後で「正確な情報じゃなかった」ということを言うかもしれない。でも距離があれば戦地にどんなことがあっても、ミスジャッジがあってもすぐ次善策が打てる。だからとにかく距離をとっておく。この距離は時間でもあり、いろいろな判断ができる余裕なんです。双葉町と他の自治体との行動の違いは、その距離、時間的余裕なんです。

私は若い時から宮本武蔵の『五輪書』など、そういう本を読むのが好きで読んでいた。いざという時はそういうところから学んでいました。今回の判断や行動はまさにそういう本から学んでいったことが出たんだと思います。

【用語解説】

過酷事故（シビアアクシデント）…原子力発電所の原子炉の安全設計と評価を行う際に想定される設計基準事象を超える大事故のこと。過去には一九七九年にアメリカのスリーマイル島で起こった原発事故や一九八六年のチェルノブイリの原発事故などがその例に挙げられる。福島第一原発での爆発放射能漏れ事故もこれに値する。

◆川俣町の人たちにこれ以上迷惑はかけられない

実際一四日にまず県が「スクリーニングに行くよ」と約束したのにこなかったから、すぐにこちらから乗り込んだ。相手が約束を守らなかったので、夕方、こちらから出ていったわけです。こちらも住民の命を預かっているわけですから。いくら混乱していても約束は約束ですから。それで自治会館に乗り込んだ※。乗り込んだものの、文句を付ける気になれないほど彼ら自身が混乱していた。その瞬間に「この人たちを頼ったらだめになる」と思った。

これではだめだと思って川俣町に戻った。

それに川俣町の町民の皆さんの炊き出しの環境を見た時も、これ以上迷惑をかけることはできないと。

大勢の川俣町の町民の皆さんが一所懸命やってくれているわけですよ。ずっとお握りをつくってくれている。三千数百人分ですからね。川俣町の災害対策本部へ伺った時に見ていたんですよ。「うわー、こんなに大勢の皆さんがやってくれているんだ」とありがたく思ったし、恐縮した。けれどもあの線量計の数値を見た時には、「この人たちも逃げなくてはならない。長くお世話になるわけにはいかない」とも思った。あの雰囲気を目の当たりにした時に、

「ああ、もうこれは待ちの状態じゃだめだ」と。待たないで行動しようと決めたんですよ。

――その時川俣町の人にも気づいてほしいと思ったのですか。

それは言えなかった。ただ、古川町長にだけは言った。一五日の朝に訪ねて、「実は相談があるんです。町長さん、ここまで世話になって本当にありがとうございました。本当に何て言っていいか分からないけれども、将来必ず恩返ししますから」と言って、「ところで私たちはここからまた避難したいんです」と。そういう話をしたんです。放射能が恐いからだけではなくて、いろんな状況を見て。

そしたら古川町長からは「いいですよ、双葉町は自由に町長さんの思いでやっていいですよ」っていう言葉をもらったんです。

それで私は「ありがとうございます。じゃあ、私たちは再避難させてもらいますから」と謝意を伝えましたが、気になったことも伝えました。「ところで、今度の爆発（一四日の三号機の爆発）で川俣町さんもそんなに放射能が低くなくなりました」。そしたら古川町長は「そうですか。それではなおのことですね」とおっしゃっていました。

双葉町の再避難先探しはその時からはじまりました。最初から埼玉に当てがあったわけではないんです。

——福島県外の避難先はこちらから受け入れ自治体に目星をつけて、探して連絡したのですか。

実は私の友人で、東京で編集プロダクションをやってる舘野さんという方に助けてくれってメールしたんです。事故後「何かお手伝いできることはありませんか」とメールが入っていたんです。それで「今、川俣町にいるけどまた避難したい。避難先を探しているんだ」という内容でお願いしたんです。

その一方で、（同じ東京電力の原子力発電所の立地自治体である）**柏崎市**（新潟県）の会田洋市長にも「受け入れてもらえないだろうか」と、お願いしました。別に保険をかけたわけではないのですが……。大変なことなんですよ、七〇〇〇人の町民を受け入れてくれるってことは。一カ所でまとめることができればと思いましたが、そうとも限りませんから。

そうしたら舘野さんから群馬県の**片品村**も受け入れてくれるという情報が入った。あとは埼玉県のスーパーアリーナで五〇〇〇人の収容の用意があるという情報も入った。それで両方に連絡したんです。群馬県の片品村では一〇〇〇人の受け入れの用意があるといっていました。そこで片品村に直接電話して「避難受け入れていただけませんか」と言ったら、「明日まで返事を待ってください」と言われた。

翌日電話したら、「双葉町には大変申し訳ないが、南相馬市を受け入れることになりましたから、できません」と。私は「結構です。そうしてください。私はそれで結構ですから」と。そこで終わったんです。

一方柏崎市の会田市長さんからは、明け方にかけて「準備できそうだ」って連絡が入った。

そのうち舘野さんから埼玉県が五〇〇〇人一緒に受け入れることができると連絡があったわけです。これは魅力的だと思った。その時、避難するならまとまったほうがいいなと思った。バラバラに避難するとあとあと大変だから。それで柏崎市の方は断ったんです。市役所や住民の方が一所懸命準備していると思うと本当に申し訳なかったと、今でも思っています。

――埼玉には土地勘があったんですか。

若い頃、八年ほど東京の練馬に住んでいました。埼玉は東京から双葉町に帰る時に通ったくらい。国道一七号のバイパスを使っていた。オリンピック道路というんですが、そこを通って久喜に行って、東北自動車道の久喜インターから高速に乗って帰っていた。だからそのくらいの土地勘しかないですね。まさかこの歳で埼玉に移り住むとは思ってもみませんでしたよ。

だから避難先は、スーパーアリーナが埼玉だったからというより、スーパーアリーナが五〇〇〇人を収容できるってことが大きかった。そこに魅力を感じたんです。

なぜそんな考えに至ったかというと、川俣町にいた時に、次第に町民の間でちょっとした違いで「あっちがいい」とか「こっちがいい」とか、ざわつきはじめたんですよ。今は非常時なんだから、避難していられるだけ、どこだって良かったと思うのですが、そうではない動きが出始めたんです。

「これじゃまずいな」と思ったんです。どこでもみんな同じ所で、みんな見えるところで食べたり、生活する必要がある。そのためには、大きい場所が必要だと。

役場の職員は住民の一％しかいませんから。それで九九％を賄うというのは所詮無理なんです。曲がりなりにも生活していくには住民自身の力を借りないと無理だと。

町民が怒って「やれ、こうしろ。あれができないのか。これはどうなっているんだ」とかいろいろなこと言ってきましたが、全部は到底できない。「あなた方やってみなさい」って言いたかった。「できっこない」と。

避難指示が続く中、新たな避難所となったさいたまスーパーアリーナに到着した双葉町の町民たち。2011年3月19日午後、さいたま市。写真提供：共同通信

だからいろいろな声を収めてなんとか管理していくためには、みんな一カ所にいて、あちこちから見渡せるところで行なっていくのがいいと考えた。それで五〇〇〇人一緒の方がいいなって思った。そういうことで埼玉に決めたんです、スーパーアリーナに。柏崎市長からは「準備整ったよ」って言われましたが……。本当に申し訳なく思っています。

――さいたまスーパーアリーナの次の避難先は自分たちで希望したんですか。

三月一九日にさいたまスーパーアリーナに着いた時に、上田清司埼玉県知事に初めてお会いした。その時に「ここは三月いっぱいしか使えないので、この次は別の場所を用意してあります。どうですか」と言われて、旧騎西高校の校舎を提案されたんです。騎西高校は、まず三月二三日に下見に行きました。

その際、加須市の市長、市議会議長と県議会議員の皆さんが一緒に見て回ってくれました。私たちはそれ以上の選択肢がなかったので「これで、いいです。宜しくお願いします」と言って帰りました。ただし、さすがに自分の一存だけでとんとんと進められないと思って、「これは議会に諮《はか》りますから、ちょっと時間をください」ということで待ってもらったんです。

それですぐに全員協議会を開いて、町議会に諮《はか》ったところ「止むなし」となって決まりました。それで「じゃあお願いします」ということで急遽準備が始まったんです。

まだ校舎には電気も何にも入っていない状態でした。でも畳を敷いて住めるようになるまでわずか六日間で仕上げた。それはものすごかった。小中学生とか高校生・大学生、近隣の住民の皆さんが、畳を運んだり、布団を運んだりしてくれた。このパワーというか仕事量はものすごく膨大でした。本当に嬉しかったですね。

三月三〇日、三一日の二日間でスーパーアリーナから旧騎西高校の校舎に約一四〇〇名が移りました。

避難所については、とにかく自分たちは県外に出ているわけだから、選ぶことができません。とにかくここでやっていかないといけないと思いました。

双葉町の役場機能移転先

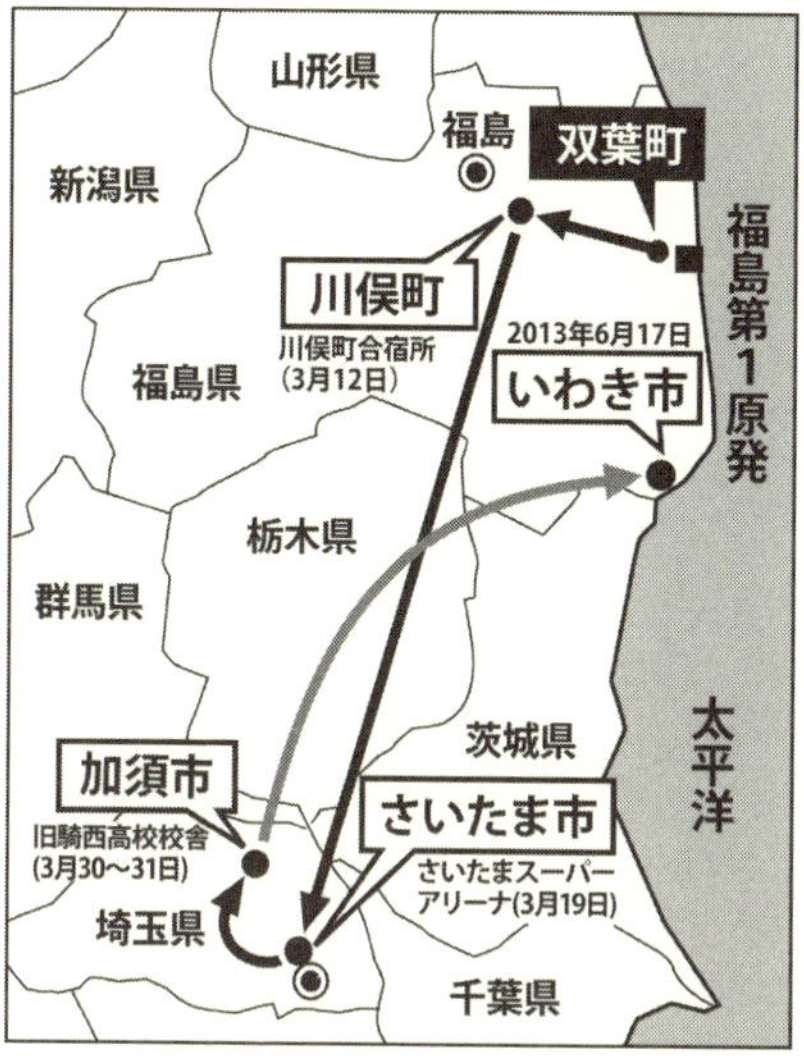

双葉町から避難した方々の動きと役場機能の移転先（双葉町～川俣町～埼玉県さいたま市〈スーパーアリーナ〉～同加須市騎西町）

【地名解説】

柏崎市…新潟県の日本海側に位置する市。人口約八万七〇〇〇人。同市と刈羽郡刈羽村にまたがる「東京電力柏崎刈羽原子力発電所（二〇一五年二月二〇日現在停止中）」は、七基の原子炉を有する世界最大の原子力発電所（出力八二一万Kw／h）である。日本は平地が少なく、国土の狭さもあり、狭いエリアに原子炉が並んでいる世界的にも例のない国だが、柏崎刈羽原発はその中でも最大。

片品村…人口約四四〇〇人。尾瀬国立公園の群馬県側の麓にあり、尾瀬へのアプローチ拠点。関東随一の豪雪地帯で、スキーなどウインタースポーツが盛ん。片品村は原発事故後、群馬県内ではいち早く避難者受け入れを表明し、その後東吾妻町などが受け入れに名乗りを上げた。ただ、山奥の環境に慣れず、最初に受け入れた南相馬市民の中には、勝手に村を離れた人もおり、その後の安否確認や補償手続きなどに支障を来した。また尾瀬は東京電力が約四割を所有管理しており、その売却が取り沙汰されたが、「売却しない」と群馬県に対して正式に回答している。

※ 福島県庁は耐震強度が震度六以上で倒壊の危険があると診断され立ち入り禁止となり、耐震性の高い県所有の自治会館に特設の対策本部を置くこととなった。二〇一一年三月二日の朝日新聞デジタルは「福島県庁舎が機能不全」と報じている。

◆町民はなぜ分断されてしまったのか

一方、福島県内に残った町民の保護については、私は放射能から逃れるための避難であるべきと認識していましたから、放射能の中にいる町民をとにかく外に出したかった。でもその場所がなかなか見つからなかった。そのうち、茨城県のつくば市に国家公務員宿舎があるという情報が入ったんです。それでそこに入れるように当時の財務大臣政務官の吉田泉議員（福島県選出）から紹介を得て、「宜しくお願いします」ということで、とんとんと話は運んでいたのです。しかしいざ福島県に相談したところ、福島県が協力してくれなかったんです。

そのために双葉町は、町民を二分してしまった。（分断されたことについて）双葉町町民から私が一方的に悪いように言われていますが、ちゃんと順序を踏んでいるんですよ。けれども福島県が、「帰ってこい、帰ってこい」政策に変わってしまったために分断が起きてしまった。町民の保護が充分にできなかったことで、町を二分した形になった。それが今でも残念でなりません。

分断と対立のマネジメント

井戸川さんはその後、議会との対立や、住民同士の分断などから辞任を余儀なくされてしまうことになる。その背景には、埼玉に移った双葉町民と福島県内の他の自治体の仮設住宅や避難所で暮らす双葉町民、さらには避難所で暮らす人とそこを出た人の環境の違いから来る、やっかみや思い込み、そこから生まれる感情的な摩擦があった。

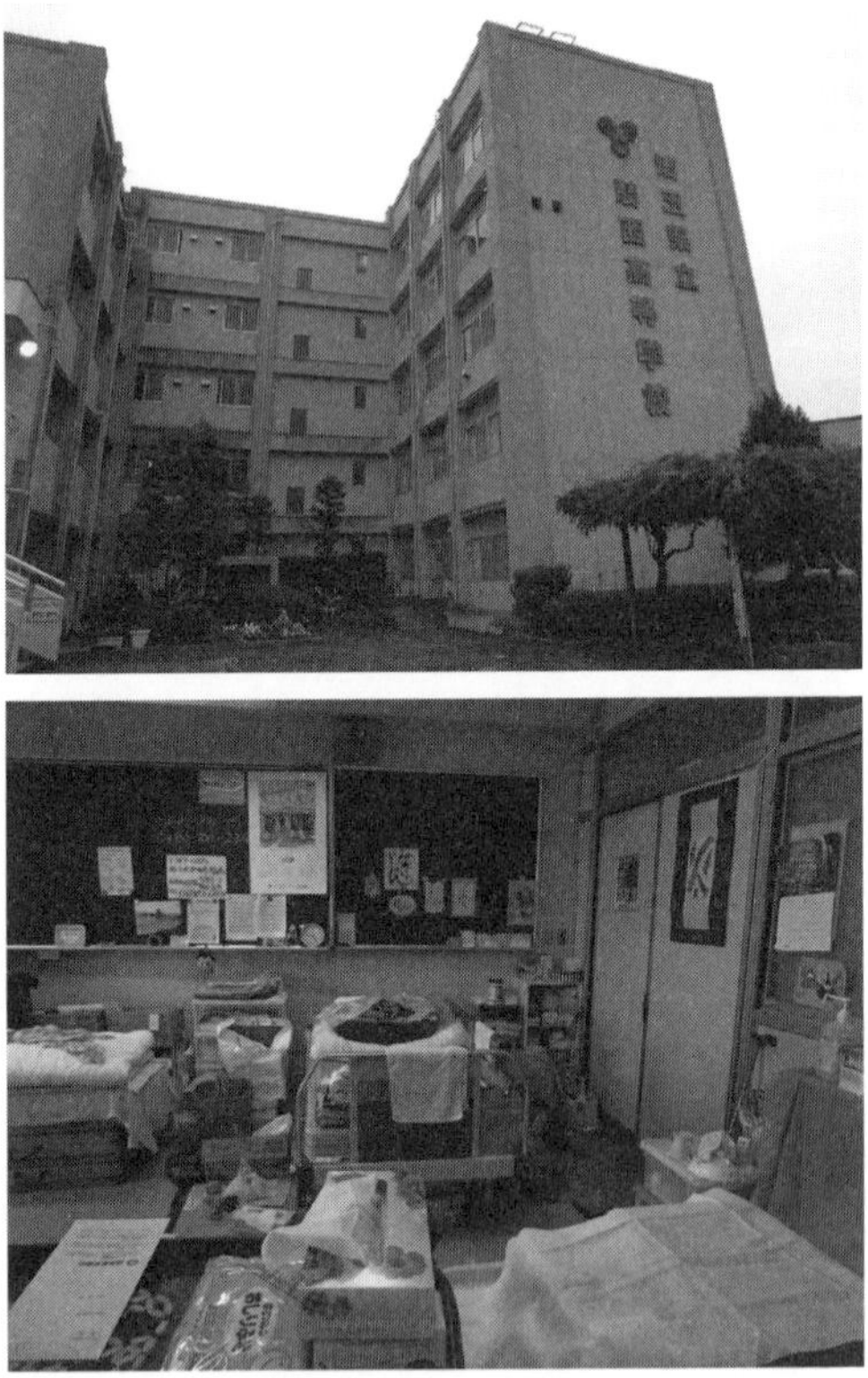

騎西高校（埼玉県加須市）に設置された避難所の様子。上：旧騎西高校外観。下：同内観。1つの教室に複数の住民の方が共同生活をしていた

震災後の双葉町を描いたドキュメンタリー映画『フタバから遠く離れて』の監督の舩橋淳氏は同名の著書『フタバから遠く離れて――避難所からみた原発と日本社会』（岩波書店　二〇一二年刊）の中でこう記している。

「そこで問題として浮上してきたのが、避難所生活の中の住民と、避難所を出た外の住民との感情的な摩擦である。近所に住んでいる人は、騎西高校まで来て弁当を貰ったり、体育館で行われる生活物資（ティッシュ、服、等の日用品雑貨）の支給を受けたりすることがよく見られた。そこで騎西側の住民から「なんで避難所を出たのに、弁当を取りに来るんだ」とか、「校外の人が（支給される物資を）たくさん持っていって、自分の分がなくなった」と苦情が噴出し、対立が生まれたりした。

さらに状況を俯瞰すると（中略）、福島県内の双葉町民と、埼玉県内の旧騎西高校避難所を中心とする双葉町民の対立が頻出していた。それは避難期間が長くなればなるほど、根深いものになってゆくように思えた。

発端は、事故直後から猪苗代湖のほとりにあるリゾートホテル、リステル猪苗代が二〇一一年四月四日より福島県内の双葉町民の避難所として使われ始めたことだった。当初は「ホテルの部屋だから、騎西高校の共同生活よりよっぽどいい」と言われたり、「いや、騎西高校はなんといっても役場が近くにあり、義援金支給や賠償時の時に早くて得だ」のような噂が流れたりと、両者を比較する住民の話を耳に挟むことがよくあった。実際、より過ごしやすい居場所を求めて両者の間を移動する避難民が跡を絶たなかった。

（中略）

その最たるものは、役場の移転問題だった。福島県の双葉町民が町議会議員に圧力をかけ、町議会で何度となく討議された。最初は、郡山市の支所設置で妥結されたが、その後、役場本体の移転へ圧力が増していった。（中略）二〇一二年六月の町議会で「双葉町役場、福島県内に年度内移転」が表明された。

——さいたまスーパーアリーナの時はなぜ、移動できたのですか。

埼玉県に来るときは、当時の**佐藤雄平福島県知事**に私が直接電話して、県知事から埼玉県に繋いでもらったんです。

でもその後、状況が変わったのです。「なんで県を出たんだ」などと、新聞などマスメディアが書き始めて、それから国も慌てたんでしょうね。「双葉町に続け」となって県民が県外に流出してしまうと困ると。それからです、県外に出てはいけないとなったのは。最初の頃は分からなかったんだと思いますね、県も。

佐藤前福島県知事は放射能との戦い方を知らない人でした。有事の戦い方を知らない。なぜそこまで県が強く介入できるかっていうと、今回何キロ圏からの避難指示は原子力災害対策特別措置法によって出ていますが、そこからは**災害救助法**が適用されているからです。災害救助法の責任者というのは県なんです。この所管は国ですが、県に委託されているんです。その県知事が県民が県外に出ることを恐れてしまい、分断されてしまったんです。

でも逆じゃないですか。

町を守るってことは、町民の生命財産を守るってことが一番の優先事項で、町の構成員である町民の健康を守ることは一番大切なことなんです。でも県はそれを止めてしまった。これさえなければ……。今でもそうです。「県内に戻れ、県内に戻るとこんなに優遇策があるぞ」と。これはとんでもない政策ですよ。

今度の事故で気付いたのですが、私たちは避難するときには安全な場所を望んでいいんですよ。別に県知事に「ここにいろ」って言われる筋合いのものではない。憲法判断からするとそんな権限はないですから。私はとにかく放射能から町民を守りたかった。

――埼玉のように、つくば市にも「よし行くぞ」と言って勝手に行くことはできなかったのですか。

災害救助法の中では、我々だけでつくば市や茨城県に渡りをつけて、行くことは難しい。

行くなら県を通して行くしかないのです。さっきも言ったように災害救助法の実行権限は県知事にあるんです。所管省庁は、厚生労働省（二〇一三年一〇月より内閣府に移管）なんだけど、権限は福島県に下りてくる。だから私は双葉町の首長として、双葉町の権限者として福島県に申し入れをした。

福島県が茨城県に申し入れをして、交渉する。「頼む」と。すると「よし分かった」となって、受け入れ側の支払いとか受け入れ費用などについては、茨城県が福島県に請求をする。それを今度は福島県がまとめて国に請求するんです。災害救助法の下の避難は全国どこへ行ってもそういう一元管理となっている。

埼玉県の時はまだ県もよく分からなかったからできたんだと思う。でも双葉に続けとなったら県民があっという間に流出する。

それに一人二人ならまだいいけど、一〇〇〇人単位で町民を移動させるのは、行政間の契約をしてこないと無理ですね。町民が勝手に出るのは出れる。今、つくば市にも双葉町の町民が入ってます。彼らは勝手に入っている。私が「勝手に入れ」って言ったんですよ。行政が絡む災害救助法の適用では、もう福島県に頼めないから。言っても頼んでも福島県は本気にしないから、「勝手に入れ」って言ったんです。

そもそも災害救助法を使ったのが良くないいんですよ。これは国がずるい。原発事故は災害ではないいんですよ。一企業が起こした事故なんです。だから災害救助法が使えるかどうかも議論せずに、災害救助法を適用するのはおかしい。でもその議論を飛ばして適用しまったわけですから。これは国税の違法な流用ではないでしょうか。

【用語説明】

佐藤雄平福島県知事…前福島県知事。大学卒業後、叔父である衆議院議員、渡部恒三氏の秘書を長く務めた後、一九九八年に参議院議員として政界に進出。その後二〇〇六年一一月から二〇一四年一一月まで福島県知事として県政を担った。二〇一〇年には、それまで凍結されていたプルサーマル計画（使用済み燃料から出る猛毒とされるプルトニウムをウランと混ぜ合わせた燃料【MOX燃料】として再利用する計画）の受け入れを決定、三号機で使用が決まった。震災直後の二〇一一年四月、民主党政権時代に立ち上がった「東日本大震災復興構想会議委員」、二〇一二年二月には「復興庁復興推進委員会委員」に就任している。

災害救助法…災害直後の応急的な生活の救済などについて定めた法律。災害救助法では以下のように首長の責任が明記してある（抜粋）。

災害救助法の概要

○「災害救助法」（昭和二二年一〇月一八日法律第一一八号）

一　目的

災害に際して、国が地方公共団体、日本赤十字社その他の団体及び国民の協力の下に、応急的に、必要な救助を行い、災害にかかった者の保護と社会の秩序の保全を図ること。

二　実施体制

災害救助法による救助は、都道府県知事が行い（法定受託事務）、市町村長がこれを補助する。なお、必要な場合は、救助の実施に関する事務の一部を市町村長が行うこととすることができる。

三　適用基準

災害救助法による救助は、災害により市町村の人口に応じた一定数以上の住家の滅失がある場合等（例人口五〇〇〇人未満　住家全壊三〇世帯以上）に行う。

四　救助の種類、程度、方法及び期間

（一）救助の種類

①避難所、応急仮設住宅の設置　②食品、飲料水の給与　③被服、寝具等の給与

④医療、助産　⑤被災者の救出　⑥住宅の応急修理　⑦学用品の給与

⑧埋葬　⑨死体の捜索及び処理　⑩住居又はその周辺の土石等の障害物の除去

（二）救助の程度、方法及び期間

内閣総理大臣が定める基準に従って、都道府県知事が定めるところにより現物で行なう。

五　強制権の発動

災害に際し、迅速な救助の実施を図るため、必要な物資の収容、施設の管理、医療、土木工事等の関

係者に対する従事命令等の強制権が確保されている。

六　経費の支弁及び国庫負担

（一）都道府県の支弁：救助に要する費用は、都道府県が支弁

（二）国庫負担：（一）により費用が一〇〇万円以上となる場合、その額の都道府県の普通税収入見込額の割合に応じ、次により負担

ア　普通税収入見込額の二／一〇〇以下の部分――五〇／一〇〇

イ　普通税収入見込額の二／一〇〇をこえ四／一〇〇以下の部分――八〇／一〇〇

ウ　普通税収入見込額の四／一〇〇をこえる部分――九〇／一〇〇

七　災害救助基金について

（一）積立義務（災害救助法第二二条、二三条）

過去三年間における都道府県普通税収入額決算額の平均年額の五／一〇〇〇相当額（最少額五〇〇万円）を積み立てる義務が課せられている。

（二）運用

災害救助法による救助に要する給与品の事前購入により備蓄物資とすることができる。

内閣府　防災情報のページ　http://www.bosai/go/jp/taisaku/kyujo/pdf/siryo1-1.pdf より引用（参照：二〇一五年一月二九日）

◆住民の自殺者を出さないために、意図的に怒らせた

私の周りには次第に反対勢力が増えていきました。特に埼玉に来てからは。「町長は何をやっているんだ」と突き上げる人が増えた。実はそれは私の狙いでもあったんです。私は住民を意図的に怒らせるように仕組んできたんです。

その第一の目的は、自殺の予防です。とにかく町民に自殺されるのが嫌だったから。

私が町長をやりたいだけの町長だったら、あちこちで妥協しまくっていたでしょう。あっちでいいことを言い、こっちで都合のいいことを言う。のらりくらりで、どっちにもいいことを言う。そうやってどうしようもないなって諦めさせているのが今の現状なんです。あの町長は何を言っても結局、話を聞かない。話もしない。言ってもしょうがない町長だって、言うことを、要望することを諦めてしまったら、町民は小さくなってしまう。限りなく小さくなってしまう。そういうことをさせたくなかった。町民が諦めて気力を失って、自殺をされるのが一番嫌だった。それと、国や東電や県にそのまま簡単に騙されるのが嫌だったんです。

だから「私を怒れ、どんどん怒れ。なんぼでも怒れっ」て言っていたんですよ。

「（あなた方は）町長にしか文句言えないのだから。国や県に直接意見は通らないべって。だから俺にどんどん言え。怒り方足んないよ！」って。

そうやっていると、問題意識が持てるようになってくる。問題意識によって深掘りできるようになってくる。怒りの相手は町長でなく、国や東電なんだと。そういう思い、考え方に持っていきたかったのです。町民に静かにしてもらうことは、町長として決して望まなかった。事故の責任者に対して闘ってもらいたかった。

それとぜひ持って欲しかったのは、人間としての権利です。「諦めるな」と。「あんたの権利を誰かに委ねるな」と。「あなたの権利を守るのはあなたしかいないんだ」と。「もっと正々堂々騒げ」「しっかり怒れ」と言い続けたんです。

誰だって絶望の境地なんですよ、でも私は立場上、絶望的になれないから。私は町民に叱られながら、町民に代わって訴える。絶望か怒りか。その究極の選択だったんですよ。

そういう私の狙いは、避難の最初の頃は分からなかったと思いますよ。意図的に分からないようにしていたんですよ。

埼玉に来た頃は、意識してそうしていましたね。スーパーアリーナに来た頃、騎西高校に行った頃なんかは、言っている内容がよくわからなかったんじゃないでしょうか。マスコミの記者などはね。特にマスコミには気をつけていましたから。言ったことがいろんな料理のされ方をされるので。神経を使いましたね。

なぜそうしたかと言うと、国や東電の出方が分からなかったからです。分かったのは、半年ぐらい経ってから。「ああ、隠しに入ったな」と。「東電は国を下請けにしたな。福島県が県民を裏切ったな」っていうのが見えてきましたから。

――町民の皆さんは、埼玉に行くことになった時はどのくらいで戻れるというイメージがあったのでしょうか。

そこは確認する余裕はなかったし、するつもりもなかった。とにかく何でもいいから住民を事故現場から離そう、放射能の影響を受けない場所へ引き離そうという気持ちばかりでしたから。

私は避難指示を住民に出しました。でもこれは国が出すんです。原子力災害特別措置法で国が避難指示を出すことに決まっています。でもこの後がない。埼玉に来てはいけないとか、あるいは北海道に行っても、沖縄に行っても、外国に行っていいとか悪いとかはない。

何にもない。当時の菅（直人）総理から来たのは「避難指示」だけ。この四つの文字しか来ていない。今でもそうです。だからどうしていいか分からない状態なんです。これからどうしようとしても、張り切りようがない。だったら避難指示なんか出さなければ良かったんですよ。

それだけ縛ってもらいたくはなかった。勝手に動いた方がもっと良かった。今、政府や原子力規制庁は、この避難指示の出し方と避難区域の問題をリンクさせているようですが、とんでもない話です。

自分たちの責任を一切放置しておいて、加害者がゼロのまま、勝手に避難指示は出すわ、避難基準はつくるわ、賠償基準はつくるわ、ということをしている。めちゃくちゃです。挙句の果てに「福島第一原発の事故は収束しました」と言っているわけですよ。

――炉心の様子もわからず、汚染水も漏れ続けている。いつ帰還できるのかもわからないのに……。

でも**野田（佳彦）前首相は収束したって言った。レベル7ですよ。**レベル7のままで収束したっていうのは世界の七不思議ですよ。しかもチェルノブイリは一基ですが、こっちは四基ですよ。

呆れてしまうね。「収束」という言葉はどう考えても言ってはいけない言葉ですよ。収束というのは収束の技術が確立してから使う言葉です。今、原発の収束の技術は確立されてますか。私はまだまだ、緒にも就いていないと思う。確立していないのに収束と言ってしまった。ステップ2が完了したからなんてとんでもない話ですよ。野田前首相は誰かに言わされたんでしょう。

私には見えていますよ。おそらく政府の関係者に言わされたんじゃないですかね。

【用語説明】

野田前首相の「収束宣言」…二〇一一年一二月一六日、首相官邸で行われた原子力災害対策本部の会議においての野田佳彦首相（当時）の発言。福島第一原発の原子炉が安定した「冷温停止状態」にあり、事故収束に向けた工程表の「ステップ2」が完了、原発事故が収束に至ったとの見解を示したもの。

レベル7…国際原子力事象評価尺度（ＩＮＥＳ）が定めた原子力事故や故障の評価の尺度のうち、最も重篤な状態のレベルのこと（深刻な事故）。ヨウ素１３１等価で数万テラベクレル以上の放射性物質が外部放出されたとみられ、原子炉や放射性物質障壁が壊滅し、再建不能となっている状態。チェルノブイリ原子力発電所事故（一九八六年）がこのレベルに該当する。

◆尋常じゃない揺れだ。これは原発が危ないかもしれない

――地震発生時のことを伺います。地震が起こった時、これは原発が危ないかもしれないと感じたわけですか。

尋常じゃない、ふつうの揺れではないから、これは原発が大変なことになるかもしれないとは思いました。でも内心は、そんなことは起こってほしくないと願っていました。

私は工業高校の出身ですから、機械や電気、そして金属材料とか力学のことなどは少しは分かるつもりです。従って福島第一原発の中の配管の強度、コンクリート躯体とか可動部とのギャップ、ねじれがどこで吸収できるのか、たわみを入れているのかとか。入ってないとすれば、物が動いた時にどうなるかということがだいたい分かる。

せん断力、曲げ、**弾性限界**、**塑性限界**がどのくらいとか。そういった言葉を知っているものですから、いくら大きい配管だってそれを見ていくと、非常に恐いなと思っていた。

可動継ぎ手が使われていたのかとか、電気的にショートとか断線とかあったりすると機器が作動しなくなるだろうとか。第一原発の一号機、二号機などはとっくに**償却期間**も過ぎていましたし、金属的にも脆化していましたからね。そういったものの耐性があるのかとか、いろんなことが考えられた。そうするとちょっと違いがあっても大変なことになるのは当然だと思っていた。

そういった事象に耐えられなければ、次はどういう事象が起きるかと。それでもし重要な部分の配管が破断すれば、水などが漏れるかもしれない。

そうしたら完全にメルトダウンですよね。そういう発想はありました。

――メルトダウン、メルトスルーという言葉は昔から知っていたのですか。

昔から知っていたわけではないです。どういう事象が起こるとかは正確に知っていたわけではない。でも人知れず町長としての心構えとして、危機管理はしておかないといけないというような概念は持っていた。

私は機械を自分で見ることができるんですよ。ある程度の計器も電流計もメカもほとんど見ることができますから。他の方とはその辺の違いが出てくるんじゃないでしょうか。それにいざという時にどうすべきかというのは、そういう心構えは町長にしか持てないんですよ。職員に町長としての心構えを求めたってこれは無理だし、議会に求めたって無理なんですよ。議会からなんだかんだ言われたって、町長は町長の職務を全うしなければならないんってておくべきじゃないでしょうか。たとえ機械や工学的なことを知らなくても、何かあったら機械がどうなるかは、知ってておくべきじゃないでしょうか。そう思いますよ。町長の職責は重いですよ。一人しかいませんから。だから、知らない人を基準にしてモノを言われても困るんですよ。
知らなかったから、教えられなかったからって他人ごとにはできないんですよ、首長は。

【用語説明】
せん断力…物体に張力（引っ張る力）や圧縮力が掛る際、それらと垂直に反対方向に同時に発生する力のこと。
弾性限界…物体に力が加わって変形する際、その力が一定の大きさより小さければ、力を取り除くと元の形状に戻るが、大きい場合、力を取り除いても元に戻らない。元に戻らなくなる限界の力の大きさのこと。
塑性限界…塑性状態（粘土が丸めて固められる程度の固さになっている状態のこと）から半固体状になる時の限界の含水比のこと。

償却期間…その資産の寿命、あるいはその資産を使用する年数のこと。原子力発電所の場合、当初一六年が法定耐用年数であり、これをもとに償却期間を決めている。償却期間を過ぎた炉は廃炉とし、公園などに整備されるのが当初の予定だった。ただ設計上は四〇年持つとされており、国はこの基準をもって耐用年数としてきたが、二〇一二年に政府は審査をクリアした炉を二〇年以内であれば、一回に限り延長するとした。つまり、最大六〇年まで延長して使えるようになった。

メルトスルー…原子炉の冷却系統が故障して、炉心の温度が上昇し、圧力容器の底が溶かされて突き抜けた状態を指す。炉心貫通とも呼ばれる。メルトダウンより、より深刻な過酷事故。

◆中越沖地震支援で備品を全部吐き出してしまった

ただ事故当時は困ったことに、二〇〇七年の中越沖地震の時に新潟の柏崎刈羽原発で起こった火災事故の支援として、毛布とか何から何まで全部持って行かせていたんですよ。その時は財政再建のために節約した財政を組んでいましたから、買い足しをしてなかった。危機対応の備品が必要だとある程度は考えていましたが、予算化できなかった。あれも送った、これも送ったってことが頭に残っている。それが残念だった。3．11の地震、原発爆発は二〇一〇年度で区切りをつけて、少しはゆとりのある予算を組めるようにと、まさに

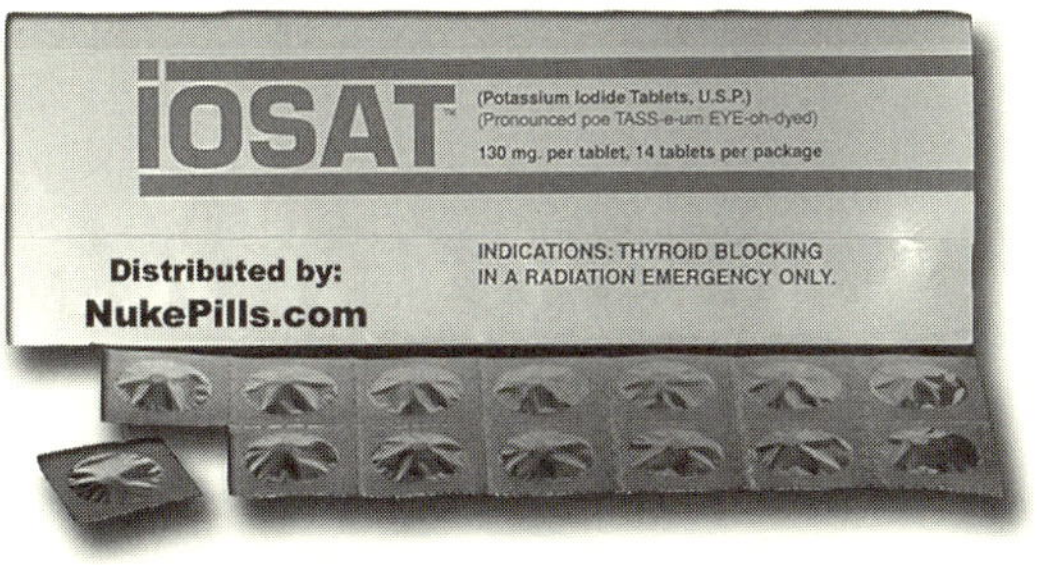

放射性物質の被曝予防を目的として服用されるヨウ化カリウムの錠剤（アンベックス社の「ioSAT™」）Nukepills.com より）

予算を組んでいる時でしたから。

それが二〇一一年度だったら、ある程度予算化して備品として持つことができたんですよ。それが切れてしまった。それが悔しいですね。

――被ばくした際の初期対応としてはいかに（安定）**ヨウ素剤**を投与するかが問題となります。

報道機関では三春町（福島県田村郡）が町の判断でヨウ素剤を飲ませたことがクローズアップされましたが※1、私も飲ませています。

健康福祉課の判断と私の判断で、一三日にはヨウ素剤を投与しています。

一二日に川俣町に避難して、次の日の一三日に保健師から「町長どうしますか」って聞かれて、「ヨウ素剤を飲ませろ。責任は俺が取るから」と答えて、一三日と一四日の二日間で飲ませました。国、県に判断を仰ぎませんでした※2。もちろん全員ではありません。伝達できる範囲ですよ。そこにいた多くの人には飲ませました。だってあの時、どこに誰がいるか分からないわけですから。

私は川俣町に逃げてくれと発信している。だから川俣町以外の場所に逃げた町民に、「俺の所に情報が来ないから」って後から言われても困る。「俺は南相馬に逃げたから俺の所には来なかった」と言われても、困るわけです。その時町長は何を言ったかと。そこは町長としてきついことを言わないといけない。

電波の届かない、無線の届かない人には申し訳ないが、最良のやり方でやったつもりです。町内の行政区長に「全戸見廻って避難させろよ」と言う余裕もありませんでした。まず区長自身も逃さなければならなかったのです。だから叫び続けたんですよ、ずーっと。双葉町の役場庁舎にいる間は、一二日の午後二時くらいまでは無線で叫び続けていた。担当者には「間を置かずに喋ってくれ」って言って。役場職員がいなくなった時には、東電の社員が二人来ていたから、その一人に、「そこに座って『避難してくれ』って叫べ」と。「とにかくいるうちは叫べ」と言ってやらせました。

【用語説明】
ヨウ素剤…ヨウ素は同位体の種類が多く、その多くが安定した安定ヨウ素剤である。安定ヨウ素剤には、ヨウ化ナトリウムやヨウ化カリウムなどがあり、製剤として内服用丸薬、シロップ薬、飽和溶液などに利用される。不安定な放射性ヨウ素（ヨウ素131など）が大量に体内に入ると、甲状腺に取り込まれることが知られ、甲状腺がんなどの健康障害を起こす。安定ヨウ素剤は甲状腺に取り込まれるヨウ素の性質を利用し、原発事故などで大量の内部被ばくの可能性がある時に、事前に服用することで、放射性ヨウ素の取り込みを防ぐことができる。

※1　国会事故調査報告書によれば、大熊町、双葉町以外でもヨウ素剤が配布、服用されたことが分かっている。富岡町では一二日の夕方から一三日にかけて二万一〇〇〇個を配布。ただ服用者の数は不明。双葉町では川俣町に避難していた住民に配布。服用したのは少なくとも八四五人以上。大熊町では三春町に避難したうち三四〇人が服用している。三春町では一五日に七二五〇人に配布している。いわき市は個人単位に一六日の午前中に一五万二五〇〇人に二六万七七〇〇錠を配布。楢葉町は一五日午後にいわき市に避難した三〇〇〇人に対して、やはり個人単位で配布。浪江町は一三日、一四日に津島地区に避難した八〇〇〇人に配布されたとなっている。いずれも保健師、薬剤師が対応している。

※2　原子力災害時における安定ヨウ素剤の服用は、**『国民保護法に基づく国民の保護に関す**

る基本指針』で対策本部長とともに「都道府県知事は、安定ヨウ素剤の予防服用に係る防護対策の指標を超える放射性ヨウ素の放出又はそのおそれがある場合には、直ちに服用対象の避難住民等が安定ヨウ素剤を服用できるよう、服用すべき時機を指示するものとし、市町村その他の関係機関と協力して、その他の必要な措置を講ずるものとする」と規定されている。福島県は三月一四日から、五〇キロメートル圏内の二六市町村に約一一〇万錠の配備を開始したが、国と県の両方が住民への配布を市町村に対して指示はしなかった。

【用語説明】

国民保護法に基づく国民の保護に関する基本指針…国民保護法（正式には「武力攻撃事態等における国民の保護のための措置に関する法律」）とは、武力攻撃予測事態および武力攻撃事態（有事の際）の際に、国民の保護のための措置をとるものであり、もう一つは緊急対処事態（テロなど）に対処するための措置をとるもの。基本方針とは、国民保護計画の作成の基準となる事項を定めており、加えて消防庁から国民保護モデル計画が示され、各都道府県および市町村はこれを参考にして計画づくりを進める。

◆あの山下俊一医師も「飲ませるべきだった」と認める

朝日新聞の「**プロメテウスの罠**」の中に出ていましたが、（安定）ヨウ素剤については、事故後、福島県の放射線健康リスク管理アドバイザーと福島県立医科大学の副学長に就任した**山下俊一医師**と、放医研（放射線医学総合研究所）から来ていた医者が言っていましたね。「福島県民に配布して飲ませればよかった」と。一〇〇**ミリシーベルト以下は安全**だとする山下氏もそういうふうに発言したそうです。ヨウ素剤の服用効果は被ばく後二五時間以内と言われています。いったい事故からどれくらい経っているんですか※。

彼は被ばく線量の高い爆発間もない頃は、一切そんなことを言わず、二年以上経ってからそんな発言をする。年間一〇〇ミリシーベルト以下は安全だと言い、福島県内には年間一〇〇ミリ以上を被ばくした人はいないと言っていたんですが、立場を離れたら認めたわけですよ。許せませんね。

【用語説明】

プロメテウスの罠…福島第一原発および原発をテーマにした朝日新聞の連載記事。二〇一一年一〇月から掲載が始まり、現在に至る（二〇一五年三月現在）。調査報道に基づいており、連載をまとめた書籍も現在までに九巻まで刊行されている。

山下俊一医師…長崎大学大学院医学研究科博士課程修了。長崎大学医学部付属病院勤務を経て、同大学医学部付属原爆後障害医療研究施設（原研）教授に就任。日本甲状腺学会理事長。国立大学法人長崎大学理

事。事故後福島県の要請を受け、三月一九日には福島県放射線健康リスク管理アドバイザーに就任、また福島県立医科大の副学長にも就任した。一九九一年より二〇年あまりチェルノブイリ原子力発電所事故の健康調査及び甲状腺がんの子どもの診療に従事した経験を持ち、チェルノブイリ事故後、汚染地帯では甲状腺がん、乳頭がんが激増したことを発表している。さらに小児甲状腺がんは、一センチメートル以下では頸部や肺への転移が速いとも述べている（Medical Care of Hibakusha and Radiation Life Science e-Learning）。

一〇〇ミリシーベルト以下は安全…山下俊一医師が福島県放射線健康リスク管理アドバイザーに就任してから福島県内のメディアや講演で、「一〇〇ミリシーベルト以下は大丈夫。毎時一〇マイクロシーベルト以下なら外で遊んでも大丈夫」と発言。これに対し、一般市民や市民活動家、ジャーナリストなどの一部から反発を招いた。

※　二〇一三年一一月八日付の朝日新聞の連載記事「プロメテウスの罠」では、爆発後間もない二〇一一年三月一九日に長崎大学から福島県入りしていた大津留晶医師、吉田浩二医師らからさらなる被ばくに備えて県民への安定ヨウ素剤投与を提案されるが、山下医師はこれを却下している。

理由は大津留医師らの提案が、一・原子力安全委員会のマニュアルから逸脱している。二・服用量を誤る危険もあるし、副作用が出た際に対応が困難。三・飲み物を混ぜた場合に効き目があるかどうかわからない、などの可能性があるからだった。

しかし、朝日新聞がその後、二〇一三年六月から断続的に山下医師に取材した中で、二〇一一年三月二三日（却下から四日後）に国が公開したSPEEDIの放射線汚染図が、山下医師の予想を上回り、本人が「飲ませればよかった」と後悔したことを伝えている。この時山下医師は「ありゃー、と思いました」と語った。

第二章　原発からの避難はどうあるべきか

「国はなぜ福島県だけに（SPEEDI情報の通達を）押し付けてしまったのか。本来であれば、国の災害対策本部がSPEEDI情報を発信すべきではないか。県が情報を出せなければ、国が出せばいい。」

「しかもその時政府は、直ちに（人体に）影響はないと言っていた。そのSPEEDI情報を止めて言ったわけだから、政府は国民に対して大変な責任がありますよ。本当にひどいことをしている。このままで収めるわけにはいかない。」

「現在の福島の住民の反応というのは、行政の首長の意識の反映で、真実を告げられての反応ではない。住民の皆さんの本当の意識を反映しているものではないと思う。」

◆私の最大のミスは〝国の避難指示を待ってしまった〟こと

――今回の事故は、いろいろなことが重なった世界の近代史にない複合災害です。その中ですべてのことが準備通り、マニュアル通りにいくとは限らないこともあります。

私が今回の事故の件で、強く失敗したと思っていることがあるんです。避難のタイミングです。

まず第一〇条通報ですが、この原子力災害対策特別措置法をよく読んでいくと、一〇条通報は屋内退避か避難準備なんです。この時はすでに地震で住めなくなっているから。学校なり、いろんなところにほとんどの町民は避難をしていたんですよ。

そして一五条通報で、本当の避難となる。土砂災害や地震などが起きた時に適用される、**災害対策基本法**では市町村の長が避難指示を出し、出せない時は県が出すことになっている。

しかし原子力災害対策特別措置法では立地自治体でも県でもなく、国が避難指示を出すわけです。私はこの避難指示を待ってしまった。やっぱりね、度胸がなかったと思います、避難指示が出る前に避難させるなんて……。今思えば間違ってても何でもいいから、避難をさせるべきだったんです。でも国から出た情報を一つの基準にしないといけないと思ってしまったんです。基準がない中で勝手にやってしまったら、国なんて治まっていかないと思ったから、待ってしまった。

一五条通報が来た時に、国は避難指示は出していなかった。国は東電が出すことになっている一五条通報を受けた時に、避難指示を出さずに、「直ちに影響はない」と言って次の朝まで持ち越したんですよ。あれが今回の事故で、我々が一号機の爆発で被ばくしてしまった大きな原因です。逃げ遅れてしまった。逃げ遅れて被ばくしてしまった。

【用語解説】

災害対策基本法…国土並びに国民の生命、身体及び財産を災害から保護し、社会の秩序の維持と公共の福祉の確保に資することを目的とした法律。一九五九（昭和三四）年に紀伊半島一帯を中心に全国に多大な被害をもたらした伊勢湾台風を契機に、一九六一（昭和三六）年一一月一五日に制定された。防災に関する責任の明確化、防災行政の整備、災害対策の促進などが記されている。

― 原子力災害対策特別措置法では、原子力事故が起こった時、国は次のような行為を行うこと ―

になっている。

原子力災害対策特別措置法（原災法）第一〇条に基づく原子力事業所からの通報後、引続き原子力事業所の状況、放射線量等に関する情報を入手し、原災法第一五条に該当するかどうかの判断を行う。また、該当すると判断した場合には、緊急事態宣言を発出し原子力災害対策本部を立ち上げる。

緊急事態判断基準（一五条事態）は下に示すとおりである。

・原子力事業所または関係都道府県の放射線測定設備により、事業所境界付近で五〇〇マイクロシーベルトアワーを検出した場合

・排気筒等通常放出場所、管理区域以外の場所、輸送容器から一メートル離れた地点で、それぞれ通報事象の一〇〇倍の数値を検出した場合

・臨界事故の発生

原子炉の運転中に非常用炉心冷却装置の作動を必要とする原子炉冷却材の喪失が発生した場合において、すべての非常用炉心冷却装置の作動に失敗すること、等。

◆避難指示の解釈の仕方

――原災法の一〇条、一五条の通報というのは、地震だとか津波の被害を想定した中でのも

のではありません。まして今回のような一〇〇〇年に一度の津波が起き、そんな混乱の中での原発事故からの避難は、判断も難しかったのではないでしょうか。

でも原発立地自治体は、判断できるようにしなければならない。一〇条通報、一五条通報は知っているわけです。私も知っているけれど、全町避難の指示はさすがに出せなかった。津波後、最初、福島県が「二キロメートル以内の地域の人は避難しなさい」という指示を出した。それは来ている。町の庁舎にはそのための専用のファックス回線があって、それは生きていましたから。

その後三キロメートル以内の避難を政府が出しているんです。ただその時三キロメートルじゃなくて、一〇キロメートル、二〇キロメートルの避難を呼びかければよかったんですよ。その時点で出していれば、被ばくは相当避けられたはず。政府が一〇キロメートル避難を出したのは翌日、一二日の午前五時四四分になってから。そこでようやく全町避難になったわけ。避難の出し方は政府が悪いと思う。

避難の意味を国がどの程度正確に把握し、住民に上げていたかという問題もある。東電はダイレクトに政府の災害対策本部に上げていたのかというとそこも分からない。国の**資源エ**

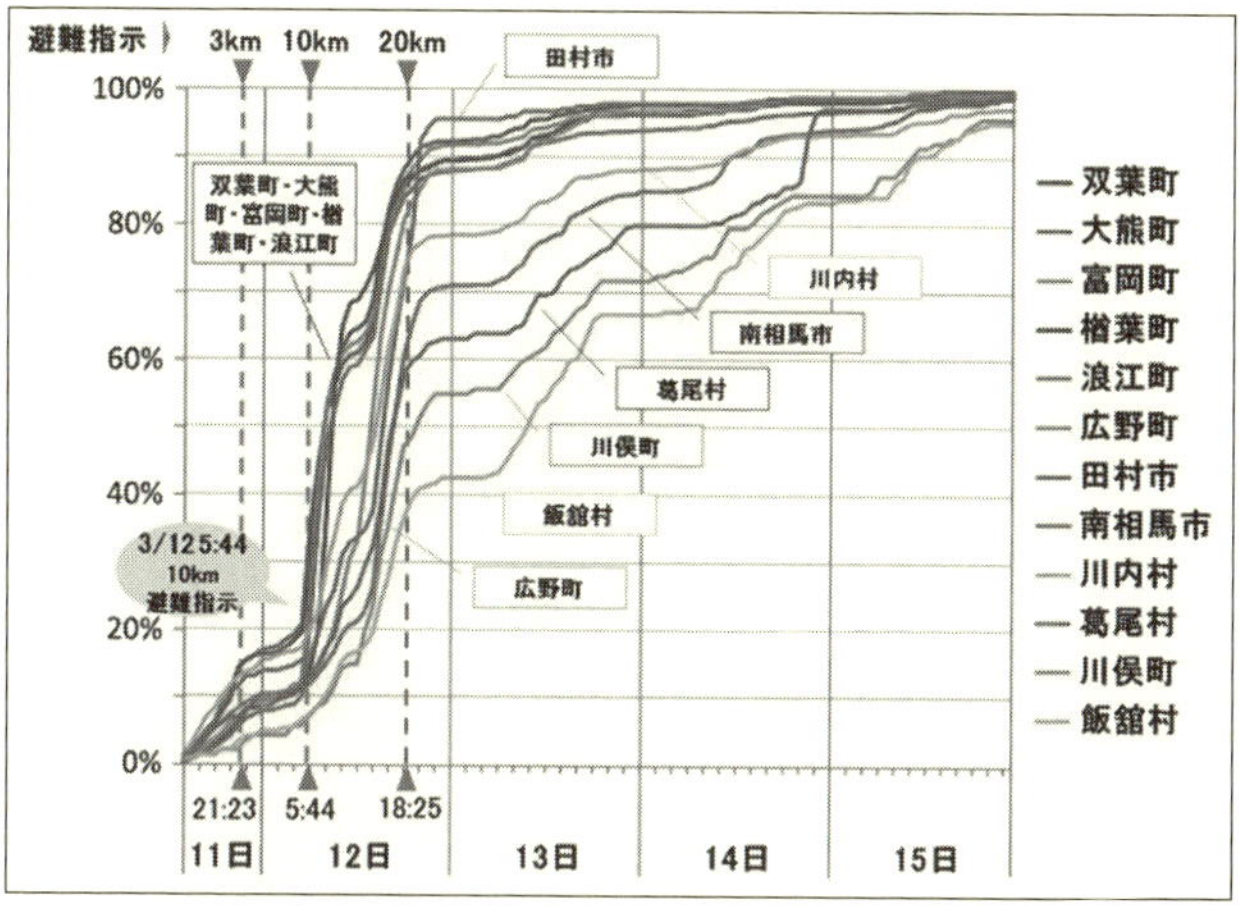

国会事故調の調査では、３キロ圏の避難指示を９割の人が知らなかったという。国会事故調ホームページ　第４部　住民アンケート　調査結果まとめ
http://warp.da.ndl.go.jp/info:ndljp/pid/3856371/naiic.go.jp/blog/reports/reference-documents/ref-4-2/　より引用（参照：2015年２月20日）

ネルギー庁とか原子力安全・保安院が情報をいったんカットしていたのか。カットしながら順々に災害対策本部に上げていったのかは分からない。それは今後の検証課題だが、広域の避難指示が遅れたのは非常に問題だと思う。

――立地自治体は事故を想定した防災訓練を行っているはずですが、一五条通報までは想定してなかったということですか。

似たような話ではやっている

わけだ。だけど具体的にはやっていなかった。ハッピーエンドのシナリオだから。一五条通報のそのものの訓練はやっていない。

——立地自治体の方、首長さんや議員の方に聞くと「一〇条通報」「一五条通報」という言葉が、当たり前のように出てくる。でも立地自治体以外の人にとって、「一体それはなんのこと?」っていう感じです。

それはそうでしょう。原子力災害対策特別措置法自体を、原子力災害を分からしめていないですから。一〇条通報とか一五条通報は、やっぱり県が関わっていなければならない。原発災害の避難訓練は県がトップに立ってやっていたから、県民の安全はすべて県にかかっている。起承転結、すべて県なんですね。

では県がちゃんとやったのか。国に対して、情報を取って避難誘導をやったのかというとやっていない。

——SPEEDIの存在は知っていましたか。

知っていました。どういう役割をもっているかはもちろん知っている。ただ、受信する余裕はなかった。でも何らかの形で伝えてほしかった。北西の方に流れることが予想されると。何時何分にこういうふうに予想される、という情報は欲しかった。三日遅れでも欲しかった。でも県がそれもせずに隠し通したんですよ。容量オーバーとか言っていますが、そんなの理由にならない。県が情報を止めたんですよ。

いずれにしても、防災訓練は県知事がトップでやっている。県知事が「ヨウ素剤を飲ませるな」とか、「ＳＰＥＥＤＩの情報を出すな」とか、「放射能の影響がないと言え」とかっていうのは訓練にはなかった。でもどんな事故に対しても県知事は対応しないといけないんですよ。

――ＳＰＥＥＤＩの存在は他の立地自治体でも知られていたんですか。

知っているかどうかは分からない。想像でものを言えないから。

ただ私は、事故直後は現場の風向きを見るしかなかった。住民の避難所の確保や食事や体調のケアを優先して行動していましたし、車で移動していたので、そういう情報を取る余裕はなかった。国からＳＰＥＥＤＩの情報がどのようにやってくるのかは分からなかったし、その内容について聞くのを失念していたんです。

避難中しばらくして、隣の浪江町が避難していた中通りの二本松市にある旧東和町の役場庁舎に仮役場を作った時に、馬場町長を訪ねたんです。その時彼は「この（ＳＰＥＥＤＩ）情報を教えられなかったから、こんなことになった」と怒っていました。その時に「ああ、ＳＰＥＥＤＩがあったな」と思い出した。私はとにかくそんなことを気にしてはいられなかった。「情報がこないから、まずい」ではなく、「情報がこないから逃げるんだ」と思っていましたから。「どういう情報だったかとかは後でもいいから、とにかく逃げよう」と思って行動しましたから。

【用語説明】

資源エネルギー庁…一九七三年七月二五日に通商産業省（現経済産業省）の外局として発足。石油やガス、電力等のエネルギーの安定供給のための政策や、省エネルギーや新エネルギー（原子力、風力、太陽光等）政策を所管している。欧州、アメリカで高まった資源ナショナリズム、すなわちエネルギーの安定供給とエネルギー安全保障を確保する動きを受け、発足した。当時の日本にはまだエネルギーという概念も浸透していなかったが、経済記者や通産省官僚の間では、「このまま中東産の石油に頼り続けて、石油を爆食する生活を続けると、石油がストップした途端餓死者が出る」とまで言われていた。知識人やジャーナリストに中には、石油消費を抑えたエコな生活に社会設計を変えるべきと訴える者もいたが、奇跡の経済成長を続ける日本経済に水を差すような言葉をまともに受け取る財界人はいなかった。そこで夢の電源として上がっていたのが、一旦稼働すると半永久的に電力を創りだす原子力だった。奇しくも資源エネルギー庁が発足した三ヵ月後に、中東で起こった第四次中東戦争を機に石油輸出国機構（ＯＰＥＣ）の一部が原油価格を引き上げ、世界的なオイルショックを引き起こした。日本は六〇年代から主要エネルギーを石炭から石油にシフトさせており、その影響をモロに受けた。

原子力保安院（または原子力安全・保安院）…二〇〇一年に中央官庁の再編により誕生した経済産業省の外局、資源エネルギー庁の特別機関。原子力およびその他のエネルギーに係る安全や産業保安の確保を図るための機関であった。原子力安全委員会とともに廃止され、二〇一二年九月一八日に環境省の外局である原子力規制委員会に統合された。

政府が一〇キロメートル圏内の住民の避難指示を出すまでの経緯については、前出『原発危機　官邸からの証言』に記されている。

当時官邸では、岩手、宮城沿岸部の被災状況が続々と上がってきており、翌日は新潟と長野で震度六強の地震も起きていた。官邸はこれらの対応の中で刻々と変化する原発危機への対応を迫られていた。

当時の菅首相らが保安院にどのくらいの避難範囲が適切なのかを尋ねても明確な答えは返っ

てこなかったという。避難指示はまず一一日の午後九時二三分、福島第一原発の半径三キロメートル以内からの避難と三キロメートルから一〇キロメートルからの屋内退避を指示した。しかし「避難指示を受けて、一一日夜には枝野官房長官が会見をした。当時私たちは知らなかったが、福島県が国に先んじて、すでに一一日午後八時五〇分に半径二キロ圏内の住民避難の指示を出していた」(同書)

この時点で政府の判断は後手に回っていたことが分かる。半径三キロ圏以内からの避難指示と三キロ圏内から一〇キロ圏内の屋内退避指示を出したのは、ベントを想定してのことだった。しかしベントは実行されず、爆発の危険が高まったために避難指示を半径一〇キロ圏内に拡大した。

爆発した場合、半径一〇キロ圏内で充分なのか、はたまた二〇キロ圏、三〇キロ圏がいいのかは議論されていた。「班目原子力安全委員長に確認すると『そんなに大きくは広がらないだろう』という見通しを示した」(同書)。

◆遅れてもいいからSPEEDI情報を出すべきだった

私は、SPEEDI情報は福島県だけでなく、日本全国に国が知らしめるべきだったと考える。全国に対して国が、です。SPEEDIの情報によれば、放射能の流れを見ていくと宮城県にも岩手県にも行っている。シミュレーションだと東京や静岡にも行っています。つまり国は国民に対する（原災法の）一五条通報に基づく指示を出していないんです。

国はなぜ福島県だけに（ＳＰＥＥＤＩ情報の通達を）押し付けてしまったのか。本来であれば、国の災害対策本部がＳＰＥＥＤＩ情報を発信すべきではないか。県が情報を出せなければ、国が出せばいい。あれだけ情報が混乱していて、通信も寸断されて、伝えたくたってなかなか伝達できない。通達なんかできない状況ですよ。しかもみな避難途上だから、車に乗っているかもしれない。移動しているかもしれない。そんな中で福島県が発表しなかったと一方的に言うのはおかしい。じゃあその時、国はどう指導したのか。福島県ができないなら、国が伝えるべきでしょう。

たとえ通信は混乱していても、テレビやラジオはあった。国はテレビやラジオを通じて知らせることはできたはず。ＮＨＫができないなら民放でもいい。テレビは使えたはず。国はいったい何をやったのか。そういう議論にもっていかないといけない。

しかもその時政府は、直ちに（人体に）影響はないと言っていた。そのＳＰＥＥＤＩ情報を止めて言ったわけだから、政府は国民に対して大変な責任がありますよ。本当にひどいことをしている。このままで収めるわけにはいかない。

――ふつうの自治体は大雨や土砂災害を想定しての避難訓練はしていますが、原発事故での避難はやっていません。事故が起こるまでは、立地の近隣自治体の住民はスクリーニングという言葉も意味も知らなかった※1。今回避難所にたどり着いたものの、いきなりスクリーニングをかけられた県民の中には、面食らい、怒って避難所に入らなかった人たちもいました。こうした知識の差も県民の分断を生んだ背景にあると思っています。

それは非常に残念ですね。原発で働いている人は原発の管理基準とか、管理区域の中の線量はどういうことだとか知っている。それを知らない一般人は、スクリーニングをかけられるということの意味が分かってない。もちろんスクリーニングをかけること自体は正当な行為だったんです。

その意識のギャップは、原子力政策によって歪曲された部分でもあると思います。そういう情報や知識を与えてないわけですから。

意識のギャップということでは、最大の責任者は佐藤福島県知事（当時）でしょう。東電のテレビ会議が事故後の対応を記録したものとして話題となりましたが、あれは限られた時間、一一日から何日かに行われた本当の緊急会議です。あの時には我々立地自治体の首長もテレビ会議に参加しなければいけなかった。そこで本来事故の情報は共有しているはずなんですが、させられませんでした。

その東電テレビ会議に福島県知事が出てきています。東電の発表では、福島県知事から「放射能の影響が出ないと東電から発表してくれ」と言われたと※２。そのことについて東電はうやむやにしていますね。東電はその要求に応じて放射能の影響はありませんとまでは言っていない。うまくうやむやにしている。そこですよ、問題なのは。

福島県もその会議で情報をストップしている。うやむやのまま誰かの責任にならないようにごまかしている。やっぱりそうしてしまった一番の責任は福島県にあると思う。福島県が事実を隠してしまったのです。ＳＰＥＥＤＩの情報を隠したのはそこに理由があった。テレビ会議で「放射能の影響がない」ことを県知事が東電に申し入れした。東電テレビ会議は映画になっています（『東電テレビ会議　49時間の記録』）。

このことから福島県は被ばくの影響を隠していることがわかる。事故前は約毎時〇・〇五マイクロシーベルトだったのに、毎時一～五マイクロシーベルトの場所に住まわせてきた。毎時一マイクロシーベルトの場合は二〇倍も高い線量になっている。これを安心だと強制することは行政にはできない。しかも避難を促さないのは不作為にあたる。避難の妨害は県民の移動の自由を奪うことで犯罪にあたる。

だから現在の福島の住民の反応というのは、行政の首長の意識の反映で、真実を告げられての反応ではない。住民の皆さんの本当の意識を反映しているものではないと思う。

ただ立地自治体と他の自治体との意識差ということで言えば、共有しているところもあるはずですよ。

というのも原発の防災対策会議の一員として立地自治体でなく、近隣の町も入っているからら。原子力災害対策計画の中に入っているわけです。災害対策のトップは町長ですから、これを素直に受け取れば、「立地自治体じゃないから私は知らなかった」って言えないはずです。「あなたの不作為でしょ」って言われてしまう。

だから立地自治体以外の首長も「俺は知らなかったんです」ではなく、県や国に乗り込んでいっても「どうなっているんだ!」と知るべきだったと思う。知ってなければならない。知らないというのは言い訳です。

※1　南相馬市のある五〇代の女性は、爆発があった三月一四日に毛布と簡単な食料を積んで、陥没した道路などを迂回しながらなんとか、仙台市内の息子の住むワンルームマンションにたどり着いた。息子と合わせ大人五人がワンルームで過ごすことになったが、三日が限界だ

った。

友人に「どこにいる？　どこか泊めてくれる宿、知らない？」とメールをしまくったところ、三日目の夜、その中で「JICA（ジャイカ）なら、場所を提供してくれるかも」と教えてくれた。夜一〇時半に福島県内のJICAに電話し、人数を言ったら「いいですよ」と受け入れてくれた。JICAは三月一四日より、福島県の要請を受けて県内中通りにある研修施設を避難所として開放していた。

彼女は「涙が出た。行くとこがなくて、寝る場所もないという不安がどういうものか。もうぎりぎりだった」と喜んだが、安堵が全身を巡った時に、JICAスタッフが発した言葉にショックを覚えたという。

「避難所に入る場合はスクリーニングを受けてもらいます」と。「なんか屈辱的で、悲しかった」

だが選択肢はない。翌日彼女は息子と別れ、四人で二本松市内にあるJICA研修施設にたどり着く。

「入る前に白い防護服を着た人が機械で測るわけ。で、異常ありません、っていう紙くずみたいな小さな紙が渡された。『たったこれだけ？』と思った。こんな紙切れで避難できるできないが決まるのかって」

それでも彼女の一家は恵まれていた。研修所には一人分のベッドが据え付けてあった。食事は最初、白いおにぎりが出たが、翌日は何も出なかった。

※2　佐藤雄平福島県知事が三月一四日の三号機爆発後、健康被害の心配はないと広報をするように東京電力に求めたことが、東京電力のテレビ会議の録画から判明している。この事実について宮城県のブロック紙「河北新報」は次のような記事を自社サイトにあげている。

福島第一原発三号機で昨年三月一四日に起きた水素爆発の直後、福島県が東京電力に「健康被害の心配はない」とする文言を報道発表資料に記載するよう要請していたことが八日、東電が報道関係者に公開している社内テレビ会議の録画映像で分かった。

映像によると、昨三月一四日午後一時二〇分頃、東電広報班が同社福島事務所からの依頼として「三号機の爆発に関するプレス（報道発表）文に、福島県知事から『今、北西の風が吹いており、観測された放射線量から健康に被害が出る心配はない』という文言を入れたい、入れてほしいという話があった」と東電本店非常災害対策室に連絡した。

対策室は健康被害に言及することに難色を示し、「（放射性物質が風に）揺られて戻ってくることもある。拡散作用で薄くなっているとは思うが（健康被害の心配はないと）言い切るのはリスキー（危険）だ」と指摘。「（首相）官邸に県知事からこういう意見が出てますと言ってほしい」と回答して結局、報道発表資料に記載されなかった。

三号機の水素爆発は一四日午前一一時頃発生。文部科学省所管の緊急時迅速放射能影響予測ネットワークシステム（ＳＰＥＥＤＩ）の拡散予測データでは、一四日は午前中から太平洋方向への西風が吹いていたが、同日深夜に風向きが南に変わり、翌一五日昼すぎには西や北西など内陸方向に吹いていた。

県原子力安全対策課は「当時の状況や経緯は分からないが、根拠にした線量は東電の測定データだと推測される。一般的に東電の報道発表の表現について助言したり、感想を述べたりすることはある」と話している。

【用語説明】
JICA…国際協力機構（Japan International Cooperation Agency）のこと。日本の政府開発援助（ODA）を一元して行う実施機関で、独立行政法人国際協力機構法に基づいて二〇〇三年一〇月に設立された。震災直後は、施設を避難者の受け入れ先として提供していた。

◆ハッピーエンドの避難訓練

――原発の防災訓練は双葉町をはじめ浜通りの四つの立地自治体でやるんですか。

四つだけじゃないんですよ。第二原発の立地である楢葉町、富岡町、第一原発の立地である大熊町、双葉町。それに隣接する広野町、浪江町までが構成メンバーに入っています。その中でやるんですよ。

防災訓練では被害者住民の救済訓練までをやりますが、ただこの訓練は立地自治体である第二原発がある南側の楢葉町から、第一原発がある北側の双葉町を往復しているんです。その会場作りは立地自治体だけです。

その会場にはスクリーニング会場とか、医療とかいろんな部隊が来るんですね。海上保安庁も自衛隊もみんな参加するんです。その会場になるのはこの四町しかない。それでその六つの構成町の首長がテレビ会議に参加するんです。その会議を通じて首長は、情報共有もしておかなければならない。それが〝縦の会議〟というもので、年に一回やる。

——原発事故の防災訓練はどのくらいの規模で、どんなふうにやるんですか。

二つある。県主催で県知事がトップでやる場合の**福島県原子力防災訓練**と、国主催で行う**原子力総合防災訓練**。国がやる場合は、総理大臣がトップとなってやります。

規模としては住民全員ではないです。双葉町では福島第一原子力発電所のフェンスに接している二つの地域の住民だけ。だから双葉町の住民が原発災害時の避難のことを知っているかっていうと、知らない。ごく一部の人がやっているだけでね。同じ双葉町でも山の方に住んでいる人は、避難訓練はしたことがないんです。

──原発事故に対する避難意識も薄いということですか。

薄い。だってみんな過酷事故は起こらないということで訓練をやっているわけだから。過酷事故が起こったと想定しての訓練はやっていないんです。想定される事故は、放射能が出て来ないのです。

──放射能が出ないことを想定した訓練ということですか。

そう、放射能が出ないレベル。想定しているのは、放射能が出るかもしれないが、出ない。なんかちょっと過酷事故に繋がりそうだから、避難をするということになったというもの。「過酷事故になった」という避難訓練の事例を、私はしていなかった。ベントをするということではしたことがあります。風向きを変えながらの避難訓練はやったこともある。だけれど訓練は「やっぱり出なかった」となるんです。出ないで収まったとして行っていた。

――ハッピーエンドになっていると言っていましたが、つまり起こさないという前提での避難訓練になっている。起こるとは絶対想定しないわけですか。

危険だからといって避難が始まるが、やりとりしてほどなく東電から連絡が入るわけです。「無事収まった」と。で「トラブルが収まったから、良かったな。やれやれ」となる。結局ハッピーエンドなんですよ。

二日がかりでやるけど、訓練自体は半日コース。準備は大変ですよ。つくられたシナリオがあるから。あのハッピーエンドのシナリオをどこでつくるかは分からないけれど……。

避難訓練では、参加した住民は、バスに乗ってもらって移動してもらう。大型バスが迎えに行って住民の皆さんを乗せて避難させるんです。

他には消防団が出てポンプで放水の準備をしたり、自衛隊がヘリコプターで上空に来ていたり、海上保安庁が海に巡視船を出していたり、日本赤十字社の医療用車両が来て待機したりするんです。ドクターも来て待機して、訓練に参加してやるんですね。

双葉８町村

双葉郡の原発立地自治体とその周辺の自治体の地図

まあ、物々しいことをやるんです。婦人消防隊も参加して炊き出しをやるんですが、結論がハッピーエンドだからね。あまり緊張感はない。

彼女らはすぐに炊き出しの現場に行く。で、炊き出しの準備はできているんです。そこでご飯を炊いて、おにぎり握って弁当にして食べて、「ご苦労さま」ってことになる。「良かったね、何事もなくて」「今日もやれることをやったね」って。それでおしまい。

今、防災訓練の記録を見直すと、緊張感のなさもそうだけれど、国のやり方にうまくはめられたと思う。だって名前が「防災」だから。「事故」が起きた時の〝避難〟訓練ではない。あくまで災害を防ぐというスタンス。

【用語説明】

福島県原子力防災訓練…福島県と広野町、楢葉町、富岡町、大熊町、双葉町、浪江町が防災関係機関の協力を得て行っている防災訓練のこと。防災関係者の原子力災害対策計画の熟知と防災関係機関の行う緊急時防災活動の円滑化、相互の協力体制を強化することを目的としている。一九八三年から隔年で行われてきたが、二〇〇三年からは毎年二つの自治体ごとに行っている。

原子力総合防災訓練…国が主催者として行う総合的な防災訓練で、訓練対象となる原子力事業所のある全国の自治体を毎年巡回する形で実施される。

◆なぜ他の立地自治体は双葉町の体験に学ぼうとせず、再稼働を急ぐのか

今、再稼働すると言っている原発立地地域の人たちは、いったいどう思っているんでしょうかね。実際に事故が起きたわけですよ。もう放射性物質が実際に飛散したんだから。立地の人たちは再稼働、再稼働って言っていますが、私からすれば絶対おかしいんですよ。どうして同じ立地自治体で起きたことなのに、私たちが今どういう状況になっているかを調べようともしないんでしょうか。調べもしないで再稼働って言っているわけです。ナンセンスですよ。

検証することはたくさんあるはずです。事故が起きた時に、だいたい何キロメートル離れないとダメなんだとか。政府発表ではどのくらいが適切だったのか。どういう状況で政府の避難指示が来たのかとか。その情報はどこまで的確な情報だったのかとか。そして町の住民がどうしてこのように離れ離れになったのか。事故後四年にもなるのになぜ何にもされていないのかとか……。

自分たちが実際そういう事態に陥った時に、どういう対応を責任者に求めなければならないかというのを一切学習しないで、再稼働の議論を一所懸命にしている。そういう首長が全

国にいるわけです。私は全くナンセンスだと思う。

そしてもう我々双葉町の町民は、何千年何万年という、そういう単位で放射能と付き合っていかなければならなくなったわけです。そういうことを知っていて再稼働を議論しているのでしょうか。

そうは私には見えない。我々のことをよく分かって対策を求めて、その対策ができて再稼働をしようとしているようには思えない。目をつぶったまま再稼働を要求しているようにしか見えません。

【用語解説】

再稼働…定期点検などで止まっている原子力発電所を再び稼働させること。東京電力福島第一原子力発電所の相次ぐ爆発事故の後、政府は原子力発電所の安全基準安全監視体制を見直し、新たに発足した原子力規制委員会の審査を経て合格しないと再稼働できないこととした。このため定期点検に入った原発が停止状態のままとなり、二〇一二年五月に全ての原発が稼働ゼロとなった。その後関西電力大飯原発が電力不足を理由に同年八月に再稼働したが、二〇一三年九月一五日に再び定期点検に入り、以後二〇一五年二月二〇日現在まで稼働ゼロが続いている。

◆避難計画には、セカンドタウンを用意させる

今度の原発事故では避難したくても避難できない、避難させられない、そういう福島県民がたくさんいる。福島県民は、それぞれ避難や放射能について声に出して言うことすらもできないような環境に追い込まれているんです。まだまだ悲劇の真っ只中ですよ。自分たちが放射能の中で暮らさせられていることは自覚しているわけだから。

じゃあ、他の立地自治体、その周辺自治体の人たちが、自分たちがこうなった時にどうするかという発想があるのでしょうか。そのために今、こういう条件を国や電力会社につけておかなければならないという発想が全然見えてこない。人任せにしていればいいんだという、そういう話ですよね。

――他の立地自治体、県では事故後防災訓練が変わったという話は聞かないですか。原子力規制庁のサイトなどを見る限りでは、過酷事故を想定したメニューを加えたところもあるようですが。

そこは情報交換をしていないから分からない。

私は、原子力規制庁から、「避難計画をつくれ」と言われているんだから、各自治体はつくってしまえばいいと思う。

まず二五〇キロメートル離れたところに別の自分の町をつくることから始める。先に避難先をつくっておくから、再稼働するならここに住むからと、自分たちの居住地域を認めさせればいい。再稼働すると放射能漏れや事故が心配なので、避難先に住むから、自分たちの居住先への移転が完了したら再稼働しろと言えばいい。

そして逃げるための道は先につくれと。一車線なんかじゃだめだから、片側三車線か四車線の大動脈の道路を、どこか遠い所に行ける道をどーんとつくれと。今回の事故では通常一時間で行ける場所まで、八時間もかかっているんですよ。その間ずっと被ばくさせられ続けたんです。

それから京都とか大阪の電力消費地の人は、「自分たちは放射能が嫌だから出さないようにしろ」と。「絶対出さないと約束してください」と言えばいいんですよ。そういう声が聞こえてこない。甘いと思う。人ごとだと思っているんですよ。

私は福島県外で講演する時に、必ず言っているんです。「あなた方が被害者なんだから、被害者として立たないと時間切れになるよ」と。反応はあるんですが……。

第三章　噓と偽証の連鎖

「津波、地震があるなんて東電も国も、私の前では一言も言いませんでした。ただ、『町長、大丈夫だから事故は起きないから、心配しないで』と言っただけ。そして事故を起こした。これは知りながら対策をしてない事故なんです。（中略）絶対におかしいと思っているのは、対策をしないで起こした事故に対して、なぜ災害救助法が適用されるのかということです。」

◆東電に牛耳られる監督官庁の、判断力不足、知識不足

――原発が異常事態となった時、当時の菅直人首相が現場を視察したことが、良くない、東電に乗り込んで混乱させたと言っている政治家や学者、記者がいますが、そこについてはどう考えていますか。

それは原子力ムラが言わせているのではないか。「余計なことまで知るな」という、そういう脅しをかけたんじゃないですかね。政治家は黙って政治をやっていろと。現場は俺たちに任せろという感覚があるんじゃないでしょうか。

そういう東電や官僚の感覚に対しては逆に、「これ以上隠すな」って言いたいですね。あの時は、菅総理が判断できるような材料を上げていなかったのでしょう。

私の町長時代もそうでした。町の職員が私に情報を上げてこないのを分かっているんで、私が現場に行くんですよ。だから彼らをサンドイッチするのです。現場を確認して、職員を監視して、上がってこないと「なんだアレは、どうなっている」って言う。「いつ上がってくるんだ」って訊くんです。「こんなことになっているようだけども、知っているのか？」

って尋ねる。すると彼らは知らないふりをする。なぜ知らないふりをするのかっていうと、不作為を責められるからです。

今回の事故の原因は、旧原子力安全・保安院もそうですが、一番問題として挙げるべきは、霞ヶ関の資源エネルギー庁の対応ですよ。要するに彼らがその不作為を叱責されることを、どうやって防ぐかっていうところから始まっているんです、この事件は。

あの時、当時の官房長官がエリアを一〇キロメートル、二〇キロメートルと拡げていって、できるだけ小さいエリアで止めようとしたのも、別に現場を見てのエリアでなくて、金銭的なエリアで考えていたからでしょう。霞ヶ関が描いた避難シナリオだと思います。

なぜそんなことが言えるかと言うとエネ庁（資源エネルギー庁）の現場感覚というものを私、分かっていますから。監督官庁の判断力が不足しているんです。原子力安全・保安院、原子力安全委員会という組織がありますが、彼らは東京電力以上の情報を持っていませんでした。

私の町長時代、まず東電より早く報告書を持ってきたためしがない。必ず東電から定期的に報告書が上がりますが、それを東電が私の所に来て説明するんですね。「こういう経緯でこうしました」って。その後で、原子力安全・保安院の特別審査官らがそこに自分たちなりに文字を増やして持ってくる。私はその説明の間は寝ていましたよ。だって東電から一度聞いていましたから。

それでだいたい終わりの頃に、「ところで」って質問事項を溜めていくんですね。「ところで、このことについてちょっと話してくれ。ちょっとおかしいんじゃないか」って言うと答えられないことが多かった。それが原子力安全・保安院、監督官庁の人たちです。

彼らはペーパーを見るのは早い。頭がいいからすぐ覚えます。「じゃあ、現場の話をしましょうか」っていうと、黙ってしまいます。東電から報告が行かない限りは、彼らは喋りません。それだけですよ、監督官庁とは。

東電から出てきた資料に基づいて喋っているだけなんです。じゃあ東電の方はどうかっていうと、現場から上がってきた書類以外のことは知り得ない。

よくこんなことが言われていました。

現場の課長は本店から赴任する。だいたい二年間なんです。その二年のうちにトラブルを出さないのがいい課長なんだと。（現場に）いる間はトラブルがないようにするんですよ。これまで相当、隠ぺいしていたんじゃないですか。出せばいろんな意味で出世に響くから。すべての課長がそうだとは思いませんが、それを願っていた人が多かったんじゃないですか。それは体質ですよ。

◆東電幹部は、「事故は収束していない」と認識していた

私は二〇一二年の三月七日に東京電力福島第一原子力発電所の現場に、立地町長として確認のため、町の職員と一緒に入りました。原子力安全協定に基づく立地町の検査のためです。

そして立ち会った東京電力の小森（明生）常務と高橋（毅）所長に聞きました。「事故は収束していますか?」って。彼らは正直に「していません」と答えました。

それでいいんですよ。あれで、「しています」って言っていたら、とんでもないことになっていましたから。「検査調書を出しなさい。検査員は誰なのか、検査の基準はどこにあるんだ」と。そして写真も出せということが始まりましたよ。

私は水道工事業者をやっていて、県や国の仕事をやっていたものだから、しょっちゅう検査を受けていたんです。検査を受ける側で検査準備の書類をつくっていたんです。

検査調書のもとをつくっていた人間ですから、誤魔化せませんよ。建設業法も知っていま

すし、水道法、消防法、いろいろ室内環境の基準、**水質汚濁防止法**や**金属疲労**のことも知っている。電気のことも多少なら分かる人が入るわけですから、これは誤魔化せませんよ。

併せて「二号機、三号機の内部の情報を教えてほしい」と言ったら、「分かりません」と答えていました。

でも政府は事故収束宣言を出している。どうするんですか。収束したと言うなら、その検査記録、検査者は誰かということや、検査状況の写真などを国から出してもらいたいですね。「収束した」と言うからには、東京電力の内規や国の基準に基づいて確認しているはずですから。

【用語説明】

水質汚濁防止法…一九七〇年一二月に公布され、一九七一年六月に施行された、公共用水域の水質汚濁の防止に関する法律。工場などの事業所から公共用水域に流れる排水や地下に浸透する水の浸透を規制し、生活排水対策を実施して、公共用水域及び地下水の水質汚濁の防止を図ることを目的としている。

金属疲労…個体の金属材料が、長期間にわたり繰り返し使われているうちに、個体に亀裂が生じたり、強度が落ちたりする現象。「疲労破壊」とも呼ばれる。一九八五年に日本航空一二三便が御巣鷹山に墜落した際、後部圧力隔壁の金属疲労が事故原因として大きな話題となった。

◆住民には大丈夫と言いながら、自分の家族を逃がしていた東電社員

今回の事故の通報では、私たちには本当に正確に情報がもたらされたことはありません。私が情報を取ったのはテレビからでした。テレビの生々しい映像を見て次の行動を判断していました。

地震が起きた二〇一一年三月一一日の午後八時には一号機に水がなかったんです。これは二〇一二年の一二月一四日の、東電の報告書「**タスクフォース**」には、絵まで入れて書いてあります。しかし問題はこれからです。

この夜の午後一〇時半頃に双葉町の役場に避難してきていた住民や双葉町職員の前で、やって来た東電の職員は「まだ水があるから大丈夫です」って言っているんです。でもこの時、東京電力の家族の避難は始まっていたんです。このことは後で知りました。

私たちを差し置いて彼らはちゃんと情報を得て、家族を逃がしているわけです。

それから三月一二日の午後三時前、まだ一号機の爆発の前、双葉町の上羽鳥地区では一・五九ミリシーベルト／時あったことが観測されていた（後に四・六ミリシーベルト／時の数値が報道機関から公表された）。爆発三〇前分です。事故前は平均〇・〇五マイクロシーベ

ルト／時でしたから実に九二〇〇〇倍になる大変高い数値です。その時は避難途中の子どもたちから、幼児、妊婦さん、高齢者がいたんですよ。観測されたこの場所にいたんですよ。この数値を福島県が発表したのは二〇一二年の九月二一日です。事故の一年半後です。こういうことをされているんです、私たちは。

この時政府と東電は事故から遠ざかって、逃げているんです。私たちを残して。

後にその件について、双葉町上羽鳥地区の（行政）区長さんが、佐藤雄平福島県知事（当時）に抗議文を出しています。佐藤知事は抗議文を受け取ると「ふ〜ん、そんなことがあったのか」と一言言い、そのまま部下に回して、それっきりでした。

【用語説明】

タスクフォース…元々は、軍隊で任務のために編成された部隊を意味する言葉。軍隊に限らず一般化された意味として、具体的な特定の目的のために一時的に編成される組織のこと。ここでは、東京電力が福島第一原発の事故をふまえて、安全で社会との対話能力を有する原子力発電所運営組織の実現に向け、安全文化や安全対策、防災、危機管理、リスクコミュニケーション等の改革を実行するために外部の専門家や有識者を含めた組織として設置した原子力改革特別タスクフォースおよび、その報告書を指す。

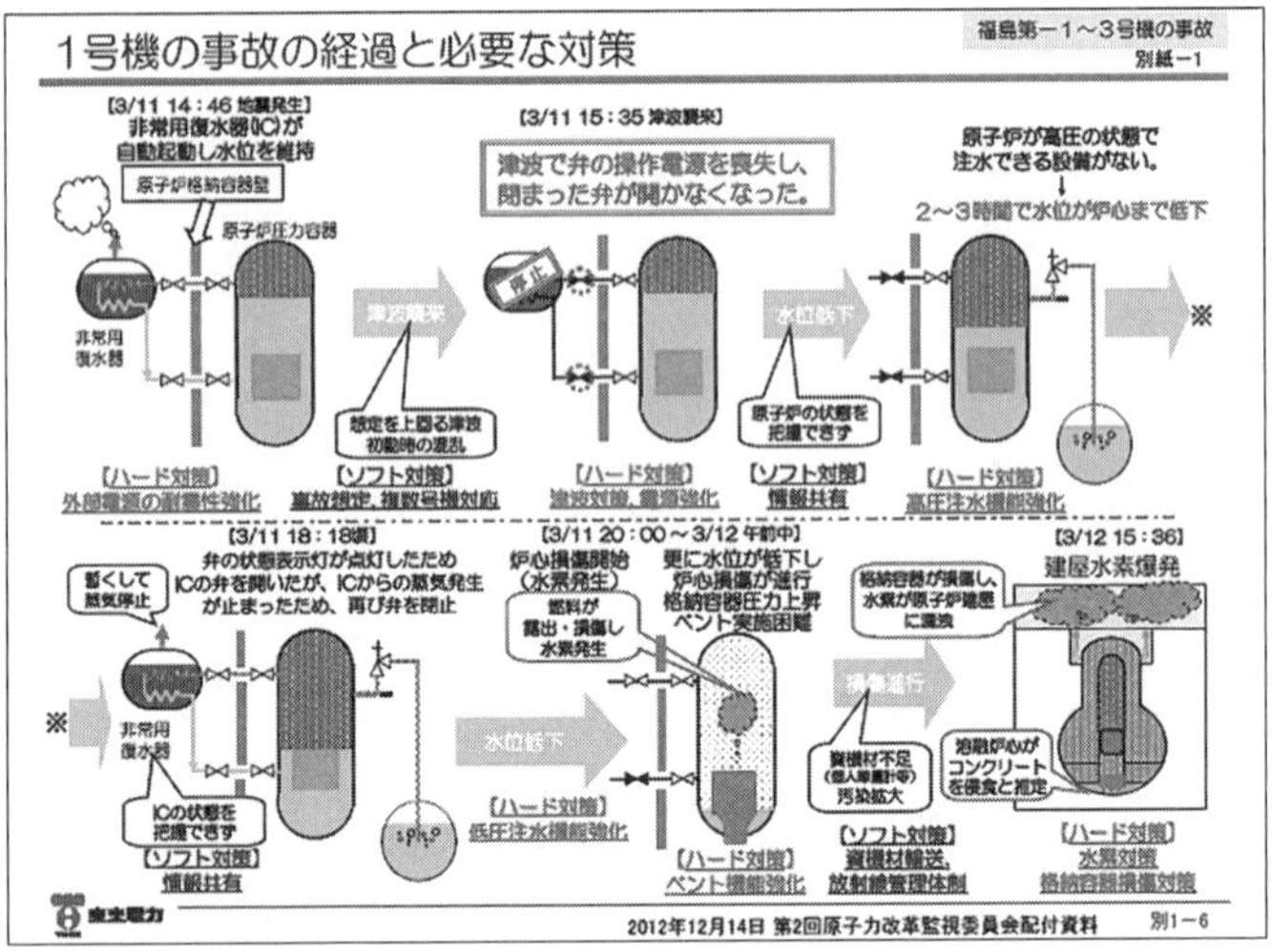

「福島第一原子力発電所事故の経過と教訓および柏崎刈羽原子力発電所の安全対策について」東京電力ホームページ　http://www.tepco.co.jp/cc/press/betu12_j/images/121214j0102.pdf　より引用（出典：東京電力　参照：2015年２月13日）

◆ベントの実施前から我々は被曝していた

爆発前に四・六ミリシーベルト／時の放射能が観測されたのは、ベントで放射性物質を放出したからですよ。今国は爆発や過酷事故の回避のためにベントしやすくするようにしてますが、ベントという行為はものすごい放射能を出すんですよ。**四・六ミリシーベルト／時**は、**四六〇〇マイクロシーベルト／時**です。これは事故前の年間被ばく許容量の四〇・二九六倍の量です。これが我々の知らないところで出されている。

法律でも避難訓練でもベントの際は避難指示を出すことになっていますが、実際は何も知らされずにベントが行われ、我々は爆発前から被ばくさせられていたんです。

一二日、双葉町の役場には、町を出るまで東京電力の社員が二名ついていました。彼らはしょっちゅう会社とやり取りしていましたが、ベントによる放射性物質の放出のことなど、一切知らせてくれませんでしたね。

立地自治体の人々はこういうことをよく知っていただきたい。

【用語解説】

【ミリシーベルト／マイクロシーベルト】

放射線の吸収線量の単位。ある物質が、放射線に照射された時、その物質の吸収線量を示す時に、グレイ（Ｇｙ）という単位が使われるが、これに対してシーベルト（Ｓｖ）は、物質ではなく生体（主に人体）が受け吸収した線量を表す単位。生体の場合、組織や放射線の種類によって吸収量が変わるので、Ｇｙにその組織や放射線種によった係数をかけて算出する。Ｇｙ×修正係数＝シーベルト。ミリシーベルトは一シーベルトの一〇〇〇分の一のレベル。通常、ある期間に被ばくした量の合計を表す。例えば一時間その場で過ごした人が被ばくする量は、ｍｓｖ／ｈ（毎時ミリシーベルト）と表す。マイクロシーベルトはミリシーベルトの一〇〇〇分の一。一マイクロシーベルト（ｍＳｖ）＝〇・〇〇一ミリシーベルト（ｍｓｖ）となる。

◆住民の健康調査をして情報公開をしない福島県

公開しないのは福島県も同じですね。福島県は**県民健康管理調査**のカルテやエコー画像を本人に公開しませんでした。情報公開請求をしたら出すと言っていますが、個人の情報なのにおかしな話です。

福島県は**甲状腺検査**でがんが確認されても、原発事故の被ばくとの因果関係は考えにくいと何度も言ってる。すでに県民健康管理調査の結果、八七人の方の甲状腺がんが確認されて、疑いの数は一一七人以上（二〇一五年二月一二日現在）になっています。本人が申告する権利＝人権を無視して県が放射能の影響ではないと言うのはおかしな話です。行政が個人の尊厳について言及してはならない。人格権を侵害することになってしまうからです。

通常小児甲状腺がんは一〇〇万人に一、二名と言われていますから、この異常な数値は他にどのような理由があるというのでしょうか。

県外に避難している双葉町民の方で甲状腺がんで手術をした方がいますが、この方はこの県民健康管理調査の数には含まれていません。それに健康被害は**甲状腺がん**だけではないのです。

福島県はこの県民健康管理調査の検討委員会で事前に**秘密会**をもったことが分かっています。事前の秘密会で事故の影響ではないように意見の摺り合わせをしていたのです。

福島県立医科大学には、双葉町として保健医協会に甲状腺検査をお願いしましたが、邪魔をされました。そこで保健医協会は止めて別の機関にお願いしました。

鹿児島県に避難した双葉町のある人は、放射能検査をしようと大学病院に行ったら、検査を拒否されたそうです。福島県立医大が県外で検査をしないように通達を出しているからです。

被ばくの正しい情報を出さないばかりか、福島県内ではあろうことか、被ばくを容認する発言が相次いでいます。

福島県の放射線健康リスク管理アドバイザーに就任した山下俊一医師は「一〇〇ミリシーベルト以下なら健康被害はない」と言っていました。

彼をはじめ、いろいろな医者や学者が福島県内に入って、「少しくらいの放射能は健康にいいんだ」と言って回っている。被ばくを容認するような発言をいっぱい出しているんですよ。山下氏は県民に「一〇〇ミリシーベルト以下なら大丈夫」といい、小さいお子さんを持つお母さんたちに「**どんどん外で遊ばせなさい**」と言っている。

論文書いてちゃんと世の中で追試されて、認められていればいいですが、追試されていますか。認められているのですか。ひどい話ですよね。「安心だ、安心だ」って言っていますが、これは被ばくした私たちを切り捨てる言い方ですよ。

しっかり追試もしていない人間が、我々に死刑宣告をするわけです。被ばくした私にとっては「安心して死刑台に上れ、お前らは」と言われているようなものです。そういったものの言い方をされているんですよ。そんな者たちの話は聞きたくはないですよ。エセ学者ですよ。案の定、山下氏は県民健康管理調査から外れた後、ヨウ素剤を飲ませれば良かったと言い出した。馬脚を露わすというのはこのことでしょう。

ＩＡＥＡやＩＣＲＰも、年間一〇〇ミリシーベルトはちゃんとした理論でもって出した数字ではないと否定しています。

これでは私たちは到底納得できないし、彼らは安全であるとしっかり証明しないといけない。

結局福島県が正しい情報を正しい時期に出してなかったから、こんなことになっている。

ものすごく怒っていますし、このままにしておけない。彼らの不作為です。
　正しい判断で正しいことを言えばいいんです。彼らはその数字が正しい放射能濃度だと、自信をもって言えるのですかね。私の周りの町民などが測ってくると、地元で国や県が発表する数値より「もっと高いよ」って言っています。もちろん場所によって「低いよ」って言う人もいます。正確な情報は出ていないんですよ。

【用語説明】
県民健康管理調査…東京電力福島第一原子力発電所事故後、二〇一一年の六月に福島県が県民の被ばく線量の評価を推定する問診によって開始された調査。事故当時（二〇一一年三月一一日）時点で一八歳以下の未成年者を対象とした甲状腺検査、健康診査、心の健康度・生活習慣に関する検査、妊産婦に関する調査の四項目が実施されている。二〇一一年三月一九日から福島県放射線健康リスク管理アドバイザーに任命された山下俊一医師が第一回「県民健康管理調査」検討委員会以来座長を務めていたが、秘密の会議を開催するなど調査の不透明性が明らかとなり、問題となっている。
甲状腺検査…甲状腺（喉仏の下の気管の外側にある内分泌器官）から分泌されるホルモン（エネルギー代謝を調節する働きを持つ）の機能に異常がないかを調べる検査のこと。チェルノブイリ原発事故後明らかになった健康被害として、放射性ヨウ素の内部被ばくによる小児の甲状腺がんがあるため、福島第一原発事故後の福島において、子どもたちの健康を長期に見守るために行っている超音波検査。

福島健康調査で秘密会
県、見解すり合わせ
本会合シナリオ作る

福島県が県民健康管理調査について開いていた秘密会について報じる記事（毎日新聞　2012年10月３日）

甲状腺がん…甲状腺に発するがんで、乳頭がん、濾胞（ろほう）がん、髄様がん、未分化がんの四つに分かれる。甲状腺がんは、甲状腺に発生するしこりの二〇％ががんになるとされ、男性と女性では女性が男性の約五倍の罹患率となっている。また甲状腺がんの八〇％が乳頭がんとされる。チェルノブイリ事故では、ベラルーシが報告を出しており、これによると一九八六年に〇歳から一八歳だった子どもは三年後から甲状腺がん患者が増え始めている（National Belarussian Report, 2006）。

福島県でも事故後、県と県立医大が甲状腺検査を行っているが、二〇一三年八月一八日に新潟県の泉田裕彦知事は記者会見において、「被害者にすべてのしわ寄せがきている。甲状腺がんの問題でも、福島で六人追加の発表が出た。新潟県でも調査したら甲状腺がんになったのが一人。福島では確定でその一八倍。疑いを合わせると三〇数倍という形になっている。五年後、事故後に生まれた赤ちゃんの発症率を見れば明らかになる。経営と安全を天秤にかけること自体が、今の事態を招いているし、国際的に日本の信用を落としている」と述べて、県境を挟んだ隣県の甲状腺がんの発生率の高さを指摘している。

秘密会…民主党政権時代の二〇一一年六月から福島県が主体となり、福島県立医科大学が委託を受け行った「県民健康管理調査」において発覚した、秘密の「検討委員会」のこと。通常こうした調査には公正な評価を行うための第三者的視点が求められ、そのような機関を置かれる。県民健康管理調査でも、調査結果の評価をするための専門家による「検討委員会」が設けられたが、発足後一年半にわたってその存在は伏せられていた。この間、検討委員と福島県、県立医大は「準備会」「打ち合わせ」の名のもとに「秘密会」を繰り返し開催し、「どこまで検査データを公表するか」「どのように説明すれば騒ぎにならないか」など事前に調査結果の公表方法や評価について決めていたことが、毎日新聞の報道で発覚した。秘密会については事前の会場変更について、県の担当者がマスコミに察知されぬようメールで「本変更についてはむやみに他言なさらぬよう」と伝えていたことがわかっている。

「どんどん外で遊ばせなさい」…福島県健康管理リスクアドバイザーに就任した長崎大学医学部教授の山下俊一氏は、二〇一一年三月二一日に福島市内で行った講演で、会場からの「これとこれをすれば安心ですよという言葉があれば、教えていただきたく思っております」という質問に対して、「昨日もいわき市で尋ねられました。『今、いわき市で外で遊んでいいですか？』と。『どんどん遊んでいい』と答えました。福島も同じです。心配することはありません」と答えている。

ＩＡＥＡ…International Atomic Energy Agency（国際原子力機関）のこと。国連傘下の自治機関で、原子力の平和的利用の促進と軍事的利用への転用の防止を目的としている。一九五七年にアメリカの主導により設立された。本部はウィーン（オーストリア）にあり、加盟国は一五九ヵ国（二〇一三年時点）。原子力の平和利用とはすなわち原発の推進のことである。

ＩＣＲＰ…International Commission on Radiological Protection（国際放射線防護委員会）のこと。専門家の立場から、放射線防護に関する勧告を行う民間の国際学術組織。一九二八年に開かれた国際放射線医学総会で前身となる国際Ｘ線・ラジウム防護委員会が発足、その後一九五〇年に現在の名称に改称された。主委員会と五つの専門委員会で構成され、科学データに基づいて放射線防護の方針や指標となる数値を検討し、ＩＣＲＰ勧告として各国の専門家や規制当局に公表される。放射線防護という役目からわかるように原子力活用を前提としている。そのため放射線の健康被害については限定的な立場をとる。受容しうる線量の数値は、改定のたびに下がっている。ＩＣＲＰでは事故後も住民が住み続ける場合は一〜二〇ミリシーベルト／年を限度とし、長期的には一ミリシーベルト未満／年を目指すべきと勧告している。

◆加害者不在の原発事故

今回の事件で我々はなぜこれほどまでに苦しめられなければならないのか。その最大の問題は加害者がいないということです。これだけの大事件なのに、加害者は、誰もいないことになっている。加害者は東電だって言われています。でもね、本当に東電だったら、国民の税金を使うでしょうか。彼らは一営利企業ですよ。今までどんないい思いをしてきたんでしょうか。

「エネルギー危機」と言って危機を宣伝して、電気料金の値上げをしてきましたね※。その電気料金には地元対策費から何から、ありとあらゆるお金が入っているわけです。その営利企業が起こした事件なのに何十兆円というお金が使われている。日本は今、無政府状態なのです。正しい舵取りをする人がいません。嘘をつく者が生き残れるようになってしまいました。

加害者がゼロとなっているのは、原発が国策だから。国策として進めてきたために失敗を認めたくないのでしょう。認めると今までの不都合が噴出しかねません。

※　二〇一五年一月一四日の東京新聞は、「原発の廃炉会計制度見直しに関する経済産業省の有識者会議は一四日、報告書案をまとめ、二〇一六年の電力小売り全面自由化後も、原発の廃炉費用を電気料金に転嫁することを決めた」と報じている。つまり、新規参入の電力小売会社からの購入も含め、原則として全ての利用者が負担する方向となった。

◆マーク1の欠陥は指摘されていた

福島第一原発の一号機から五号機はマーク1といわれているアメリカのＧＥ社製の原子力発電炉ですが、これが欠陥製品だったという人がいます。だけど私たちは知ることができな

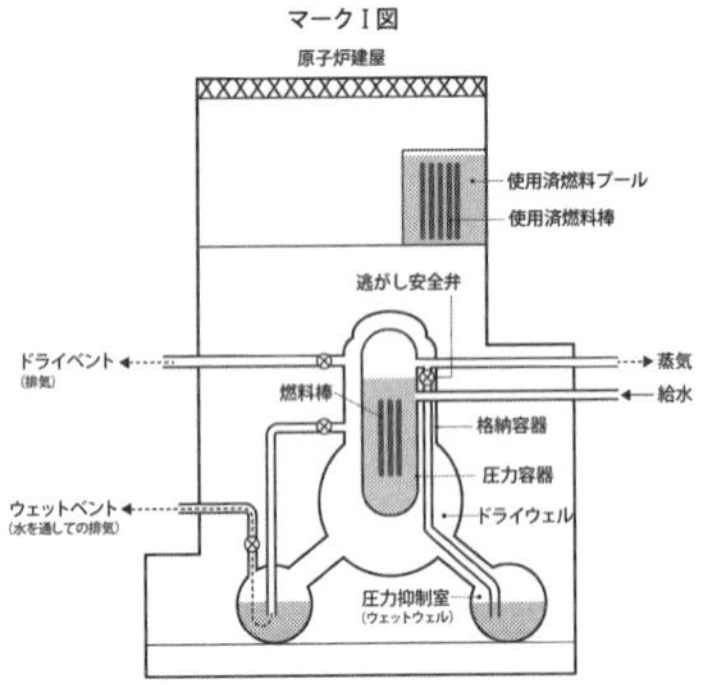

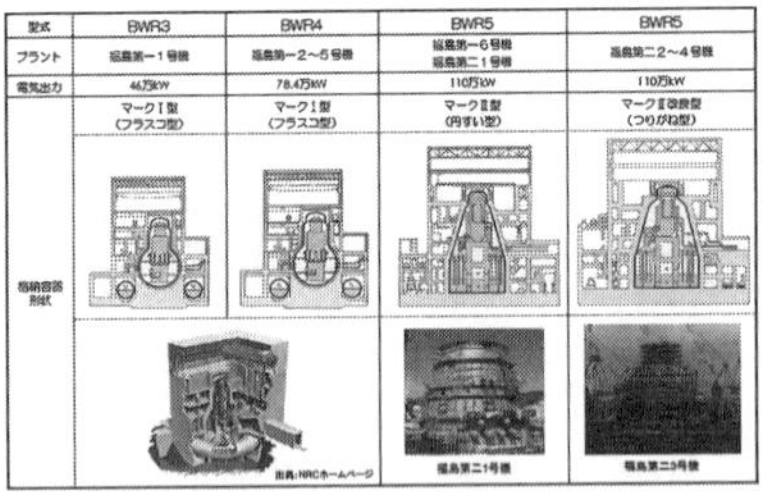

上：マーク１の原子炉建屋の概要図。「安定供給を支える電力設備〜福島第一原子力発電所発電所の概要」東京電力ホームページ　http://www.tepco.co.jp/nu/f1-np/intro/outline/outline-j.html　を元に図を作成（参照：2015年２月20日）。下：福島第一原発の１号機から５号機が（左の２つの図）マーク１型だ。「福島原子力事故調査報告書　添付資料〜福島第一、福島第二原子力発電所の原子炉格納容器の形状」東京電力ホームページ　http://www.tepco.co.jp/cc/press/betu12_j/images/120620j0306.pdf　より引用（参照：2015年3月10日）

かった。そういう情報に触れることがなかった。絶対安全だと宣伝されていただけで、知ることはなかったんです。

でも事故後、ＧＥの技術者たちが教えてくれました。マーク1はキャパシティがないんですよ。要するに爆発しても、格納容器の中で爆発ボリュームを受け入れて、外部に出さないということができない。それを今度の事故が証明しました。誤魔化されていたんです。

ただ東電の経営者もそれが分かっていたかは知りません。この建造当時の社長が分かっていたのかは知りません。この当時の社長がいませんから。しかし事故が起きた時のこの経営者の狼狽ぶり、それから適切な指導監督ができなかったことを見れば、（欠陥が）理解ができていたことが分かります。事故後何人か社長が変わりましたが、私は彼らは社会正義不足だったと考えています。

何事においてもトップが全部の責任者ですから、「俺は知らない、誰々部長の責任だ」と言っても、通用しない。トップがハンコをおさなければ、なんにも執行できませんから。日本では、こんなことを不問にしているんです。被害者はいるのに、ですよ。

【用語説明】

マーク1…福島第一原発の一～五号機に使われていたアメリカのGE社の原子炉格納容器の名称。元GEの技術者、デール・ブライデンボー氏は一九七五年に欠陥があることを指摘したが、会社はこれを受け入れず本人は辞職している。ブライデンボー氏によれば、マーク1には原子炉圧力容器内に溜まった蒸気を逃がすため圧力抑制室（圧力抑制プール）がつくられており、ここで蒸気を水に還元しているが、仮に圧力容器内に破損が起こり、この蒸気が大量に発生すると、圧力容器内から窒素が圧力抑制室に放出されて膨張、水を追いやり、破損に至ることになるという。

GE社…ゼネラル・エレクトリック社の略称。発明王、トーマス・エジソンが創設した、世界最大のアメリカの複合企業（コングロマリット）。重工業、航空機産業、軍需産業、家電製品業ほか、原子力や火力などのエネルギー産業や保険、金融などの幅広い分野でビジネスを展開している。第二次大戦中は原子力爆弾開発のプロジェクト「マンハッタン計画」にも参加している。

◆地震の八日前に国は津波を予測していた

――想定外だと言われる地震と津波についても、事故後、国や東電が想定していたことが報道されています。

そうですね。想定外だ、想定外だと言われている今回の地震と津波ですが、二〇一一年の三月三日、「**地震調査委員会**」を所管している文部科学省が東京電力、東北電力、**日本原電**に地震と津波について相談している。でもこれはあまりにも大きいから公表しない方向に持っていくようになっている。巨大過ぎるからとの理由で表現を変えている。これは二〇一二年の二月二六日の東京新聞（一四八ページ参照）の記事に出ていました。地震発生の八日前にこういうことをやっているんですよ。

東京新聞は情報開示請求を出してこの記事を書いています。だとすればこれを知らせなかった人たちは、ものすごい責任があるのではないでしょうか。

だって悪いでしょう。知っていれば、津波で亡くなった人は相当少なくなっていたんではないでしょうか。また、各地で起きている津波の被害者同士の裁判もなくて済んだでしょう。知らせなかった者たちによる被害だと思うようになるでしょう。これは私の想像ですが。

それから**貞観津波**をはじめとする巨大津波情報は全く私たちに知らされませんでした。

私は**東電の株主代表訴訟**の原告として参加していますが、そこの資料でもしっかりその問題（予想されていた巨大地震や津波の情報が隠ぺいされていた）について記載しています。

二〇一一年の三月七日、原子力安全・保安院からの要請を受けて、東京電力が福島第一原発と第二原発における津波評価をしているんです。これによると**明治三陸沖地震**でＯＰプラス一三・七から一五・七メートル。**貞観地震**についてはO．P．プラス八・七から九・二メートルという数字を出している。O．P．というのは、小名浜港の平均潮位を表しています。通常はT．P．という東京湾の潮位を標準にしていますが、東京電力の水準ではO．

P.、これを使っています。

二〇一一年の三月七日にこういう数値を報告していたんです。防波堤は嵩上げせず五・七メートルのままでした。想定として公表していた津波の高さは六・一メートルでした。

そして三月一一日には約一四メートルの津波が来た。そのことは四日前にすでに想定して報告をしていたんです。想定外の津波といいながら、ちゃんと事前にこういうことをしていた。でも「想定外」だったと平気で嘘を吐く。取り扱い注意としてマル秘取り扱いで資料をつくっていたのです。知っていたのに隠していたんです。

他にもいろいろなことをやっていたんですよ。二〇〇八年には東京電力は貞観津波を想定した試算をしていたし、二〇〇九年、二〇一〇年にも東電は原子力安全・保安院から津波の試算説明、津波対策の説明要請を求められた。しかし私たちにはそれを全然教えなかった。津波、地震があるなんて私の前では東電も国も一言も言いませんでしたからね。ただ「町長、大丈夫だから。事故は起きないから大丈夫だから、心配しないで」と言っただけ。

そして事故を起こした。これは知りながら対策をしてない事故なんです。

【用語説明】

地震調査委員会…地震防災対策特別措置法に基づき、関係行政機関（気象庁、国土地理院など）や大学などの調査結果を収集、整理、分析し、地震活動に関して総合的な評価を行う政府の組織。地震調査研究推進本部内に設置され、事務局は文部科学省にある。学識経験者と関係官庁職員の計一五名から成り、地震活動の現状評価と長期評価を行う。

日本原電…日本原子力発電株式会社の略称で、商業用の原子力発電の開発を行っている。一九五七年に、九つの電力会社、電源開発株式会社、原子力関係の会社等が共同出資して設立された。

貞観津波／貞観地震…八六九年（貞観一一年）五月二六日、三陸沖を震源として発生した巨大地震、すなわち貞観地震に伴い発生した津波。これを機に東北の沿岸部の住民は内陸に移動したという説もある。

東電株主代表訴訟…二〇一一年（平成二三年）一一月一四日に、東京電力の株主、計四二名が、東京電力の取締役員二七名を相手取り、経営責任の追及とともに賠償金計五兆五〇四五億円の支払いを請求した訴訟のこと。東日本大震災によって生じた震動と津波により、福島第一原子力発電所が破壊され、大量の放射能物質が流出したことによる損害賠償責任が生じたこと、また廃炉のために莫大な費用がかかることになったことの損害は、取締役員らが原発への津波や地震が及ぼす影響についての対策や、過酷事故が起きた際の対策を講じてこなかったことの怠慢が起因しているものとし、その賠償を求めるために提議された。

明治三陸沖地震…一八九六年（明治二九年）六月一五日に岩手県上閉伊郡釜石町（現・釜石市）の東方沖二〇〇キロメートルを震源として起こった地震（マグニチュード八・二～八・五）。海抜三八・二メートルを記録した津波が発生し、死者・行方不明者二万人を超える甚大な被害を及ぼした。

O.P.…小名浜港工事基準面（Onahama Peil）のことで、小名浜港の平均水位を基準にしており、海抜

2012年02月26日　（日曜日）　東京新聞　12版　0 0　朝刊1面　1ページ

巨大津波警告

東電など要求で修正

文科省、震災8日前に会合

東日本大震災の八日前、宮城－福島沖での巨大津波の危険を指摘する報告書を作成中だった政府の地震調査委員会事務局（文部科学省）が、東京電力など原発を持つ三社と非公式会合を開催、電力会社が巨大津波や地震への警戒を促す表現を変えるよう求め、事務局が「工夫する」と答えて事実上後退とも取れる修正を受け入れていたことが、情報公開請求などで分かった。

→関連②面

報告書の修正案は昨年三月十一日の震災の影響で公表されていない。調査委の委員を務める研究者らも知らされておらず「信じられない」などの声が出ている。電力会社との「擦り合わせ」とも取られかねず、文科省の姿勢が問われそうだ。

文科省は「誤解を招かないよう表現を修正した」などと説明。東電は「文科省から情報交換したいとの要請があった。（修正を求めたのは）正確に記載してほしいとの趣旨だった」としている。

作成中だった報告書は、宮城県などを襲った貞観地震津波（八六九年）の新知見を反映させた地震の「長期評価」。貞観地震と同規模の地震が繰り返し起きる可能性があると指摘されていた。

開示された資料や取材によると、会合は「情報交換会」と呼ばれ、昨年三月三日午前十時から正午まで省内の会議室で開催。青森、宮城、福島、茨城各県に原発を持つ東電、東北電力、日本原子力発電から計九人が出席した。

巨大津波への警戒を促す記述について、東電などは「貞観地震が繰り返していると誤解されないようにしてほしい」と要求。文科省は「内容は変えないが誤解を生じにくいよう文章を工夫したい」と応じ、数日後には「繰り返し発生しているかは適切なデータが十分でないため、さらなる調査研究が必要」などとする修正案を作成した。

電力会社側は活断層評価に関する意見交換会も要求。昨年三月末に会合が予定されたが結局開かれなかった。

政府の東京電力福島第一原発事故調査・検証委員会によると、東電は昨年三月七日、経済産業省原子力安全・保安院に「貞観地震の記述を変更するよう文科省に求めた」と報告している。

政府の地震調査委員会が作成していた報告書の内容を、東日本大震災の８日前に会合をもった東京電力他の要求によって修正していた事実を伝える記事（東京新聞　2012年２月26日）

とほぼ一致する。東京港の場合はT．P．という基準を用いる。小名浜港の基準面はT．P．より低い。数値はO．P．±0．0メートル＝東京湾平均海面（T．P．）－〇・七二七メートル）。なお福島第一原発付近では、平均水位はO．P．0メートルではなく、O．P．＋〇・八二八メートルで計算する。

◆対策を怠った事故に、災害救助法が適用される〝怪〟

絶対におかしいと思っているのは、対策をせずに起こした事故に対して、なぜ災害救助法が適用されるかということです。東京電力という私企業が起こした事故で、国民の皆さんの税金が私たち避難者の家賃とか仮設住宅の維持費とかに使われているのです。災害救助法を適用するのはおかしいんです。

私は事故間もなく営利企業である東電が起こした事故に、災害救助法を適用するのは反対だって言って歩いていました。一一年の三月中に言っていました。面会した政府関係者にずっと「新たな法整備をしてください」と。国交省、経産省、厚労省、総務省の大臣にお願いしています。でも誰も何も答えませんでしたね。

福島県にも言いました。副知事室で当時の内堀雅雄副知事に言いました。「仮設住宅は我々には合わない。避難期間は非常に長くなるのだから、最初からしっかりしたものをつくってもらわないと困る」と。

東電や国は私たちを放置したままでいいんでしょうか。だって国民の皆さんが生活の中で切り詰めている税金を、いとも簡単に国民的合意もせずに勝手に使っているんです。非常に無責任だと思いますね。

——オリンピックの招致が決まった途端、堰を切ったように汚染水の問題が出てきました。

国の代表者は、汚染水は完全にブロックされているって言ったのですが、満潮と干潮の水位差で年中、ブロックの隙間を海水が行ったりきたりしているんですよ。

なぜそんなことがわかるかっていうと、私は海水ポンプのメンテナンスをやっていたんですよ。東電構内に入っては、水を取るための場所に年中出入りしていた。テトラポッドのところを水が行ったりきたりしているのを見ているんですよ。だとすれば、完全にブロックされているなんて言えないはずですよ。

第四章　なぜ東京電力はトラブルを起こすのか

「双葉町では東京電力からの事故報告、トラブル報告が毎日くるんです。ひどい時は土日関係なくくる。どうしようもない時は直接私の携帯電話にかかってくることもある。」

「もう一つ大きいのは、現場を預かる技術者が『第二世代』になっていったからです。第二世代の技術者は『プラモデル』の訓練を受けたプロになるんですよ。」

「彼らは書いてないものは、喋れないんです。要するに書いてあるものだけを勉強して、書いてあるものだけを伝えにきている。」

「原発では定期検査を一三ヵ月ごとにやりますが、ある時それを二四ヵ月ごとにすると馬鹿なことを言ってきたんです。」

◆危機を最小化するハンドリングができない東電

――立地自治体は原発についての知識や避難についても、非立地自治体とは情報や意識の差があると思っていましたが、そうではないのですね。

情報に対する認識は同じではないですよ。一〇〇％違うと思う。私は原発については、町長になる前から自分なりに勉強してきたつもりです。

双葉町では東京電力からの事故報告、トラブル報告が毎日くるんです。ひどい時は土日関係なくくる。どうしようもない時は直接私の携帯電話にかかってくることもある。「町長こういうことがありました」とか、「何時何分にこの件に関して公表します」とか。そういうことが随時あった。原発担当の職員、災害対策の職員は年中、夜中も関係なく、イレギュラーが起こった時に連絡が入るんです。

なぜこういったことが頻繁に第一原発で起こるのか。つまり危機を最小に抑えるハンドリングが東電にはできていなかったんです。

東京電力から来るトラブル報告は、枚数にすると厚いときは一〇センチくらいになる。それを町長として、決済しないといけません。全部目を通して、細かくやることはいちいちできません。一人ですからね、町長は。

だけど、毎回数としてすごいボリュームが来るわけです。それでもそれにずっと目を通しているとトラブルがだんだん見えてくる。つまりなぜこんなトラブルを起こすんだろうという事象の構造的原因がつかめてくる。

その中で私は、「これは看過できないな」というものについては、たびたび担当者を呼んで聞いたこともあります。そして具体的な改善を求めたことも何度もありました。そういったことを繰り返す中で、私は同じ失敗を許さなかった。最初の失敗はやむを得ないかなと思っていた。なぜなら、先を読むことはできないと思っていたから。

しかし二度目からは許さなかった。

◆夏の海水浴場にトリチウムを放出した東電

たとえば**トリチウム**を二回海に放出してしまったことがありましたが、その時は許しませんでした。福島第一原子力発電所の所長を出入り禁止にしました。（亡くなった）吉田昌郎所長の以前の所長でした。

一度ばかりでなく、二度もやってしまったから。

純水系と汚染水系の配管が繋がっていた。その繋がっている配管を誰かが両方のバルブを開けてしまって、汚染水が純水に入ってしまったんですよ。「どうするんだ？」って言ったら、反応が出ないくらい薄くして放出した。この時は他にやりようがなかったんです。本当に。原発の運転中はどこでもトリチウムは出ているんです。ただ、ＢＷＲ型とＰＷＲ型ではＰＷＲ型の原子炉の方が多いそうです。

この時は一回目で、厳重注意とした。でも二回めはダメだと。

それでこの時に、私が図面を描いて「この繋がっている配管を切り離しなさい」と言ったんですよ。「汚染水と純水が繋がっていること自体が、配管の原則からすればあり得ないんだ」と言って、具体的な切り離しの場所まで描いて直接私が指示したんです、東電に。

それでも二回目が起きた。所長には厳しく、「あれほど言ったのになぜ同じことを繰り返したんだ」と叱ったんです。「配管の切り離しはやったのか」と聞いたら「切り離していません」と言う。「何言ってんだ。ふざけるな」と怒りましたよ。

この時、双葉海水浴場がオープンしていたんです。私は濃霧を理由にして客を海から引き上げさせました。絵を書いて具体的に指示をしたにも関わらず、やってない。結果として同じことをした。これはもう許せなかった。だから出入り禁止にしたんですよ。

【用語説明】

トリチウム…質量数が三の水素の同位体。放射能を持つ放射性同位体のこと。三重水素ともいう。トリチウムの放射線はベータ線で放射線を出しながら崩壊するとヘリウムになる。トリチウムが体内に取り込まれて、内部被ばくすると遺伝子を分断し、人体に影響を与える白血病や皮膚がん、腫瘍などになるという報告がある。

ＢＷＲ型…原子炉のタイプの一つで、Boiling Water Reactor の略。核分裂反応によって生じた熱エネルギーで軽水を沸騰させ、その高温高圧の熱気でタービンを動かして発電する。沸騰水型原子炉。福島第一原子力発電所に使われたマーク１はＢＷＲ型。ＢＷＲ型は日本全国で使われているが、東京電力など東日本が多い。

ＰＷＲ型…Pressurized Water Reactor の略。核分裂反応で生じた熱エネルギーで、一時冷却材である加圧水を三〇〇℃以上に熱して、蒸気発生器で発生させ、そこから発生した二次冷却材の軽水からの高温高圧蒸気でタービンを回す方式。加圧水型原子炉。分離された冷却系を持っているのでＢＷＲ型のようにタービン建屋を遮へいする必要がなく、またタービン復水器などが汚染されにくいとされる。そのため保守性に優れ、安全だとされているが、事故は起きている。

◆安全重視から経営効率重視に舵を切った東電

そんなふうに私の町長時代は東電のトラブルがあまりに多いので、常々「なぜこんなことになったのか」と考えていたんですよ。あまりにも簡単なことで起こるトラブルがよくあったんです。

それは**プロセスチェック**をすれば必ずたどり着くことなんです。ここがダメだったなら、ここも具合が悪いんじゃないのとか、ここの部分が悪いんじゃないだろうかとか、この部分まで影響は及んでないかとか。そんなことを話していくと、東京電力の能力がそこまで達してないことがだんだんわかってきた。

だからいつも東京電力の偉い人がくると、「人材が育ってないね」って言っていました。

そういったトラブルがたびたびあるので、「やがてあなた方は会社を潰すことになりますよ」って警告をしておきました。「こんなにトラブルが多いし、反省もないような会社だから、もう現場を預かれないのではないか」と。「会社のインサイドに入ったことはないが、アウトサイドにいる私でも、東電の中の様子を推察しているとどうも技術者が育ってないようだ。それではだめだ。将来大きな事故につながるから。そこに投資しなさい」と言ってきた。

でもあの会社は、そういう前向きの投資は一切しないんです。ケチなのですよ。本質的に。だから私はトラブルがあるたびまた言うわけです。町長の応接室でそういうことを繰り返して言ってきた。だから私は今厳しく東電や国を叱ることができるんですよ。私に叱られた保安院の検査官もいるはずですよ。彼らは私に喋れない何かがあったんですね。

【用語説明】
プロセスチェック…施工や工場の運営等にあたり、保全などの目的のために工程の各段階において、決められた項目について調査すること。

◆日本の現場主義の真逆を行く東電

どうしてそうなってしまうかと言うと、東京電力が現場軽視主義だからなんです。現場よりも本店が絶対的な権力を持っていましたから。現場の人の意見を大切にするような、日本の自動車メーカーなどの現場主義とは違う。そういった立派な会社の体質とは全く違うわけです。

経営効率が主体になっている。これは東京電力の四、五代前のトップの頃に、あえて名前を出せば、荒木（浩）社長、南（直哉）社長時代に安全より効率に経営方針を転換したんです。技術畑の社長ではなくて、企画畑の人間が社長になって、経営効率優先になって利益を上げる方向に大きく舵を切った。

どんなことをしたかというと、定期検査の検査実施の期間を短くすると請け負ったメーカー、業者に報奨金を渡すということをしたんです。つまり「安くあげたら報奨金をあげますよ」ということです。こういうことを取り入れた時点で、これがねつ造の温床となってしまったのでしょう。

――企業は経営をしていく以上、まして営利企業であれば、コスト削減をしていくのは当然のことだと考えます。井戸川さん自身も町の財政再建の時は相当なコストカットを断行しました。

確かに経営していく以上、無駄なコストを削減するのは当然です。私も町の財政再建に取り組んだ時にはコストを切って切って、切りまくりました。メンテナンス費用についても見直しをしました。でもそれはただ切ればいいというわけではないんです。

やるべきことはやり、やらなくてもいいものはやらない。たとえば、日々そこに行って点検することが必要でないものもある。機器の種類やその使用期間によって違うわけです。私が双葉町町長の時に見直しをしたところ、一週間や一ヵ月で済む点検を毎日やるように仕向けられていた。点検サイクルは一律じゃない。それを適正なサイクルにしただけなんです。

私は水道工事業をやっていましたから、現場の技術者としての経験値がある。機器の安全率とかが分かるんですよ。そういう安全率を読んだ上で、機器ごとの点検サイクルを見直していった。無謀なことをしたわけではないんです。

◆「プラモデルプロ」になった第二世代

なぜ事故を起こすか。もう一つ大きいのは、現場を預かる技術者が「第二世代」になっていったからです。第二世代の技術者は「プラモデル」の訓練を受けたプロになるんですよ。どういうことかと言うと高度なマニュアルの中でだけしか分からない。マニュアルのプロになってしまうんです。

原子力発電所には原子炉メーカーをはじめいろいろな会社の技術者や専門職員が入っていますが、メーカーだって第二世代になると、現場を賄えない人がいましたから。メーカーの人も専門家として現場に入っている指導員がいます。その指導員と話したことがありますが、現場を知らない人がけっこういました。

何よりまず経営者が現場を知らなくなった。それは勝俣恒久社長時代が一番責任が重い。彼らも第二世代だから現場を知らないんです。

東電のエリートコースの人は最初数年間、福島第一原子力発電所の現場に来ます。東大を出た人から何から、二〜四年ぐらいは現場にいることになっている。いるんだけどまた本社に戻ってしまう。そこで体験したことがリンクされていない。縦や横に繋がっていかない。共有されないで、細切れの中の一部分の経験で出世してしまうんです。

彼らはしばらくして課長になってまたこっちにくるんです。でもその時もやっぱり二年くらいで戻っていく。そうすると若い時より保守的になっているから、もっと経験が共有されなくなる。「俺の時代は何事も起こらないようにしていこう」と思うようになると、そこに隠ぺいが発生する。起こっていないようにして、出させない。だから本店では知る由もない。その繰り返しだったわけですね。だからこの会社は危ういと。

それは東電だけではなく、監督する国も同じです。国の役人も第二世代になると、プラモデルプロになっていった。

よく原子力安全・保安院の審議官が来ると、こう訊いていました。事故の報告書やマニュアルの話をした後で、「ところで審議官、こちらの現場の話をしましょうよ」と。「気になっていることがあるが、これはどうなっていますか」って、私が報告書やマニュアルの気になる点を聞くと、答えられないんです。彼らは書いてないものは、喋れないんです。要するに書いてあるものだけを勉強して、書いてあるものだけを伝えにきている。誰一人——審議官、課長、一切喋れる者がいなかったんです。これが第一世代と第二世代の違いです。

第一世代は曲がりなりにも、そういう場合、いろいろ答えていました。原発は最初からうまくいくわけはないですから。トラブルがいっぱいあった。そのトラブルの経験を共有していた。でも第二世代はそのトラブルの経験はマニュアルでしか理解していない。

◆一三ヵ月ごとの点検を唐突に二四ヵ月ごとに延ばすと言ってきた保安院

なのに、制度を勝手に作り変えて、安全を脅かすようなことをしてきたんです。原発では**定期検査**を一三ヵ月ごとにやりますが、ある時それを二四ヵ月ごとにすると馬鹿なことを言ってきたんです。二〇〇九年の九月ぐらいだった。立地自治体の首長たちが集まる原子力安全会議の席で突然、「来年四月から定期検査を一三ヵ月ごとから二四ヵ月ごとにしたい」と言ってきた。

その時は県の原子力センターで、放射能濃度や海水の異常など安全確認の報告を受けていたんですが、そこに原子力安全・保安院の根井検査課長がやってきて、いきなり切り出した。「原発はこうして安定してきているし、諸外国では点検を一三ヵ月でやっているところはない。二四ヵ月ごとでやっているところが多くなっている。やらなくていい検査もあるから、二四ヵ月ごとにしても支障がないので、四月からそうしたい」と。

唐突だった。私は頭に来て「勝手なことをするな」と大声を上げて保安院の根井課長を叱りました。理由の一つは、安全です。古い炉は四〇年になっていましたから、安全を担保できなかった。

もう一つは雇用でした。町民は点検要員として雇用の場を確保していましたから、それがなくなると町内にとどまらず全国の原発を次から次へとジプシーするようになる。彼らの仕事を狭めてしまう。逆に一三ヵ月ごとから二四ヵ月ごとにするのは、電力会社の利益が一方的に上がるシステムなんですよ。

だから私はすんなり検査がやれないように条件をつけた。保安院の検査官が、私の了解をその都度得ないと運転できないようにした。いくら東電でも地元の首長の了解を得ないと運転はできないですから。

結局その後は原発の炉ごとに評価をして、その評価に基づく点検期限を設定しましょうということになった。その結果長くても一八ヵ月ごとで、一三ヵ月ごとでないとだめなものも出たと思います。少なくとも保安院の思惑の二四ヵ月ごとまでは延ばせなかった。でもそうこうしているうちに今回の事故になってしまった。

現場を知らずに、勝手に机上でデータをいじって突然そんなことを言ってくるのが役人なんです。

【用語説明】

定期検査…原子力発電所を所有する電力会社が、運転中および原子炉を停止して行う点検・保守を通じて、設備・機器の健全性の確認、機能の維持、信頼性の向上を図る取り組みのこと。電気事業法により定期的に（一三、一八、二四ヵ月ごとと三区分あり、原子炉ごとの技術的評価などにより決定される）行うことが定められている。

第五章

住民とは、国民とは誰か。為政者は誰を守るのか

「福島県は中間貯蔵施設を唯々諾々と引き受けるのではなく、『ふざけるな』って怒らなくてはならない。『被ばくをこれほどさせて、どうしてくれるんだ』と言わなければならないのに……感覚的におかしいですよ、福島県は。逆に被ばく隠しをしているような有り様です。涙出るように悔しいですよ。」

「一握りの為政者のために多くの県民が二〇ミリに縛られてしまっている。福島県内には、今なおここに住み続けさせられている人がいっぱいいるんです。」

「恐ろしいことは、これを風化させようとしているということです。放射能被ばくを隠してしまう、世論操作をしてメディアに出さないで隠してしまうことを、今恐れているのです。」

◆これは災害ではない。事故でもない。事件なのだ

――井戸川さんは、今度の事故について、「災害でも事故でもない、事件だ」と言ってます。

そう。今回の件については、私は営利企業の東京電力が起こした、事件だと思っています。「東電放射能事件」と言っています。

おかしいのは、なぜこの件になると「災」って言うのか。福島県では皆さんが「発災」と言っている。災害が発生した、「発災」と盛んに言うのですよ。その裏が読めない。これは事件なんですよ。

まずはっきりさせなければならないのは、「無主物」の扱いですよ。爆発後、二本松のゴルフ場がゴルフ場にばらまかれた放射性物質を東京電力の責任で処理しろといって、東京電力を訴えた裁判がありました。一審では、「放射性物質はウチの持ち物ではない。無主物だ※」という主張をした東京電力が勝ってる。明らかに東京電力の施設が出した物質であるのに、自分のものではないとされてしまった。とても考えられない。

福島県は無主物と言われた時点で、まず怒らなければならないんですよ、本当は。大量

に、勝手にばらまかれた放射性物質を、誰の持ち物でもないとされてしまって、それを唯々諾々と受け入れてしまう感覚。そしてそれをせっせと除染すれば、住めるんだと、政策で訴えていますが、とんでもないことです。

無主物と判断された時に、「迷惑なんだ、責任を取れ」と言わなければならない。そうこうしているうちに中通りでは田んぼを起こしてしまった。それでいいかというと永遠にマイナスですよ、放射性物資を巻き込んでしまったわけだから。そうではなくてそこの放射性物質も全部除去するような、手立てを早く見つけろと言わなければならない。その間、我々は避難してるからって。そう言って手を付けなければよかったんですよ。それをなあなあにして、ゴタゴタしてるうちにどんどん手遅れになってしまった。

挙句、中間貯蔵施設だなんて話を持ち出されて喜んでいる。今計画している中間貯蔵施設の容量では、今回の放射性物質のゴミは入りきれないですからね。後で増やしたようですが。それでも入りきりませんよ。放射性物質のゴミはどんどん出ますから難しいですよ。

※　二〇一一年八月、福島県二本松市のゴルフ場、サンフィールド二本松ゴルフ倶楽部が、東京電力を相手取って汚染（原発事故後、毎時二〜三マイクロシーベルトの線量が検出され、営業に支障が出ていた）の除去を求めた訴訟を起こした裁判。同一〇月に東京地裁は「放射性物

質は無主物であり、飛び散った物質に対しての所有権もないため、除染に関しても責任を負わない」との見解を示し、ゴルフ場側の訴えを退けた。ゴルフ場側は即時抗告し、係争中。

◆住民無視でどんどん進められる中間貯蔵施設建設

何よりそんな重大なことを私たち地元住民に断りもなく勝手にやってることがおかしい。議論に地権者を参加させず、大事な関係者を排除して、一方的につくると言ってる。到底納得できませんよ。**中間貯蔵施設**の話に関係できるのは原則的に東電と地権者のみのはずです。大事な両者を外して進めることがまかり通れば、今後道路をつくる時も、国・県と市町村で決めて、地権者や地元住民は説明だけで意見が言えなくなります。中間貯蔵施設も正しい方法で進めるべきなのです。

それ以前の問題として、我々には東電の正式な謝罪もありませんから。国の謝罪もないんです。

町民一人ひとりに謝罪して、申し訳なかったという（謝罪の）プロセスをまだ踏んでいません。序の口までも行ってない。その中でこれを押し付けてくることはあまりにも無礼ではないかと。「もう少しちゃんと礼儀を正してお願いにこい」と言いたい。

私たちが望んで放射性物質を出してもらったわけではないんですよ。出さないという約束のもとに原発を動かして管理していたんです。ずっと放射能を原発から出すなって言い続けてきたのに出した。挙句にゴミ置き場にされてしまって、そういうことを福島県は受け入れていいんですか。で、今回の事故でほとんど無傷だった電気の消費地の東京は、オリンピック開催ですよ。片や電気をつくって送っていた福島県は放射性物質のゴミ置き場にされているんですよ。

放射性物質のゴミ置き場にされる場所は今まで東京のために一所懸命電気をつくり、利用させてきた場所ですよ。立地自治体の交付金をどうこう言う人もいますが、そういったことを考えたらその交付金は当然じゃないでしょうか。だいたい交付金が全部利益になるわけではなくて、大企業などに掬い取られてしまう。利益の大半は東京にあるわけです。

だから福島県は中間貯蔵施設を唯々諾々と引き受けるのではなく、「ふざけるな」って怒らなくてはならない。「被ばくをこれほどさせて、どうしてくれるんだ」と言わなければならないのに……感覚的におかしいですよ、福島県は。逆に被ばく隠しをしているような有り様です。涙出るように悔しいですよ。

――双葉町には中間貯蔵施設の話が行ってないということですか。

中間貯蔵施設など、誰も望んでいるわけではないのに、一方的につくるって言っているんです。どうして国が「つくる」って言えるのか。県が「つくる」と言えるのか。そこまでの議論にすら我々は至っていないのに、ボーリングまでやって「つくるつくる」と言っている。

とんでもないことですよ。勝手に町を壊しておいて。私たちが壊したんじゃないんです。津波の発生を予測していたにもかかわらず、津波の予防対策をしてこなかった国や東電の不作為が原因なんです。その彼らが管理責任を問われることなく、勝手に中間貯蔵施設をつくるとか言ってる。これを黙っていられますか。

中間貯蔵施設云々の前にそもそものところが整理されていないんです。

二〇一〇年四月に石油メジャーのイギリスのBP（ビーピー）社が、メキシコ湾の海底油田で事故を起こして大量の原油が流出しました。メキシコ湾一帯に環境破壊を起こし、アメリカをはじめ周辺国に多大な被害を与えたことは記憶に残っていると思います。その時はアメリカ軍が出て、事故処理の一切をアメリカの国費を使って行いました。でもその費用はちゃんと後でアメリカ政府が請求してるんです、ＢＰに。そして事故を引き起こした監督者が司法の裁きにあっているんです。それに比べて日本はどうでしょう？

福島の原発事故は福島県の双葉地方だけでなく、この地球を汚染しているんです。広大な地域を放射性物質で汚しておいて、司法が動いていない。「なぜ加害者が裁かれないんだ」と。これだけ大きな事故を引き起こしているのに、です。

被害者がいなければいいですよ。でも現に避難している人がたくさんいる。自分たちが住んでいた地域を離れざるを得ないそういう状況に追い込んでおいて。亡くなった方もたくさんいます。県や国は認めていませんが、健康被害も出ている。

そんな不条理を押しつけたまま、加害企業がのうのうと利益を出しているわけです。まず責任の所在をしっかり明らかにする必要があるのに、それが一切なされてない。

しかも明らかに東京電力がつくってばらまかれた〝無主物〟について、国は特措法をつくり、片付けることを国民の責任として明文化しているわけです。無主物の処理について国民全員に負担をかけることになってることを、ほとんどの国民は知らないのではないでしょうか。

私はまず事故後の放射性物質の位置づけ、国と東電との責任のあり方、その責任官庁の整理をしないといけないと考えています。そういった基本的なことが整理されていないのに、福島県内に住民の合意もないまま、「中間貯蔵施設」という名称を勝手に付け、双葉地方に置かれ続けることは絶対におかしい。

【用語説明】
中間貯蔵施設…原子力発電所の使用済み核燃料を再処理（燃料からウランやプルトニウムなどを取り出す工程を指し、再度燃料として使用できるようにする核燃料サイクルに位置づけられる）するまでの期間、貯蔵・管理しておく施設のこと。また、福島第一原発事故においては、放射能汚染廃棄物（除染作業で出た汚染土など）を一時的に保管する施設を指す。国は福島県内で発生した放射能汚染廃棄物については県内に中間貯蔵施設を設置し、貯蔵開始後三〇年以内に福島県外で最終処分を完了するとしている。二〇一五年三月一五日、大熊町で約二〇〇〇人の中間貯蔵施設予定地の地権者のごく一部の契約者の土地で、汚染土の搬入がはじまった。二〇〇〇人の地権者の中には話し合いさえ行われていない人も数多くいる。

◆マニフェストがない産廃物を勝手に移動させる環境省は、自らルールを破っている

それから中間貯蔵施設をなぜ環境省が担当しているのかも分からない。

事故前、原発の監督責任は原子力安全・保安院でした。また指導責任については資源エネルギー庁にありました。しかし事故後、中間貯蔵施設についてはなぜか環境省が担当しています。

仮に放射性物質を含んだこの廃棄物を、産業廃棄物として扱うというなら、環境省が担当する理屈はあるかもしれません。でも産業廃棄物であれば、その扱いには**マニフェスト**が必要になる。マニフェストでその処理の仕方の履歴が厳格に法律で決められています。違反すれば処罰される。

実際今、福島県ではどこが担当してるかというと、県の産業廃棄物課が担当している。おかしいじゃないですか。無主物として認定されたものですよ。持ち主が誰か分からないのです。誰のものかということの履歴が付けられない。今県ではマニフェストもないものを勝手に移動させている。こうしたマニフェストが対象とするものは、勝手に移動できないはずなんです。ＰＣＢやダイオキシンや重金属類など危険性のある物質は**特別管理廃棄物**として指定され、特別な法律の中で厳重に管理されるわけですが、その特別管理廃棄物にも指定されていない。

そもそも放射性物質を含んだ廃棄物が危険か否かをきちんと判断もしていない。

【用語説明】

マニフェスト…ここでは、企業など廃棄物の排出事業者が産業廃棄物の処理を委託する際に、産業廃棄物の種類、数量、運搬業者名、処分業者名などを記入し管理する複写式の票を指す。業者から業者へ、産業廃棄物とともにマニフェストを渡しながら処理の流れを確認する。廃棄物処理法の三条では、排出事業者は「自らの責任において適正に処理しなければならない」とある。しかし事業者が自ら適正に処理をすることは難しいため、廃棄物処理法の一二条では産業廃棄物の処理を外部に委託する場合、一般廃棄物処理業者、又は環境省令で定める業者に委託しなければならない。この場合、排出事業者は、その産業廃棄物が適正に処理されたことを、最後まで確認する必要があるとしている。この〝最後まで確認する〟ための帳票がマニフェスト。

特別管理廃棄物…廃棄物処理法に規定される「爆発性、毒性、感染性その他の人の健康又は生活環境に係る被害を生ずるおそれがある性状を有する廃棄物」を指す。特別管理一般廃棄物と特別管理産業廃棄物の二つからなり、通常の廃棄物より厳しい規制で処理が行われる。

◆「無主物」とは持ち主がいないもの。県の所有物でも国の所有物でもない

だいたい論の入り方からしておかしい。中間貯蔵施設については、福島県知事が国と交渉していますが、何度も言いますが、無主物とみなされたものです。つまり県知事のものでも

ないし、福島県のものでもない。誰のものでもないのに、福島県知事がその交渉をしている。当事者が誰もいないんです。誰の持ち物か分からない危険なものを、県知事が住民の声を聞かずに、環境省と交渉に入ってること自体がおかしい。民主主義の原理を無視している。交渉するのであれば、まず法的に当事者をしっかり定義しないといけないはずです。

誰のものか、どこのものかもわからない。どれだけ危険かも判断できていないものを、受け入れるわけにはいきません。

――国は法律をつくって管理すると言っています。

法律なんか当てにできませんよ。どんどん変えられますから。それより三〇年で県外に出すと言ってるのですから、福島県知事は国と契約を結ぶべきです。彼がしっかりまとめるというのであれば。そして我々とも三〇年の契約を結ぶべきでしょうね。

要するにこういうことは国主導ではなく、住民主導で行わなければならないんです。それがヨーロッパなど民主主義の根付いた国々の常識なんですが、それが日本では果たされていないのです。

福島県の田村郡などでは、まるで自分たちが加害者であるかのように線量計を持って自分たちの線量管理をしている。管理は自己責任でやりなさいということです。そんなことを環境省や国が言える立場ですか。生存権、人格権を全く無視している。

大飯原発の裁判で福井地裁は判決の中で生存権、人格権、居住権を守りなさいと言っている。豊かさとは金が優先ではない。金よりも人格、生存権が大切だと言っているじゃないですか。

こんなことを続けていると本当に外国から笑われて信用を失いますよ。だから世界から笑われないように最初からリセットして、整理すべきなんです。事故後の初期対応はどうだったのか。私たちに対する避難誘導は正確にちゃんとできていたのか、できていなかったのか。その検証から始めないといけない。私はいつでも検証できますよ。

たとえばＳＰＥＥＤＩ。前にも言いましたが、福島県はデータ容量が大き過ぎたから間違って消したと言ってますが、消しても出そうと思えば出せたはずです。新聞にでもテレビにでも出せばよかった。次の日にでも、多少遅れてもいいから出せばよかったんですよ。どう考えても出す気がないから出さなかったとしか思えない。隠したと言われてもしょうがない。とんでもない人権侵害だと思いますよ。

こうしたことをリセットして客観的、学際的で厳格な第三者機関をつくって検証をする。それからですよ、中間貯蔵施設の話は。このままやっていってもどこかで躓きますよ。司法が眠っていない限りは。

◆「中間貯蔵施設を決めた経緯はわからない」という環境省

――中間は中間のままでしょうか。これまでの政策を見ている限り、中間ではなく永遠になるとも思われますが。

そんなことは考えていない。中間は中間じゃないですか。佐藤福島県前知事は三〇年と言っているのだから、三〇年なんでしょう。

国が中間貯蔵施設をつくると言っている場所の半径二キロメートル圏内には、双葉町役場などの町の中心部が全部すっぽり入ってしまうんです。そこに環境省が中間貯蔵施設をつくり、放射性物質を含んだゴミを置くんだと言っている。私は環境省の小林局長に「どうして決めたんですか」って聞いたら、「決めた経緯は分かりません」って言うんです。

「じゃ、会議録見せてくれ」って言ったら、小林局長が「帰ってから調べてみます」と。でも後日、電話がかかってきて「ありません」と言ってきた。私は「会議録がない中でなぜ二ヵ所、ここに決めたんだ」って怒りましたよ。

そして小林局長に「実際に双葉町を見たことがありますか」と聞いたら、「ありません」と言う。このようないい加減な人たちがどうして私たちの相手になれるのでしょうか。結局今の環境省のやり方は、私たち被害者のことはどうでもいいということなんです。彼らは議論なんかしなくていいんですよ。そのような人の言葉を信用しろと言ったって無理ですよ。

私は環境省に質問状も出している。

「なぜ双葉町に中間貯蔵施設を置くのか。その理由を示してほしい」と。でも答えられない。一度だけではないんです。私は何度も質問状を出しているんです。返ってくるのはただひたすら「お願いいたします」ということだけ。それでは困る。

中間貯蔵施設の設置は、私の一存で決められることではないんです。放射性廃棄物の問題は子々孫々に関わる問題ですから、できれば孫の代に決めて欲しいと思っています。

でも私以外の首長は復興のためにイケイケドンドンという感じでしたし、それぞれが更に利害関係があって、双葉地方町村会でもまとまっていなかった。

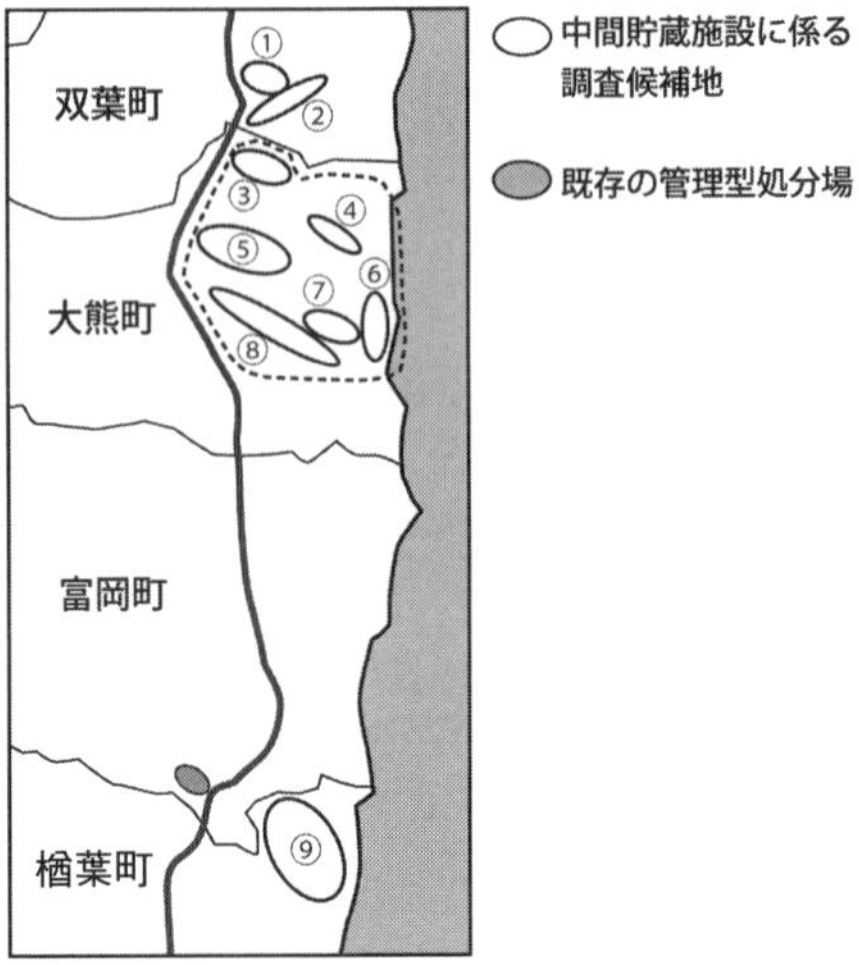

2013年１月時点での中間貯蔵施設の調査候補地。それぞれ県内の市町村から出た放射性物質のゴミの受け入れ場所が指定されている。
「中間貯蔵施設の調査について」環境省除染サイト　http://josen.env.go.jp/material/pdf/cyuukan.pdf　を元に作成（参照：2015年２月20日）

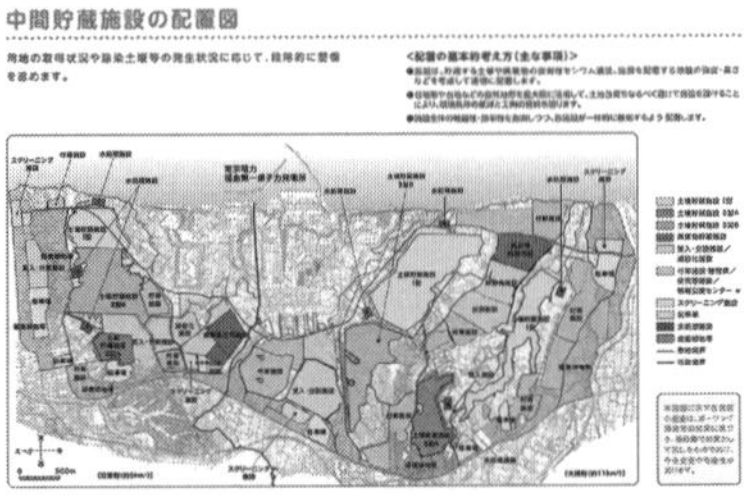

2014年５月に発表された案では調査候補地の9カ所とは別の予定地が設定され、施設の細かい配置図が掲示された。
「除染土壌などの中間貯蔵施設について」環境省除染サイト　http://josen.go.jp/material/pdf　より引用（参照：2015年２月20日）

中間貯蔵施設に関するこれまでの経緯

平成二三年　一二月　双葉郡内での施設設置について、福島県及び双葉郡八町村に検討を要請
平成二四年　三月　福島県及び双葉郡八町村に対し、三つの町（双葉町、大熊町、楢葉町）に分散設置する国の考え方（案）を説明し、検討を要請
　　　　　　八月　福島県及び双葉郡八町村に対し、中間貯蔵施設に関する調査について説明し、検討を要請
　　　　　　一一月　福島県及び双葉郡町村長の協議の場において、福島県知事から、調査の受け入れ表明※
（※受け入れ判断をする当事者は町村会であり、県知事は当事者ではない）
平成二五年　四月　楢葉町現地調査開始　大熊町現地踏査開始
　　　　　　五月　大熊町ボーリング調査等開始
　　　　　　六月　楢葉町波倉地区住民説明会
　　　　　　　　　中間貯蔵施設安全対策検討会（第一回）開催
　　　　　　　　　中間貯蔵施設環境保全対策検討会（第一回）開催
　　　　　　七月　中間貯蔵施設安全対策検討会（第二回）開催　楢葉町ボーリング開始
　　　　　　　　　双葉町関係行政区域住民説明会
　　　　　　八月　双葉町全町民説明会

九月　中間貯蔵施設安全対策検討会（第三回）開催
中間貯蔵施設環境保全対策検討会（第三回）開催
中間貯蔵施設等福島現地推進本部発足
中間貯蔵施設安全対策検討会（第四回）開催
一〇月　双葉町ボーリング開始
一二月　中間貯蔵施設安全対策検討会（第五回）及び中間貯蔵施設環境保全対策検討会（第四回）合同検討会　開催
福島県並びに楢葉町、大熊町、双葉町及び富岡町に対し、中間貯蔵施設の設置及び管理型処分場（フクシマエコテッククリーンセンター）の活用の受け入れに係る要請
中間貯蔵施設への除去土壌等の輸送に係る検討会（第一回）開催
平成二六年　二月　福島県知事からの国に対して中間貯蔵施設の大熊・双葉両町への施設の集約等を求める申入れ
三月　中間貯蔵施設への除去土壌等の輸送に係る検討会（第二回）開催
福島県知事の申入れに対して、二町に集約すること等を回答
四月　福島県及び大熊町、双葉町に中間貯蔵施設等に係る措置等について改めて説明し、住民説明会の開催を要請
五月　大熊町、双葉町が住民説明会の開催を了承

大臣が、大熊町、双葉町に中間貯蔵施設等に係る課題について、現時点での国の考えを整理した上で説明するとともに、住民説明会への協力を改めて要請

中間貯蔵施設への除去土壌等の輸送に係る検討会（第三回）開催

住民説明会開催（〜六月）

七月　福島県、大熊町及び双葉町に住民説明会での御意見等を踏まえた国としての考え方を提示

八月　福島県、大熊町及び双葉町に住民説明会での御意見等を踏まえた国の対応の全体像を提示

大臣が、大熊町及び双葉町議会全員協議会に出席し、中間貯蔵施設等に関する国の考え方を説明

九月　中間貯蔵施設への除去土壌等の輸送に係る検討会（第四回）開催

「除去土壌等の中間貯蔵の案について」環境省除染サイト http://josen.env.go.jp/soil/pdf/aggregate-draft.pdf より引用（参照：二〇一五年二月二五日）

写真上：「双葉町役場の正面の姿です。前に見えるのが、セイタカアワダチソウです。遠くからだから分かりにくいかもしれませんが、背丈ぐらいあるんですよ。非常に栄養豊富な土地で、ここは田んぼだったんですよ。いま延々とこういう風景になってます。中のものは多少崩れていますが、建物そのものは無傷で、明日にでも業務を再開できるんですが、入れません」。写真下：双葉町役場の中を見回る井戸川さん

写真上：JR双葉駅前の様子。「ここに今、ふつうの姿で入っている人がたくさんいるんです。この花壇のこの辺は70マイクロシーベルト／時くらいあるんですよ。ここでも空間では6～10マイクロシーベルトくらいあります。心配なのは肺がんです。放射能はそんなに薄くないですから。恐ろしいですよ、慣れっていうのは。これからどうなるんですかね」。写真下：駅の正面入り口。「この看板（「原子力明るい未来のエネルギー」）は有名ですよね。何を思ってつくったのかは分かりません。原子力は明るい未来って、全然明るくないですよ。外そうかと思っていたんですが、その矢先に事故が起きた。今は広島の原爆ドームか双葉のモニュメントかっていうくらい有名になってしまいました。全然明るくないですよ」

◆「じゃあ知事、知事出身の町を下さい。そこに双葉町の看板を付け替えて住みますから」

私は二〇一二年の一一月二〇日に佐藤知事（当時）から「ちょっと話をしたいんだけれども」っていうことで、福島県の東京事務所に呼び出されたんです。知事と二人きりで部屋に入り、その時に知事から出た話は、「福島県の復興のために（中間貯蔵施設の設置を）了承してくれ」ということ。それだけ。

私は知事に対して「それは困ります」と言いました。「県はそれでいいのかもしれないが、じゃあ、双葉町の復興をどう考えているんですか」と聞いたんです。

そしたら喋らないんです。何度か知事に聞いた。けれども一言もそれには答えない。だから私はこう言ったんです。「じゃあ知事、私に知事の出身の町を下さい。町の看板を双葉町に付け替えて、そこに私たちが住みますから」と。

そしたら佐藤知事は無言で私をずっと睨みつけていました。一言も喋らず睨みつけているだけでした。私はこれでは埒が明かない、もう話は行き詰まったと思ったので、「これで帰ります」と言って部屋を出ようとした。そしたら背中から「分かってくれよな」って声がかかった。

私は「分からない」と言いました。復興のために分かってくれよという話ではないんです。逆に「町がなくなるかもしれない。その気持ち分かりますか」って、私は言いました。

知事はその後、当時双葉町が避難所にしていた騎西高校にやってきました。マスコミはその時、知事が双葉町に中間貯蔵施設の説明をしにきたと報じましたが、私は直接その話はしてないんです。

報道では知事が「(中間貯蔵施設について) 分かっていると思っているが……」と話したようですが、私の前では何も喋りませんでした。

◆手続きを無視する福島県

その後、第一原発周辺の双葉地方町村長が、佐藤県知事の呼びかけで二〇一二年の一一月二八日に集められました。佐藤県知事が各町村の首長に招集の文書を出して開催したのです。

しかしこれは正当ではないんです。私は当時その会長をやっていました。本来はこの双葉地方町村会は町村長が主体となって運営されている。だから開催は町村会の事務局に県知事が打診するなら分かるが、なぜその権限がない知事が急に入って招集するのか。知事は県議会の会期が迫っていましたから、相当焦っていたのだと思う。私は「それはおかしい」と思って、抗議の意味も込めて通告をして会議を欠席した※。そしたらそれを県議会が煽った。「県の大事な会談を勝手に欠席した。けしからん」と。それに乗じて福島民報など県内メディアも煽りました。

でもこのことは文書できちっと残しておきたいと思っています。踏み外したことをやっていたのは、佐藤知事の方なんです。

さらにこの会議では出席した町村長から、「町村会としての組織が機能しなくなる」などとして町村会の会長職を辞任することを要求されました。そんな欠席裁判の様なことはあり得ない。私はそんな悪しき前例をつくってはいけないと思ったので、改めて町村会を開いて、その場で正式に辞めたのです。なぜ辞めたかというと、言いたいことを言うためにです。

この会議で、県知事が中間貯蔵施設について一任を受けた、とあります。しかし会議録を読むと中間貯蔵施設の候補地となった楢葉町と大熊町の町長はほとんど発言していない。それで最後に知事が「私に一任してくれ」と言っているんです。それで「異議なし」となった。この会議は双葉町村会の自主、自立を歪めてしまっただけでなく、知事の責任逃れにもなった。

私は後で、勝手に双葉町のことも決められては困ると思って、福島県に電話を入れて当時の内堀副知事に確認を取りました。

「私はいなかったけども、県は双葉町の分まで決めたのですか」と。そしたら彼は「決めていません」と言った。「県は県の立場でしか決められない。双葉町の皆さんのことまでは決められない」と答えています。

双葉町のことはその時点で決めてはいないんです。決めたらおかしい。にもかかわらず、ここまでなし崩し的にきてしまったということは、明らかに真っ当な手順を踏んできていないということなんです。

実はその伏線はあったんです。一一月一三日に佐藤知事と双葉地方八町村の首長が一緒に、原発周辺から一帯をぶらぶら視察することになった。最後に川内村に入って、みんなで反省会だということで一席設けられた。そこで突然、富岡町町長から、「あなたが悪いのだ」と言われた。私はこんな席にいると、酒席で大事なことを決める段取りができているなと思ったので、先にその場から出て来たのです。それが一連の私への非難へと繋がっていったのだと思います。

※　二〇一二年一一月二九日の福島県内向けのＮＨＫニュースでは、次のように報じている。「除染で出た土などを保管する中間貯蔵施設をめぐって、二八日、県と地元の双葉郡が行った協議を双葉町の井戸川町長が欠席したことを受け、双葉地方町村会は井戸川町長に対し、町村会の会長職を辞任するよう求めていることが、関係者への取材でわかりました。福島第一原発周辺の双葉郡の自治体は二八日、県と会合を開き、除染で出た土などを保管する中間貯蔵施設の建設に向けた国の現地調査を受け入れることを決めました。しかし、双葉郡の八つの町村の中で唯一、双葉町の井戸川克隆町長は『国からきちんと説明を受けていない』などとして出席しませんでした。これを受けて双葉郡の八つの町村長でつくる双葉地方町村会は「町村会としての組織が機能しなくなる」などとして井戸川町長が務める町村会の会長職を辞任するよう求めていることが関係者への取材でわかりました。井戸川町長はＮＨＫの取材に対し、『その様な話は聞いているが今は何も話をする段階ではない』と話しました。また、二八日の会合を欠席したことについて、『きちんとしたプロセスを経ずに物事が決まっていくのは間違っていると思うので参加しなかった。先週、知事と話し合い、町の総意ではなく個人的な意見として中間貯蔵施設建設のための現地調査は受け入れることができないと伝えた』と話しました。」

◆彼らを性善説で信用してはいけない

今回の原子力発電事故は、いかに原子力発電というものが脆いものか、いかに〝つくられた安全〟だったかが証明されたということです。安全対策に相当な税金を使っていると思いますが、恥ずかしいですよ、我々立地自治体としては。もうちょっと遅いですがね。

まだ立地されているところは、自分自身で安全確認を実施することです。チェックを人任せにしないことです。

原発を設置しているところは、自分の五感で危険や嘘を感じられるように、努力をしていく。分かろうとする。分かる努力をしていかないと。分からないでは済まされない。分かってしまえば、いい加減なことはできませんよ。

私たちがちょっと迂闊だったのは、彼らの言葉を信用したことです。私は（基本的に）性善説で人と付き合いますが、彼らはまったく逆でしたね。裏切られました。

原発が安全だという多くの利益相反の関係にある原子力学者は、安全をただ机上論でつくっているだけです。その机上の理論というものがすべて今回の事故で暴かれたのです。

◆被害者のことが書かれていない事故調査報告書

――事故後、事故の全体像を解明しようとさまざまな立場で事故調査委員会が立ち上がり、事故調査報告書としてまとまっています。どういう評価をしていますか。

それぞれの事故調の文章の中に、避難開始から現在に至るまでの、そして問題と課題と見通しとかそういったことが書かれてると思う。でもごく一部だけで半分も書かれていない。まだ半分あるんです。**原子力プラント**とあと半分は人の被害だということ。

委員は原子力プラントしか見ていないんですよ。プラントはどうでもいいっていうことではないが、それで事故調を閉じることは無理なんですよ。人間や生き物の受けた被害は半分のスペースにならないといけない。それがほんのわずかしかない。限られた枚数しか書かれてない。事故は収束してないんですから、事故調は延々と続けなければならないはずなんです。どのくらい先になるのかは分かりませんが、国会事故調というのはその都度、予算をつけて調査を続けていかなければならない。

国や東電に足下を見られているんじゃないでしょうか。単に調査をやりましたという、アリバイ工作だったのかなって思えてくる。政府としても国会もそうなんでしょう。今なお被害が継続しているわけですよ。我々がこうしている間も被害は継続しているのだから。

人の部分の被害がものの見事にコントロールされて、報道されないようになっているんです。その点からも私は報道機関には非常に不満を持っています。報道機関に「そういうところが不満だ。きちんと報道してくれ」と喋ると、「私たちは企業ですから」って言うんですよ。要するに報道機関は広告収入が大切な収入源なのだということです。新聞でもそうですよ。報道機関は企業の報道をしているだけだと思ってください。そうされているんです。

——いくつかの事故調査報告書がつくられていますが、どれも住民の話がなかったのですか。

いくらかはありました。ただ彼らがシナリオをつくった中でのヒアリングはあったけれども、こちらから訴える場というのは非常に少なかった。私は国会事故調の時に、かなりの科目をつくって委員の前で喋ったんです。委員によっては自分たちの考えや経験だけでない気づきを必要とするだろうと思っていたので。委員会の人たちは過去のことを全く知らないわけですよ。そこが心配だった。それで、いろんなことを挙げていたんです。

過去のことを委員会で調べるってことは限界があるんですね。私がしてきたことや私が持ってる知識については知らないわけですから。委員のあり方も問題だと思う。

それでも国会事故調については、それなりに評価してますが、政府事故調はまったく酷い話。あれはアリバイづくりですよ。

福島の報告会で私が委員長に聞いたんです、「これで最終報告ってなんですか」って。だって題名がおかしいですよ。「最終報告」っていうのは、我々が戻って生活できる段階になってはじめて最終報告っていうわけで、なぜ今最終報告っていうのか。そう質問しました。


他にも政府事故調に対しては、問題提起はたくさんしています。それで変わったかっていうと、国会事故調査も含めて、変わっていません。東電の事故調もありますが、あれは参考人に出ていないので見ていません。民間事故調も、よく背景が分からないのであまり見ていませんのでコメントできません。

私がこれらのうち一番関心を持っていたのは、国会事故調です。黒川清委員長以下、みなさんよく努力して仕上げたと思う。ただその後が悪い。国会で全然議論をしてない。もう一つ問題なのは、国会のチェルノブイリの視察団の報告書が※単なる文章化になっていること。国会議員がお金を使って行って来ている。このことは国民は知らないでしょう？　あれは税金で行って来ているんですよ。知ってます？

国会議員は報告書を出している。にも関わらずその一つの成果であるべき「**子ども被災者支援法**」が骨抜きにされているんです。それについても反省をするとか、対策をするとかは言ってませんね。

国会事故調は子ども被災者支援法ができる前なので、正直に書かれています。その正直に書かれていることを実行しただけでも我々への対応は変わってくると思うのですが。

【用語説明】
事故調査委員会…一連の東京電力福島第一原子力発電所の事故においては複数の事故調査委員会が立ち上がり、それぞれ独自のメンバーによって報告書が作成されている。主な事故調査委員会は、一．**政府事故調／内閣事故調**、二．**国会事故調**、三．**民間事故調**、四．**東電事故調**の四つが知られ、それぞれ事故調査報告書がつくられているが、いずれも二〇一二年の二～七月中の最終報告書の発表以降、検証はなされていない。

一．政府事故調／内閣事故調―東京電力福島原子力発電所における事故調査・検証委員会

委員長：畑村洋太郎（工学博士　東京大学名誉教授）

・東京電力株式会社福島第一原子力発電所及び福島第二原子力発電所における事故や被害の原因を究明するための調査・検証を目的として内閣官房に設置された委員会。従来の原子力行政とは独立した立場で調査・検証を行い、二〇一一年一二月に中間報告、二〇一二年七月に最終報告を提出。これを以て委員会は同年九月の閣議決定によって廃止された。二〇一一年 一二 月二六 日に中間報告、二〇一二年七月二三日に最終報告を野田佳彦首相（当時）に提出した。

二．国会事故調―東京電力福島原子力発電所事故調査委員会

委員長：黒川清（医学博士　東京大学名誉教授）

・東京電力福島原子力発電所事故調査委員会法に基づき、二〇一一年一二月八日に国会に発足した。閣議決定を経て内閣が設けた「東京電力福島原子力発電所における事故調査・検証委員会」とは成立の主旨が異なっており、事故の当事者や関係者から独立した調査を国会の下で行い、二〇一二年七月に発表された報告書では、原発事故は人災によって発生したと結論づけている。二〇一二年七月五 日に報告書を両院議長に提出、同年の一〇月二四日に事務局が閉鎖された。

三．民間事故調―福島原発事故独立検証委員会

委員長：北澤宏一（東京都市大学学長、東京大学名誉教授）

・政府からも企業からも独立した市民の立場から、原発事故の原因究明と事故対応の経緯について検証を

行い、二〇一二年二月二七日に調査・検証報告書を公表。
四．東電事故調―福島原子力事故調査委員会／原子力安全・品質保証会議 事故調査検証委員会
社内委員長：山崎雅男（副社長）
第三者委員会（原子力安全・品質保証会議 事故調査検証委員会）委員長：矢川元基（東京大学名誉教授）
・事故の当事者として、外部有識者で構成する「原子力安全・品質保証会議 事故調査検証委員会」を設置し、二〇一一年一二月二日に中間報告書、二〇一二年六月二〇日に最終報告書を公表した。
この四つ事故調査報告書の他、日本原子力学会による「東京電力福島第一原子力発電所事故に関する調査委員会」（学会事故調）も独自に事故調査報告書を作成、発表している。
原子力プラント…原子炉から発電を行うタービンなど施設設備一式を指す。原子力発電所では、原子炉の中で核分裂を起こして発生させた熱を熱蒸気に変え、これで巨大なタービンを回して発電させるまでの装置一式を指すことが多いが、使用済み燃料などの冷却プールなど、巨大なこのプラント一式を一基と数える。プラントの中でも熱を発生させる原子炉の設計は専門プラントメーカーにしかできず、日本ではアメリカのWH（ウェスティングハウス社）の技術を提供された三菱重工と、同じくアメリカのGE社の技術を提供された日立製作所、東芝の三社が設計を行っている。事故を起こした福島第一原発は一、二号機がGE社製の軽水炉型原子炉「マーク1」とタービンを使用、三号機が東芝製のマーク1とタービン、四号機が日立製のマーク1とタービンを使用している。
子ども被災者支援法…東京電力の福島第一原子力発電所等の事故による被災住民、特に子どもの生活支援を行うことを目的とした法律。正式には「東京電力により被災した子どもをはじめとする住民等の生活を

守り支えるための被災者の生活支援等に関する施策の推進に関する法律」。超党派による議員立法で二〇一二年六月二一日に衆議院本会議で可決成立し、同六月二七日に施行され、期待が寄せられた。特に第二条の「被災者一人一人が第八条第一項の支援対象地域における居住、他の地域への移動及び移動前の地域への帰還についての選択を自らの意思によって行うことができるよう、被災者がそのいずれを選択した場合であっても適切に支援するものでなければならない」との条文は、被災者がどこに居住しても国が責任をもって支援することを明記しており、福島県をはじめ宮城、栃木、茨城など近隣の放射線量の高い地域に住む子育て世代や、すでに遠隔地に自主避難している人には光明だった。だが民主党から政権交代した自公政権では、復興庁が、子ども被災者支援法の理念からずれた「原発被災者支援パッケージ」を二〇一三年三月に突然発表している。二〇一五年一月三一日現在、超党派で成立したこの法律に基づく具体的な政策は実現していない。

※　原発事故が起きた二〇一一年の一〇月五日から一三日までの九日間にわたって、衆議院議員の小平忠正を団長とした「衆議院チェルノブイリ原子力発電所事故等調査議員団」がチェルノブイリ原発事故、ならびにIAEA、ITER（国際熱核実験炉）、ヨーロッパの各国議会制度などの視察を目的として、ウクライナ、オーストリア、フランスを巡った。団員は団長を含む一三名、うち八名が民主党議員だった。この報告書のまとめと言える所感では、「どうしても日本人には国際機関信仰のようなものがあるが、現地で実際の被害者や関係者に会って話を聞くと、実際は、上記（IAEAなど）の国際機関等の公表数に比べ、はるかに広範かつ深

刻な被害の実態があることを痛感する」と、公表されている数字との乖離を認めている。

◆「出してはいけない」から「出していい」に変わった放射能の安全基準

フィルターベント概念図

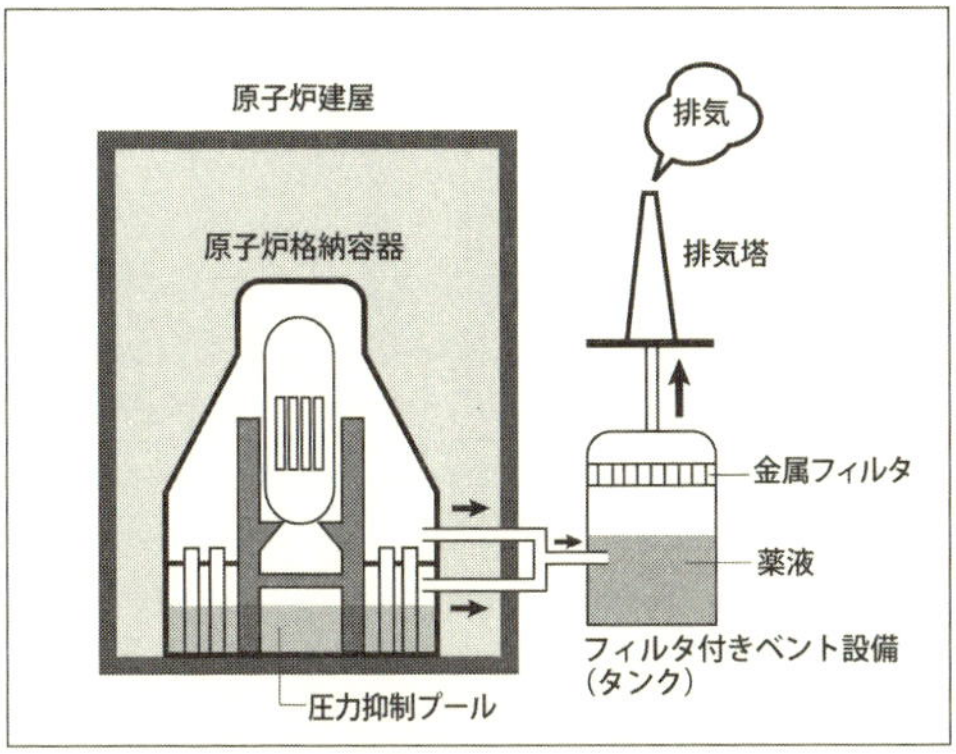

東京電力福島第一原子力発電所事故　「事故と放射線に関する基礎知識～フィルタ付きイベント設備の概要図」日本原子力文化財団ホームページ http://www.jaero.or.jp/data/02topic/fukushima/knowledge/61.html を元に作成（参照：2015年１月25日）

そもそも年間一ミリシーベルトは一般公衆被ばくの限界である。にも関わらず、原子力規制庁は二〇ミリシーベルトでいい、二〇ミリシーベルトなら帰還していいと言っていますね。これを引き受けたらとんでもないことになります。全国の原発の所在している場所で、被ばくがどんどん進みますよ。でもなぜ原子力規制庁がやりたいかがよくわかります。

原子力規制庁が今度打ち出した基準は、**フィルターベント**を付ければいいということ。もう一つはヨウ素剤を配ればいいということ。それで再稼働を認めようとしている。とんでもないことです。

絶対許してはいけません。私が東電、原子力安全・保安院から聞いていたのは、「放射能は出さない。閉じ込める。運転は緊急時に止める。暴発しないように冷やす。これは完璧だから、町長そんなことを心配しなくてもいい。だから避難までしなくてもいいよ」と。そう言っていたんです。

でも今度の事故を機に規制庁は、「放射能というのは原発から出るもの」に変えてしまった。フィルターベントを付けさえすれば運転できるみたいな、馬鹿なことになった。

フィルターベントの能力を過大評価してはいけない。フィルタータンクの水の温度が上昇したら、生の放射性物質が大気に出てしまう。水槽では役に立たない。福島と同じように大気中に出てしまう恐れが高い方式です。この実験は簡単にできますから、電力中央研究所（電中研）などにつくらせればいいでしょう。

【用語説明】
フィルターベント…フィルター付きベントのこと。ベントは原子力発電所内で事故が発生した際、原子炉格納容器内の圧力が高まって破壊されるのを避けるため、放射性物質を含む蒸気を配管を通して原子炉建屋の外に放出する行為だが、事故後、ベントを行っても放出される放射性物質の量を抑えるフィルターをつけたベント装置が稼働の条件となった。

◆ヨウ素剤は拒否しよう

そして問題なのは、（安定）ヨウ素剤です。ヨウ素剤を皆さんに配って、運悪く放射能が出た。飲んだ。しかし被ばくの影響が出た。国が何と言いますか。

それは「配ってあるんで、皆さんの責任です」と。「配ってあるんです、飲み方が悪いんです」と。そんなことを言われる。彼らのアリバイのためにヨウ素剤を配られるんですよ。だから私はいろんなところで喋っている。「ヨウ素剤は要らない」と。放射能を出さないのであれば、ヨウ素剤は要らないんだと。これをしっかり伝えたい。そういうことをできるだけ立地に近いところに行って喋っています。

事故が起こった時には原発から放射能を出しますよという予告で、ヨウ素剤の配布を立地自治体に求めさせるようにしています。ヨウ素剤ですべての放射能の被ばくは防止できません。あくまで放射性ヨウ素だけの気休めにすぎない。非常に危険な宣伝だと思います。

今回の福島の原発事故から原子力規制庁が学んだのは、原発は放射能を出すものだと。そして、放射能を出しても世論を封鎖していますから、東電も厚労省も、規制庁も、経産省も福島県も、ＩＡＥＡも放射能被害が全くないように言っています。被害なんかないように言っていますね。

――佐藤福島県知事（当時）は、一号機の水素爆発前に一・五九ミリシーベルトあったと双葉町の人が訴えた時、「ふーん、そういうこともあったんだね」っていう反応だったそうですが、放射能や被ばくに関する知識はどの程度持っている人だったでしょうか。

知識は充分あったと思う。東電のテレビ会議の時に、「被ばくの影響はないって言え」って言ったくらいですから。普通の知事は言わないですよね。テレビ会議の最中にわざわざ電話をかけて「言え」って言ったわけですから。

――それはＩＣＲＰの基準をもとに言っていたのでしょうか。

それは分からない。そこまでは分からない。でも今の福島県を見ていると、彼の感覚が分かると思いますよ。全てその感覚通りになっていますよ。

――「除染が済めば住める」、「大丈夫だ」っていう首長さんは多いのですが……。

「除染が済めば大丈夫だ」なんて、素人が言ってはだめですよ。「町のアドバイザーが言っていた」。「村のアドバイザーが言っていたから」といって、そのまま安心してはいけない。それはそれとして、それをバックチェックするくらいの冷徹さが求められるんです。「分かった。じゃあ出た報告をチェックさせてくれ」と。

県内にいる健康アドバイザーの話ばかり聞いていたら、首長たちは裏切られますよ。実際それを信じていたがために甲状腺がんなどになっている人もいるんじゃないでしょうか。私が知っている限り、福島の浜通りではなく中通りなどの健康被害の発生率が意外と高いんですよ。

二〇一三年一二月二一日に福島県白河市で行われた、「**第三回放射線の健康影響に関する専門家意見交換会～〝甲状腺〟について**」という講演会で岡山大学の津田敏秀先生が発生率の数字を上げて説明しています。

津田先生によれば、福島県中通りの有病割合は、過去の一五歳から一九歳の日本平均のデータ、一五歳から二四歳の日本平均データの一〇倍以上となっており、特にある市では、二八倍から六〇倍以上にも跳ね上がっているのです。

【用語説明】

第三回放射線の健康影響に関する専門家意見交換会～〝甲状腺〟について…二〇一三年一二月二一日に福島県白河市で環境省と福島県によって開かれた講演会。事故当時一八歳以下であった福島県中通りの子ども、約二三万九〇〇〇人を対象に行われた甲状腺検査の結果をもとに、放射線の健康への影響について、意見交換が行われた。この意見交換会で、福島県立医科大学の鈴木眞一教授は、「今発見されている子どもの甲状腺がんは放射線被ばくとは関係がなく、既にできていたものと思われる。超音波機器はチェルノブイリ原発事故当時よりもずっと高性能で、小さなしこりなども見つかるようになっており、子どもでも早期に発見された可能性が高い」と、事故との因果関係を否定している。

◆放射線管理区域レベルでは福島は常時専用マスク、ゴム手袋のゾーン

放射線環境の中での労働環境や労働安全について取り決めた「**電離放射線障害防止規則**」というものがあります。これによると実効線量が三ヵ月一・三ミリシーベルトを超える、または表面汚染度が一平方メートルあたり四万ベクレルを超える地域は放射線管理区域となります。事故前これに基づいてつくられたのが東京電力のマニュアルです。

東京電力は原発施設の管理区域をA、B、C、Dの四つに分けています。このうち福島県の多くが相当するC区域は四万～四〇万ベクレル／平方メートルまでとなっています。ここでは、全身を覆って皮膚の露出がないという状態で、決められた手袋や帽子、靴下、ゴム手袋のほかに、半面マスクという内部被ばくを避けるための特別なマスクを装備しなければ、そこにいてはいけないことになっている。このCが下から三番目。

最悪なのはD区域、四〇万ベクレル以上。ここにはフィルター付きのマスクではなくて、空気ボンベを背負っていかなければならない。この空間の空気を吸い込んじゃいけないところがD区域です。あるいはエアホースを背負う、エアラインっていう細い管を引っ張って仕事をしてくる。そういう酷い区域がD区域。

福島県内の多くは、**放射線管理区域**でいうこのC区域という放射線の環境に相当するんです（地図参照）。

こんなところに子どもを住まわせることができますか。二四時間そんな装備をして暮らせるわけがない。本来一八歳未満の子どもはいてはいけない場所なんです。

そういう場所に住まわせるために、日本政府は年間二〇ミリシーベルトまでは大丈夫だと基準を上げている。私はそんな非人道的なことを町民に強いることはできないので、年間一ミリシーベルトまでという、事故前の基準にこだわったわけです。

【用語説明】

ベクレル（Bq）…放射性物質が一秒間に崩壊する原子の個数（放射能）を表す単位。放射能の能力を表す。たとえば五秒間に六〇〇個が崩壊する場合、その物質は一二〇ベクレル。主に食品や土壌、水などに含まれる放射能の量を表すのに使われる。

電離放射線障害防止規則…電離放射線防止の安全基準を定めた厚生労働省所轄の法令。一九七二年九月三〇日、労働安全衛生法に基づいて、労働者を放射線障害から保護する目的でつくられた。二〇一一年の原発事故を受け、二〇一三年からは、除染や汚染された廃棄物収集についてもこの対象となった。

放射線管理区域…放射線による不必要な被ばくを防ぐために、放射線量が一定以上ある場所を明確に区分けし、不必要な立ち入りを防止するために設けられる区域。「放射性同位元素等による放射線障害の防止に

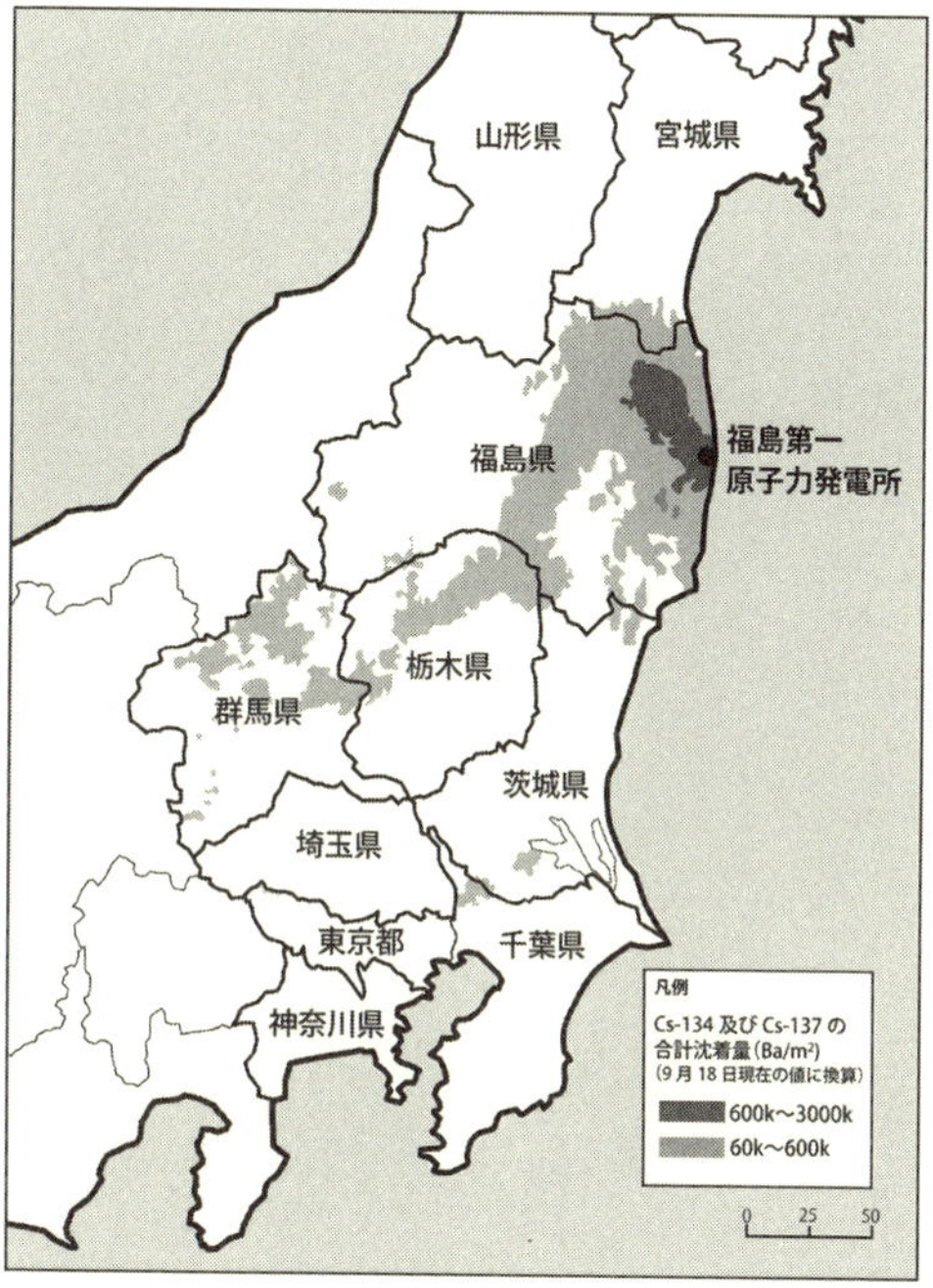

福島県及び関東のセシウム134、137の合計沈着量。40,000ベクレル以上のゾーニングはされていないものの、60,000 ベクレルより上のゾーンが放射線管理区域に相当すると考えてよい。「東京電力福島第一原子力発電所事故に伴うセシウム134、137の表面沈着状況」（文部科学省の航空モニタリングの測定結果を2011年９月18日時点での値に補正したものからマップ化）

関する法律」によれば、外部放射線量では三ヵ月に一・三ミリシーベルト以上が放射線管理区域となる。また表面汚染密度については、α線を放出するものが四ベクレル／平方センチメートル、α線を放出しないものが四〇ベクレル／平方センチメートルの一〇分の一がその基準線になる。原則、一平方メートルあたり、四万ベクレル以上の場所には一般人は入れない。管理区域内では飲食はできず、管理区域から出る際には除染をして出ることになっている。

◆なぜチェルノブイリ基準を当てはめないのか

日本の避難基準は、チェルノブイリより四倍も高いんです。私は、「**福島復興再生協議会**」の場でこの表を出して当時の細野豪志環境大臣とやり合った。でもやり合うことにもならなかったですね。再生協議会は総理大臣が出席する時もありますし、担当大臣も出ますし、県知事も国の要職の人も出る大きな会議ですが、その中でこの表を出しました。私たちは双葉町はこのチェルノブイリ基準を採用したいんだと言いました。日本の基準がこういうことになっていましたので、チェルノブイリの基準で行きたいんだと会議で言いました。

細野大臣も、「私はチェルノブイリのことは勉強して分かっています」と言って、いったん途切れた。再度質問する順番が来た時に、「**チェルノブイリ基準**は事故から五年もしてか

チェルノブイリより４倍も高い福島の避難基準

年間放射線量	福島の区分	チェルノブイリ区分
50mSv超	帰還困難区域	移住の義務ゾーン（強制避難ゾーン）
20超～50mSv	居住制限区域	
20mSv以下	避難指示解除準備区域	
5mSv超	（居住可能）	
1超～5mSv以下	（居住可能）	移住の権利ゾーン
0.5～1mSv以下	（居住可能）	放射能管理ゾーン

注　（灰色部分）の部分は原則的に立ち入り禁止です

チェルノブイリと福島の避難基準の比較。
「ウクライナでの事故での法的取り組み」（オレグ・ナスビット／今中哲二論文、内閣府原子力被災者生活支援チーム）を元に作成

らいろんな思いや苦労があった上でつくった大変尊い基準だ。分かっているのであれば、すぐこれを採用していただきたい」と言った。「なぜ日本の基準にこだわるんですか。同じ思いを私たちにさせるんですか」と。すると彼は何も喋らなくなってそのままにしてしまった。

日本は福島基準と言っていいくらいで、その放射線量の区分はとんでもなく高い。移住の義務ですよ、チェルノブイリの五ミリシーベルト以上っていうのは。一ミリシーベルトから五ミリシーベルトの場所は、移住の権利があるから、権利を行使してもいい、あるいは移住しなくてもいいという判断。でも日本は二

〇ミリシーベルトまで大丈夫だって言っています。それはなぜかというと、すでに避難させないで住まわせている福島県内の中に二〇ミリシーベルトの場所がいっぱいあるからなんです。これではチェルノブイリ基準を適用された時に、為政者の責任が問われますよ、完全に。

【用語説明】
福島復興再生協議会…原発事故により甚大な被害を受けている福島県の復興再生に向けた対策を協議するために設置された会議。第一回は二〇一一年八月二七日に開かれた。構成員は政府関係者や県知事等県政関係者が中心となっている。
チェルノブイリ基準…一九八六年四月二六日に、ソビエト連邦（現ウクライナ共和国）チェルノブイリ原子力発電所で発生した原子力事故から、五年後の一九九一年に制定された法律（チェルノブイリ法）で定められた放射能の基準値。一ミリシーベルト／年で「移住権利」が、五ミリシーベルト／年で「移住義務」が生じると定めている。

◆除染作業は放射性物質が集まる高濃度汚染作業

県内では除染、除染と言っています。その除染はどうなのか。ほとんどが東京の大企業が落札して、県民が末端で放射能まみれになって作業しています。

マスクや手袋をしていますが、手で袋に詰めて、足で押し込んでいる。圧縮しているんですよ。平らなところはいいですが、かき集めて圧縮すれば、ものすごい線量になるわけです。若い人や地元の人がやっている。末端の人が被ばくをしながらやっている。じゃあ健康被害の保険をかけているのかというと、「かけていない」って言います。大勢の人が命の切り売りのようなことをしているんです。

一握りの為政者のために多くの県民が二〇ミリシーベルトに縛られてしまっている。福島県内には、今なおここに住み続けさせられている人がいっぱいいるんです。私は「あり得ない」って言っているんです。

アウシュヴィッツでは住民が毒ガスで殺されました。しかし今、福島県では住民が、放射能で殺されようとしている。外国の独裁者は、自国民にミサイルを撃とうとしている。そして恐ろしいことは、これを風化させようとしているということです。放射能被ばくを隠してしまう、世論操作をして世間に出さないで隠してしまうことを、今恐れているのです。

【用語説明】

除染…施設や機器、着衣などが放射性物質や有害化学物質などによって汚染された際に、薬品などを使って取り除くこと。福島第一原発の事故においては、対象地域の放射性物質を取り除くため、建物や道路を洗浄する作業のこと。福島第一原発から二〇キロ圏内と飯舘村などの高線量地域は政府が、それ以外は自治体が建設会社などの除染業者に発注し、費用は政府が負担している。作業をしたとしても放射性物質自体が消えるわけではなく、その場所から別の場所に移動させられるため、「除染」ではなく、「移染」だとする声もある。

第六章　健康被害の実態を隠すな

「エネ庁の職員はＩＣＲＰが緊急時の被ばく許容量は年間一〇〇ミリシーベルトから二〇ミリシーベルトであり、その低い方をとった数値だから充分安全だと言います。そういう人に私は『分かった。じゃああんたが家族と一緒に住め』って言います。『家族と一緒に住め』ってね。そうするとその人たちは、『家族と相談してから』って返事をする。必ず。

それから何度か会って、私も人が悪いから『で、どうなった？』って訊くと、「いやまだ家族に聞いていません」って答えるんですよ。

誰一人、『私は住む』って言った人はいませんよ。国側の人間ではね。」

「今のやり方は県民に対して全く逆を向いている。とんでもない害を与えていますね、彼らは。最近の事故が子どもの甲状腺がんと関連性がないっていうのであれば、それを立証していただきたい。きちんとした論文で立証していただきたい。それを預かってバックチェックさせていただきたい。」

◆被ばくによる健康被害は確実に起きている

——被ばくという考え方については、いろいろあると思いますが、もともと宇宙から放射能がこれだけ降っていて、人間は日常的に浴びており、世界には日本の平均の倍以上の放射線量が高いところがあるという主張もあります。またにんじんなどの野菜にも自然放射性物質の**カリウム**が含まれているくらいだから、心配しなくていいという人もいます。

そういう医者もいますね。無責任なことを言っては困ります。カリウム云々じゃない。放射能の放射性物質はカリウムだけじゃないわけです。それで日常的に被ばくしていますからと言われても、困る。本当に犯罪的な言葉ですよ。放射性物質は五〇種類も六〇種類もあるわけだから、それを総称して放射能の影響を言ってくれないと困る。限定はできません。被ばくとは、今度の事故で発生した全ての放射能に被ばくすることなんです。

いい加減ですよ、福島県の医者は。だいたい被ばくの問題については医者だけがしゃべるものではないですよ。県民の中には原発で働いている**放射線管理士**がいるんですよ。国家資格を持った人が。彼らが安全かどうかを確認して、安全な環境で働かせるためにいるわけですから。この人たちが登場しないといけない。

医療だけの問題ではないんですよ、今回は。全ての環境の中での問題だから、医療従事者の発言ばかり聞くわけにはいかない。外部被ばくの専門家が内部被ばくを否定している。彼らは出しゃばり過ぎていますよ。

各界の実務者の合同会議の中で、いろんな事象を踏まえて線量の限界値を決めるべきだと思う。ＩＣＲＰとか外部のデータを云々して、被ばくの線引きをつくることはアリバイ工作で、犯罪的ですよ。

福島県立医科大学の増築工事の様子。2015年１月撮影

今、福島県立医科大学では被ばく医療施設を増築しています。盛んに「放射能の影響は考えられない」と言ってる人たち（県医師会など）が、将来のための受け皿づくりをしているのは、道理の通じない話です。県民を避難させないのはこのためなのかと考えざるを得ない。つまりこの施設の利用者のための患者づくりを考えて、今放射能の影響を否定しているのだと。私はそういう誰かの思い通りにさせないために

も、被ばくの実態を知ってもらいたいと強く思っています。

【用語説明】

カリウム…カリウム40のこと。天然に存在する代表的な放射能で、野菜などに含まれている。半減期は一二・八億年と非常に長い。人間はカリウムにより、体内に年間〇・二シーベルト被ばくしていると言われる。人間が体内に放射能を摂取した場合、半分の量が出ていくまでを生物学的半減期と呼ぶが、カリウム40は、約三〇日。体内には四〇日滞在し、この間毎日一〇〇ベクレルが摂取され、四一日後に同量が出ていくので、四〇〇〇ベクレルが常時体内にあることになる。そのため放射性セシウムの数百ベクレルくらいは心配ないという論もある。特にバナナはカリウムが多く、心配ならバナナも食べられないという論もある。しかしセシウム137の体内半減期は七〇日であり、セシウム134は一〇〇日である。同じ量を摂取してもセシウム134はカリウム40の二・五倍の被ばくをすることになる。

放射線管理士…放射線の安全管理や医療被ばくの低減に努めるとともに、緊急被ばく医療へ対応できる知識や技術を身に付け、国民の安全確保に努めることを目的とした国家資格。原子力関係施設や医療施設など、放射性物質を扱うことを生業にしている人や現場には、置かなければならない。

◆濃度の濃さが問題なのではない。事故で放射能を浴びたこと自体が問題なのだ

――福島県は被ばく許容量としてＩＣＲＰの年間二〇ミリシーベルトを取っています。

よく年間二〇ミリシーベルト以下は安全だとか、何ミリシーベルトなら安全だとか言っていますが、何ベクレル、何ミリシーベルトだからいいとか悪いとかではないんです。何年後に発症するからいいとか悪いとかという話でもない。

自然界にあるものから受ける場合は被ばくとは言いません。今回の事故で出てそこにあるものは、濃度の薄いとか濃いとかではない。浴びたことそれ自体が被ばくだということです。一〇〇ミリシーベルト以下は影響が出ないという、そのことの責任を明確にしてもらってから言ってもらいたい。保証書を書くなり、何かあった時に全面的に面倒みますよって。そういうことのないまま、今我々の地域が二〇ミリシーベルト以下のところに住んでもいいですよって政府が言っている。そういう政府や専門家にはきちんと証文を書かせたい。立証してもらいたい。

◆「印象が悪くなるから」除染をやらない県立医大

二〇一三年の一〇月に私のデータを県立医大にもらいに行きましたが、その時、私を測った棟の脇で屋外の線量を測っていたんです。二マイクロシーベルトくらいあったんですが、「なんで除染をやらないの」って聞いたら、「印象が悪くなるからやらない」って言っていました。いかに恐ろしい状況になっているかを知らせない。その言葉に返す言葉がなかった。

福島県で一ミリシーベルト以上をマークすると、福島市や郡山市など住宅密集地がほとんど入るんです。中間貯蔵施設をどこにするかなんて言っていますが、実態は福島県全体が貯蔵施設なんですよ。

あと、山は測ってないから分かりません。いま川内村が帰村宣言して、人が戻っていますが、除染と言っても家の周りを二〇メートルやっているだけ。それで戻れって言っているんです。一カ所に集めても山の除染は全然やってないから、ほとんどが放射能の処理場所なんです。

じゃあ双葉町はどうか。山側のある地域は二〇一三年の末時点でも七〇マイクロシーベルト以上あった。とてつもない数字ですよ。

エネ庁の職員はＩＣＲＰが緊急時の被ばく許容量は年間一〇〇ミリシーベルトから二〇ミリシーベルトであり※、その低い方をとった数値だから充分安全だと言います。そういう人には私は「分かった。じゃああんたが家族と一緒に住め」って言います。「家族と一緒に住め」ってね。そうするとその人たちは、「家族と相談してから」って返事をする。必ず。それから何度か会って、私も人が悪いから「で、どうなった？」って訊くと、「いやまだ家族に聞いていません」って答えるんですよ。

誰一人、「私は住む」って言った人はいませんよ。国側の人間ではね。

※　ＩＣＲＰ（国際放射線防護委員会 International Commission on Radiological Protection）は放射線の個人に対する線量の限度を示している。二〇〇七年に出された勧告では、平常時は一ミリシーベルト／年、緊急時には二〇～一〇〇ミリシーベルト／年となっている。

◆国連科学委員会に報告した日本代表のアリバイづくり

ＵＮＳＣＲ（国際連合安全保障理事会決議）連科学委員会でも日本政府の代表者は「今度の事故で健康被害は一件もありません」て、言っているんですよ。こんな馬鹿なことを言わせている。加害者側、税金を使っている者が言っている。私たちに銃を向けているんですよ。二〇ミリシーベルトでいいと。放射能を出してもいいと。規制庁が新基準をつくってしまった。

どうしても二〇ミリシーベルトの理由がつきません。一ミリは従来からの数値ですから、それ以上だと放射能出してはいけないってことになっている。フィルターベントで将来事故が起こった時に放射能が出たとなっても、年間二〇ミリシーベルトに達しないからそれは被ばくにあたりませんよって言うわけです。健康に問題ありませんよっていうアリバイのためにつくった。その二〇ミリですから。絶対忘れないでください。

人権、健康権利という見地からすると異常です。この放射能の数字は。

◆今測っておかないと……

福島県も健康には何の問題もないと言っていますが、とんでもない。いろいろ起きていますよ、健康被害が。心筋梗塞とかいろんな異常が出てます。甲状腺だけではないんです。福島県内では郡山地区は悪い。明らかに被ばくの影響は出ている。県も県内の医者も知らしめようとしていないのではないか。県内の人はもっと知ろうとしないといけない。自分から知ろうとしないといけないと思う。上から教えても、周りから教えても彼らは耳を塞いでしまう。安全教育、安心教育の弊害だと思う。

私は一二日の爆発時に、直接、空から降ってくる高レベルの放射性物質に晒されました。そのとき持っていた線量計は振り切れて計測できませんでした。だからその日の夜に、私たちは職員と三人で福島県立医科大に行って、計測してもらったんです。きっといい加減にされると思ったから。

夜、門を叩いて測ってもらった。その数字は正確には喋れない。セシウム137が万単位のベクレル。ヨウ素が一〇万単位のベクレルとだけ言っておきます。本当かどうか分からないくらい大きい。初期のヨウ素をものすごい量、被っているんです。これ以外の多方面の検証もしないといけないと考えています。

◆鼻血、脱毛、のう胞。徐々に出はじめている健康被害

私は事故後、鼻血が出て、喉は悪い状態となりました。

三年経った今も同じです。鼻血は出ますし、喉も調子は悪いまま。三、四日前（二〇一四年二月当時）は、喉が塞がってすぐに電話に出ることもできませんでした。疲れやすいし、目は白内障にかかっている、筋肉の痛みもあったんですが、最近はとれました。毛も抜けました。頭髪ではないんです、体毛が抜けるんです。心臓がどきどきすることはあったんですが、最近はなくなりました。当然甲状腺の異常はあります。**のう胞**は二年前に確認されています。小さいものはたくさんあるんですね。

うちの家内も鼻血は出ています。多いんですよ。双葉町の住民の疾病調査にもあるんです。

だから、福島県、福島県立医科大の対応については、加虐性というか、犯罪性があると思っていますよ。あることをないことにさせようと秘密会議まで開いて、口裏合わせをしているんです。彼らは福島県民を虐げていると思っている。彼らを替えないと、福島県立医大の信用は回復できないと思っています。

福島県内での健康被害についてはさまざまな形で出ている。

双葉町民が避難していた川俣町に住むＨさん（女性三〇代）は、事故後から下痢が続いたと話す。

「避難指示は出ませんでした。まず下痢が数日続いて、二ヵ月間喉がガラガラになった。それから耳の粘膜が痛くなって、病院に行って調べてもらいましたが、なんともないと言われた。耳鳴りが続いた。七月に脚の裏が痛くなり、膝が痛くなって、股関節も痛くなった。視力も落ちました。めまいもするようになりました。それまでそういった経験はありませんでした。半年後には全身がだるく痛くなりました。皮膚も荒れた状態が続きました。その頃には周りで鼻血が出たという話はよく出ていました。

半年後くらいから知人に勧められて福島を離れて九州などに一週間程度保養に行くようにしたところ、それらの症状が軽くなるのが分かりました。けれども、福島に戻ると同じ症状が再発しています。その繰り返しが、ずっと（二〇一五年一月一〇日現在）続いています。当時小学校に通っていた子どももやはり爆発後から下痢が続いて、喉もガラガラになっていました」

その後Hさんの子どもは、二〇一四年三月に甲状腺に五・二ミリのしこりが見つかっている。「お医者さんに診察してもらったところ、『しばらく様子を見ましょう』と言われました。私はそのお医者さんを信頼していましたので、そのとおり様子を見ることにしました。ただ、子どもはここにいてはいけないと思い、子どもと相談して県外に疎開させることにしました。

私や私の子どもだけではありません。体調の変化を訴える人は周りにもいます。やはり脚が痛くなったり、記憶力が以前よりどんどん低下したり、耳鳴りに悩まされる方もいます。全て放射能のせいかと問われると、そうではないかもしれませんが、二〇一一年の事故直後から町役場の関係者や学校で「安全です、安心してください」と言われ続けて、疑問をもったり質問

100mSv 未満の被爆で
有意ながんリスク増加が証明された研究一覧

対象集団	報告年	がんの種類	累積被曝量	増加率
医療被ばく	2006	乳がん	数mSv	BRCA変異群2～5倍
医療被ばく（CT）	2011	全がん	10～40mSv	10mSvごとに3% →100mSvで30%増
医療被ばく	2012	乳がん	2～17mSv	BRCA変異群60～280倍
医療被ばく	2012	小児白血病・脳腫瘍	50～60mSv	3倍 →100mSvで5～6倍
自然放射線	2012	小児白血病	5～10mSv	1mSvごとに12% →100mSvで1200%増
医療被ばく（CT）	2013	小児がん	小児期に4.5mSv	20%増 →100mSvで440%増
原発労働	2010	全がん	10mSv	3%→100mSvで30%増

「アヒンサー第5号」より

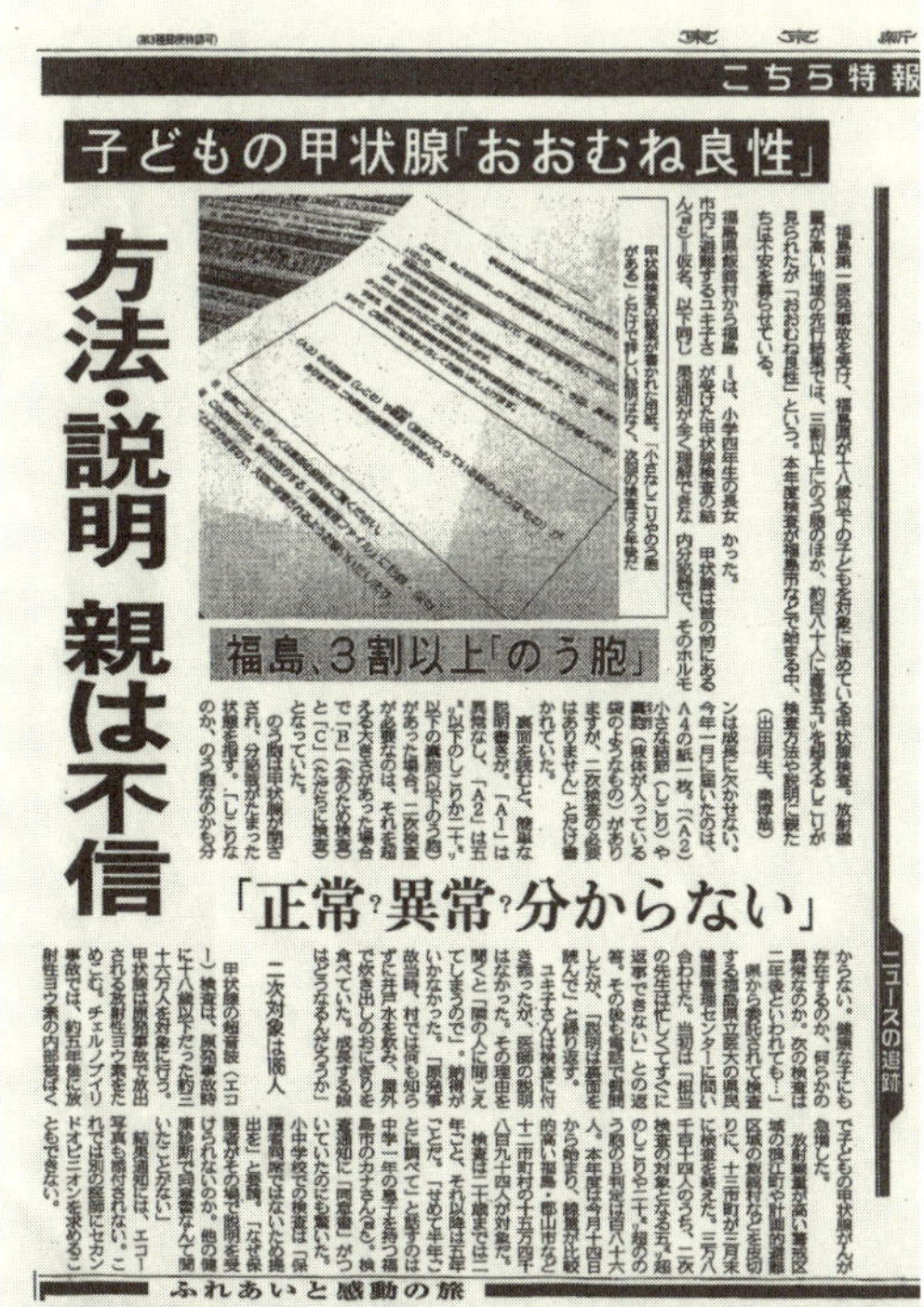
こちら特報

子どもの甲状腺「おおむね良性」

方法・説明　親は不信

福島、3割以上「のう胞」

福島第一原発事故を受け、福島県が十八歳以下の子どもを対象に進めている甲状腺検査。放射線量が高い地域の先行結果では、三割以上にのう胞のほか、約百八十人に"結節"（しこり）が見られたが「おおむね良性」という。本年度検査が福島市などで始まる中、検査方法や説明に親たちは不安を募らせている。

「正常？異常？分からない」

ニュースの追跡

ふれあいと感動の旅

上：「低線量被ばくによる有意ながんリスク増加が証明された研究一覧」意見書（三）今、福島の子どもたちに何が起きているか？　松崎道幸医師（深川市立病院〈当時〉・医学博士）二〇一二年一一月二二日　http://1am.sakura.ne.jp/Nuclear/kou191Matsuzaki3.pdfより引用、下：福島県民の健康被害について報じる記事（東京新聞　二〇一二年五月一八日）

をすることがおかしいことだという空気がつくられてしまい、時間が経つにつれてそういう声を出せない空気になっているのが問題だと強く感じています」

Hさんの子どもは、県外で暮らすようになって一年後、しこりが小さくなったという。

また会津若松市一箕町松長にある大熊町仮設住宅に住む女性Bさん（六〇代）は、仮設に避難後、「周囲で何人もの人が鼻血を出していた」と証言している。

第二原発の立地自治体である富岡町の行政関係者によれば、事故直後の混乱の中、「『鼻血が出た、どこに行けばいい』という電話が多かった」という。

福島県の放射線健康リスク管理アドバイザーだった山下俊一医師は、もともと甲状腺の専門家であった。山下医師は就任中の二〇一二年一月、日本甲状腺学会の医師に対して福島県内で甲状腺がんののう胞検査を受けた人が県外での検査は受けないよう、「次回の検査を受けるまでの間に自覚症状が出現しない限り、追加検査は必要がないことをご理解いただき、十分にご説明いただきたく存じます」と通達を出している（二〇一二年五月一八日　中日新聞〈ネット〉）。

今のやり方は県民に対して全く逆を向いている。とんでもない害を与えていますね、彼らは。最近の事故が子どもの甲状腺がんと関連性がないっていうのであれば、それを立証していただきたい。きちんとした論文で立証していただきたい。それを預かって、バックチェッ

クさせていただきたい。そこまで言い切るならきちっと示していただきたい。将来にわたって確約してもらいたい。関連性がないということについて、本当に責任をもつと、証文を書いてもらいたいですね。

私は（健康被害の対応について）県の保健福祉部長に怒りました。「県の住民の健康を守る最高責任者であるあなたは、福島県を、県民のことを内外ともに悪く宣伝してしまった。あなた方は、逆の意味で風評被害をもたらした」と。「これこそ福島県の名誉を傷つけているし、県民の健康を守る第一責任者としてのその職を全うしていない。あなたは職を辞すべきだ」と。町長時代に彼に言いました。

福島県保健福祉部の小谷（尚克）主幹に何回も質問書を出しています。回答書をもらっていますが、非常に馬鹿げた回答になっています。

私は県立医科大、あるいは県の担当の保健福祉部の人たちは、県民からの給料をもらう立場にないと思っています。

【用語説明】
のう胞…一般的には体内にでき、液体などを入れた袋状の構造を持つ病変のこと。腫瘍的な性質が否定されるという点で、のう腫と区別される。福島では事故後、子どもを中心とした県民の健康調査が行われているが、その中の甲状腺検査では一八歳以下、約三六万名を対象に行われている。検査結果はのう胞と結節（しこり）の大きさによって判断され、A１判定（結節、のう胞なし）、A２判定（五ミリ以下の結節と二〇ミリ以下ののう胞）、B判定（五ミリ超の結節、二〇ミリ超ののう胞）、C判定（直ちに二次検査を受ける必要性がある）に分かれる。二〇一二年の年度末の三月に発表された報告では三万八一一四名の対象者において、A１判定が六四・二％、A２判定が三五・三％、B判定が〇・五％、C判定は〇％という結果が出された。A１判定を受けた子どもが県外などの医療機関で再検査を行い、県内の検査でA１判定とされた子どもがA２判定の大きさの結節やのう胞が見つかる場合も出ている。

◆原発構内で心筋梗塞、でも死亡場所はいわき市内のワケ

原発構内では事故後に心筋梗塞があったんです。原発内で心筋梗塞になるといわき市内に救急搬送されます。だから死亡場所はいわき市になる。双葉郡内ではないんですよ。そういうことがありましたね。

こういう話が福島県内ではあったんです。今必死になって押さえていますが、これらが出てきたらどうするのか。そしたら情報を押さえていた人たちは犯罪者になるでしょう。例え

ば県も逃げる、国も逃げた時に、市町村長が指導したのかとなる。適切に避難させる行動をとった人、取らなかった人は、加害者になる可能性がある。裁判になりますよ。

◆『美味しんぼ』問題を受けて

――小学館の『ビッグコミックスピリッツ』では、人気漫画『美味しんぼ』の表現が大きな反響を呼びました。

『美味しんぼ』の反響については、私としてはむしろウエルカムです。皆さんが関心をもってくれたわけですから。『美味しんぼ』の話は最初、雁屋哲さんの事務所の方から私に連絡があり、何度かこちらに取材にみえたものをまとめたようですが、漫画に描かれた内容はまだソフトです。実際はもっとひどいことが起こっています。

主人公の山岡士郎が鼻血を出したことが描かれましたが、「それはあり得ない」という声があちこちから出ました。新聞でもそう書くところもありました。山岡はフィクションですが、実際にはそういうことがあるということです※。「あり得ない」という人は、鼻血を出した人の人権、人格権をどう考えているのでしょうか。

だって「私も出たんですよ」って言ったら、それを聞いた人はふつう「あ、そうですか」という反応しかできないはずですよ。私たちはすでに被ばくしているんです。その人にそうでない人が「あり得ない」という。そんなことはどんな偉い学者でも言えませんよ。そういう人は私と同じ被ばくをしたのでしょうか。

あり得ないという人は私たちの人権を否定しているのです。実際に調べて、判断できるまで相当勉強しないといけないはずですよ。

※　二〇一四年四月二八日発行の『ビッグコミックスピリッツ』の連載漫画『美味しんぼ』の表現に対して、双葉町は二〇一四年五月八日、発行元の小学館に対して抗議をしている。抗議内容は鼻血が出ている人がいないのではなく、「原因不明の鼻血などの症状を町役場に訴える町民が大勢いるという事実はありません」というもの。

震災後の双葉町の人々を撮り続けている映画監督の舩橋淳氏は、映画『フタバから遠く離れて　第二部』と同タイトルの書籍（『フタバから遠く離れてⅡ――原発事故の町からみた日本社会』岩波書店　二〇一四年刊）の中で、抗議を出した伊澤史朗現・双葉町町長に鼻血問題について質問している。

伊澤町長は「事故後に町民からの『鼻血が出た』という自己申告は確かにありましたが、多数ではない、というのが私たちの判断です。かつ、鼻血が放射線の影響なのかの判断も非常に難しい」と述べ、「医学的・科学的に証明してほしいということです。ただそれ以上言うと、水掛け論になってしまって……。それにしても全国から物凄い反響があり、担当職員は朝から晩まで対応に追われてました」と抗議の背景を語っている。

『美味しんぼ』の鼻血問題については石原伸晃環境大臣が二〇一四年五月九日に「何を意図し、何を訴えようとしているのか、全く理解できない」と批判した。また、福島県選出の森雅子消費者担当大臣は二〇一四年五月一三日の閣議後の記者会見で、『美味しんぼ』問題について「放射能と鼻血との因果関係は科学的に証明されていない。影響力の大きさを考えると大変残念だ」と述べている。しかし、森議員は野党時代の二〇一二年六月一四日の参議院東日本大震災復興特別委員会で「例えば具体的に、こんな心配の声をお寄せいただいています。『子どもが鼻血を出した。これは被ばくによる影響じゃないかと。心配なんだけど、それを診察してもらった、検査してもらったお金はどうなるんですかということです』と鼻血について紹介している。これより前の二〇一一年一二月二日には自民党参議院議員の長谷川岳氏が、「(福島から)北海道に避難している方たちといろいろ話をしまして、その中で、例えば鼻血なんですけれども、そういうような症状を訴えていたお子さんが非常に多かった」と証言している。このほか同じく自民党の熊谷大議員が二〇一二年三月一四日の参議院予算委員会で、山谷えり子議員が四月二五日の参議院の憲法審査会で鼻血が出ている人が増えていることを取り上げている。鼻血をはじめ健康被害についていち早く国会で取り上げたのは野党時代の自民党である。

第七章　事故を招いたもの

「仮説住宅にいても、避難所にいても、政府は災害対策の様子を見にきたり、御用聞きをして対応するということも全くありません。家族の分離、狭い住まいでの緊張、孤独、金銭欠乏、持病悪化、不登校などが増えている。

国はそこに目を向けていない。加害者の方ばかり向いて政策を進めている。加害者を擁護するようなことばかりしている。」

「『お国のため』という言葉は、為政者は決して使ってはならない言葉だと思う。『国民のために』という言葉はあっても。」

「『お国のため』という言葉を、『国民のため』という言葉に置き換えていかないと。そういう点からすると、原発は国民のためにはなってないのではないでしょうか。これからの原発の処理費用は、トータルコストを考えたら何万年、何十万年も、将来原発を使わない世代が負担していかなければならないんですよ。」

◆家族を分断したのは誰か

今回の事故で悲しいのは家族の分断が起きてしまったことです。

それまではおじいさん、おばあさん、父ちゃん、母ちゃん、嫁さん、息子、娘、孫、ひ孫。この人たちが家族構成に応じた家をつくって住んでいたんですね。充分でなくても、なんとか満足できる環境をつくって住んでいたんですよ。特に高齢者にとっては、最後の、いわゆる終《つい》の住処《すみか》として長年築き上げてきた場所です。これは大変ですよ。

ここで俺は終わるんだと、永年着々と築き上げてきた終の住処。ここを追われて、さあどうなったか。

嫁さんと姑さんがうまくいってない家庭は、これ幸いと分断した。「私たちはこっちに住みます、福島県に帰りません」とか。「私たちは仕事の関係でこっちに住みます。お父さんお母さんはこっちでやってください」「おじいちゃんおばあちゃんは、どっかでやってください」ってことになってしまったんです。

家族関係がうまくいかなくなって、ついに離婚までいったところもある。これはものすごい被害じゃないですか。住む場所がなくなったところに、家族の分断が起きてしまった。悲劇です。

騎西高校には最後まで三〇人ほど残っていましたが、あの方たちは、いろいろな事情があって家族と一緒に住めない人たちなんですよ。高齢であったり、持病を抱えていたりと、一人で住めない人たちが必死に頑張っていたんです。それを伊澤町長は強引に出してしまいました。

新町長の就任後、総務課長に「あんまり、自分の都合ばかり言うのではなくて、困っている人の話をよく聞いて、対応するように」と言っておきましたが、どうもそういうふうには対応していないようですね。

◆俺らの原発で東京が潤っているというプライド

これだけの被害を受けた私たちですが、事故前はずっとこう思っていた。

「俺らの原発で東京が潤っているんだから、東京の役に立っているんだ」と。そう思っていた。本当に。

東京の電気の三〇％は原発だと。新潟も含めて東電の発電の原発だと。我々の原発が東京の電気を賄っているという、なんか変なプライドを持っていたんです。そんな我々が、今これだけ酷い仕打ちをされている。原発に放逐されて国内難民にされたんです。

避難指示を出したのは、国です。だから最後まで責任をもって付き合ってもらいたい。でも実際には、被害者である私たちは自己責任での避難生活が続いています。

私たちは原発事故によって避難している。でも岩手県、宮城県の地震や津波被害と同じ「災害救助法」の下に、ただ放置されて、自らの手でその日暮らしをさせられています。いかなる約束の下にそうされているのか、何度も国に尋ねましたが、国からの回答はありません。

仮設住宅にいても、避難所にいても、政府は災害対策の様子を見にきたり、御用聞きをして対応するということも全くありません。家族の分離、狭い住まいでの緊張、孤独、金銭欠乏、持病悪化、不登校などが増えている。

国はそこに目を向けていない。加害者の方ばかり向いて政策を進めている。加害者を擁護するようなことばかりしている。

◆お任せ民主主義が招いた原発事故

日本は幸せな国ですよね。要するに検証ということを、誰もしない。「誰かが言った」などとみんなで言って、事故の責任を追及しないんですね。国民とともに反省していかなければならないと思います。

そこにお任せ民主主義の原点があると思う。それが原発事故の悲劇を招いた。汚染地帯に住めるかどうかの確認は政治家がやっちゃいけません。政治家がもし決断するのであれば、それなりの検証をして、検証をしたものをバックチェックするくらいの慎重さがなければならない。

◆立地自治体を支配する東電の広報部

――原発問題を長年追い続けてきたジャーナリストに聞いたことがあるのですが、東電の中には見えない組織図があって、立地自治体の人がどういう信条で、どういう家族構成で、犯罪歴まで分かっているという。つまり一つの企業を超えて、警察組織も一緒になって地元の封じ込めが、立地自治体であったと。

東電の広報部が巧妙に事実を隠すんですよ。世論操作が相当うまかった。地元の情報はこの人たちに筒抜けでした。東電の広報の人は、地元の人、我々の思想信条どうこうを知っています。それくらいすごい広報部なんです。彼らが世論操作するわけです。秘密保護法なんて別に要りませんよ。

彼らは我々の手の内を知っているわけですから、コントロールすることは容易です。あの人を黙らせればこの町は誘導できるとか。誘導させるキーマンはこの町ではあの人だなってことを知っているわけです。つまりキーマンの弱さはここだなとか、あの人が好きなのは何かということなど、全部分かっている。道楽まで知っていますから、非常に周到な世論操作ができる。だから自分たちの欠陥も隠しやすい。

私たち国民が情報機関として気をつけておかなければならないのは、実は電力会社なんですよ。九電力会社は、全国民の情報が取れるわけです。電気を使わない人はいませんから。国民は丸裸なんですよ。契約情報から取れるわけです。

だから国民が自立するには、電力会社と情報をやりとりしないこと。銀行口座まで知っているわけですから。今、公共料金はガスでも何でも口座で支払っていますよね。だから筒抜けですよ。恐ろしいのはその後ろにいる情報管理者です。ＩＴで管理する人たち。その情報をコピーされて利用されても、本人は分からない。

――東京電力の原発があって、住民はプライドを持っていたということですが、住民の皆さんの大半は、日本の関東圏の産業を、首都圏の電力を支えていた、基幹産業を支えていたという意識があったということですか。

それはあったと思う。今となっては、悲しき意識だけれども。以前ＮＨＫで足尾銅山の田中正造のドラマ（『足尾から来た女』）を放映していました。なんでこの事故があってからやっているのかは分かりませんが、その中で、日露戦争に参加した主人公の女性の兄が、機関銃の弾を妹に見せて、これで日本は勝ったんだよと。だから足尾銅山が必要だったんだよっていうシーンがある。どうも放射能の被ばくは東京のためにあるんだということに、重なって見えました。

――震災前、『フラガール』という映画を観たのですが、その中でフラガールを目指す女性の母親が「お国のために尽くしてきて、こんなことになって」と嘆くシーンがありました。双葉町の町民の方の意識とどこか重なる気がします。原発に関わることはお金だけではなく、お国のためになるという自分たちのプライドも満足させられる。そういった感情が、また利用されてきたような。そんなメンタリティがあるような気がするんですが。

『フラガール』は観ていませんが、知っています。あれは常磐炭鉱が国のエネルギー政策の転換を受けて、炭鉱が衰退し、職場がなくなった。その人たちの職場保全の物語です。

今の政権が言わんとしている、お国のためということを、私はどんどん掘り下げていく必要があると思っている。

戦争で亡くなった人は、お国のために亡くなったのではないのです。ごく一部の権力者たちのために死んでいったのです。我々の被害も正に「お国のために」と転嫁させられそうでね、私は心配している。なにか美談に終わらせるように仕向けられているのじゃないか、そういうシナリオを描いているのじゃないかって。

「お国のため」という言葉は、為政者は決して使ってはならない言葉だと思う。「国民のために」という言葉はあっても。

国民のために戦争をやったのであれば、戦後の負の遺産をその後の人たちが頑張って景気を良くして、経済を発展させて、生活レベルが上がっていって、それを自分たちが享受できる。それならいいです。でも家畜のように働かされてきた結果の経済成長じゃないですか。自分たちが働いて、自分たちが命を落として、それを後ろで糸を引いている人間が金も出さずに、金をぽっぽと懐に入れているのではないでしょうか。

『お国のため』という言葉を、『国民のため』という言葉に置き換えていかないと。そういう点からすると、原発は国民のためにはなってないのではないでしょうか。これからの原発の処理費用は、トータルコストを考えたら何万年、何十万年も、将来原発を使わない世代が負担していかなければならないんですよ。

道路やビルだって、人口減少が進んでいったら、スクラップになる。そのスクラップづくりのために公共事業だと言って、お金をつぎ込んでいるんです。これも私はナンセンスだと思っている。そんなことに使うのなら、多少不便な生活に慣れて、負担を少なくしていけばいいいと思う。

その代わり休みや、人間性回復の時間とかを、国民に与えればいい。残業させて、日曜出勤、休日出勤やらせて、その挙句には税金でもっていく。お金の循環を考えた時に、国民に留まっていない。違うところに留まるようになっている。それを国民に留まり、国民の豊かさに繋げる。国民が使って経済を回すようにしていかないといけない。そのくらい強い国民にならないといけない。

第八章　なぜ仮の町が必要なのか

「本当は戻るんだと。でも戻ることができないわけです。意思はありながら、その意志を汲み取りながら住民の生活を守っていくには、仮の町がどうしても必要だと考えた。そう思ったのは、三月末です。それで五月にはプランができていた。

でも町をつくることに対して国も県も消極的です。」

「それは場所をお借りしてもいいいんだと、別に土地を所有しなくたっていいと。

私たちの町は歴史が散逸してしまった。必要な生活インフラがあればいいというのではないんです。なんとかまとまって町の祭りができるようにしたい。そういったことも必要だし、歴史の再開も必要だと言っているのです。」

「今私たちの町民は、半分以上働く意欲がないんですよ。みんな疲れ切ってしまっているから。(中略)

町民たちを賄っていくためには、それなりの差別化をして価値を生み出していかないと追いつかない。(中略)

私は仮の町のモデルをつくって輸出したいんですよ。」

◆いつかは戻る。でもすぐには戻れないから墓も神社も祭りもある理想の仮の町が必要なんだ

――井戸川さんは、早くから仮の町の必要性を訴えていました。仮の町のプランを言い出したのも井戸川さんです。このプランはいつ頃できていたんですか。

仮の町のプランは騎西高校に来てからです。二〇一一年の三月三〇、三一日に加須市に移動しました。その時にこの次のステップを考えなければならないなって考えていた。さいたまスーパーアリーナでは住民対応がものすごく大変だった。それを何とかする方法を考える必要があった。また一ヵ所に集めないと、町のコミュニティもおかしくなる。伝統文化も継承できなくなる。お寺とか神社の問題もあるし、お墓もどうしようかという考えの中で、やっぱりすぐには帰れないから。

すぐ帰る帰ると言っている首長さんは何を考えているか理解できないが、私は帰るとは言えない。

帰還というのはそんな簡単なものではないですよ。要するに廃炉作業で、放射性物質を炉

から出すことができたという時点でそろそろ帰還を検討しようかというのがその前提であって、まだまだこれからどうなるか分からないのに、帰るというのはおかしい。誰かにそそのかされて「帰る帰る」って言わされているのかもしれませんが――。

私は最初から避難は相当長期化すると見ていました。だから仮設や避難所では到底住民の生活は持たないと。だったらどっかで一つのコロニーをつくらないとだめだと考えた。何年、何十年という時間軸を考えた時に仮の町をつくらないとだめだと思ったんです。

本当は戻るんだと。でも戻ることができないわけです。意思はありながら、その意志を汲み取りながら住民の生活を守っていくには、仮の町がどうしても必要だと考えた。そう思ったのは、三月末です。それで五月にはプランができていた。

でも町をつくることに対して国も県も消極的です。

なぜ町を壊しておいて、町をつくることにあれほど抵抗するのか分かりません。私は五月には仮の町構想を自分なりにつくって、九月には双葉郡の首長会議に案を示しました。でも私が「仮の町が必要だよ」と言っても、関心を持った人は誰もいませんでしたね。

私は事故の最中に避難してものすごく忙しかったんですが、仮の町が必要だなって思ってつくった。

事故を起こされて私たちは何もなくなりました。私たちの時計は３．１１から止まったままなんです。

一方何でもない人は、日々前進していますよね。私たちは止まったままで日々後退しています。人口が流出するし、生産は上がらない。どこでどのような町をつくればいいのか分からない。だからせめて仮の町をつくりたい。

事故から二年くらい経ってからようやく帰れない宣言をした方がいいんじゃないかって一部の国会議員が言い出しましたね※。

仮設住宅を出ても、災害復興住宅とかと言って、その辺にあるような公団住宅つくられたって、それは町にはならないんですよ。私たちにとっては学校も、病院も欲しい。体育館も、神社も、お寺も欲しいんです。お墓も欲しいんですよ。

※　元横浜市長で衆議院議員の中田宏氏は二〇一三年四月五日の衆議院予算委員会で「人の住めないエリアを認めるべきだ」との踏み込んだ意見を述べた。帰還困難区域ではなく、『帰還禁止区域』にすべきと発言した。

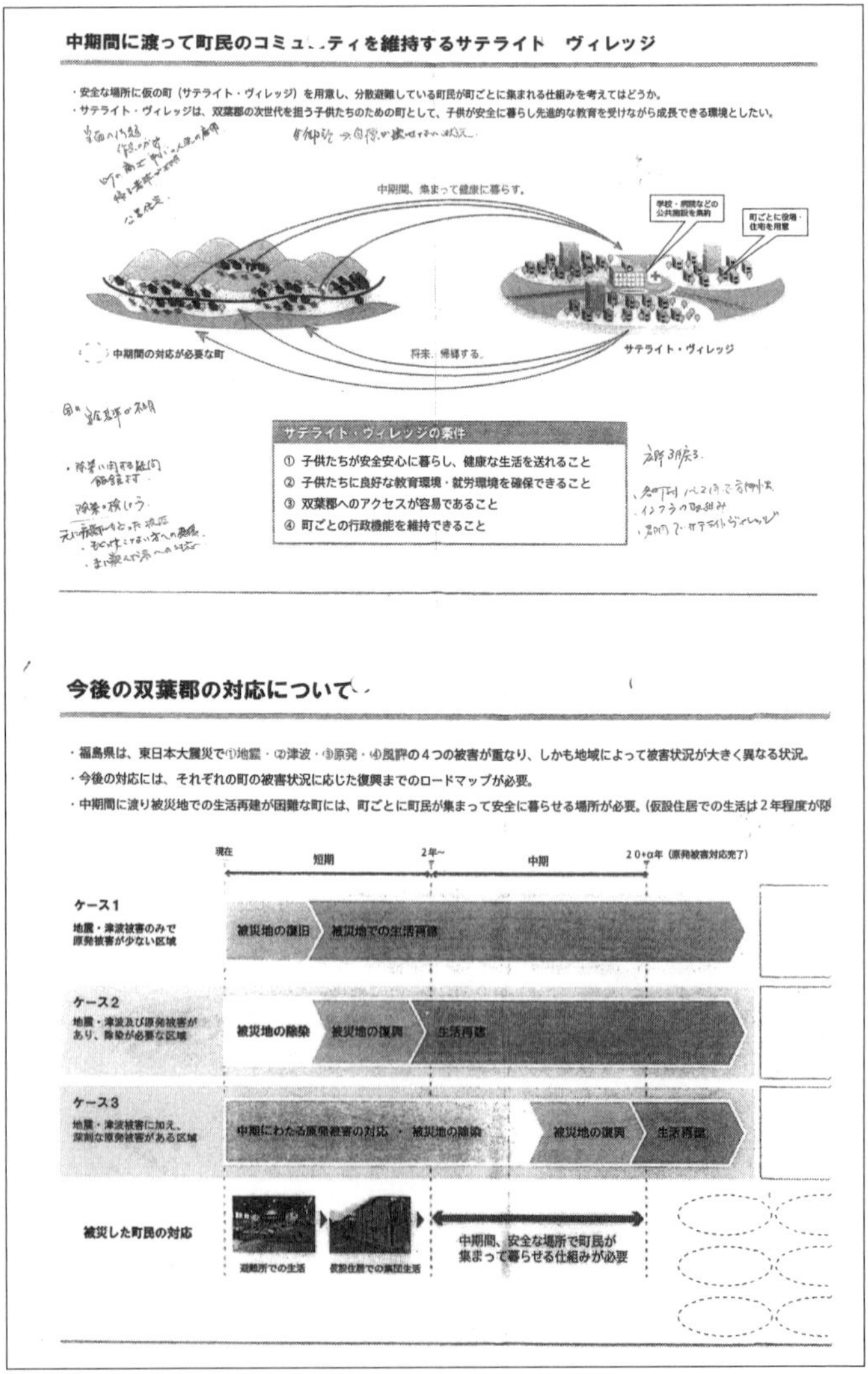

井戸川さんが描いた「仮の町」の構想の資料

◆お任せ民主主義から脱するための「七〇〇〇人の復興会議」

私は事故後、自分たちの町を町民みんなでつくり直そうと、「七〇〇〇人の復興会議」を立ち上げました。しかし一部の構成者からは「前例がない」「原案がない」「レジュメがないから」と評価されませんでした。

お任せ民主主義から町民の意識を変えて、本当の民主主義をみんなでやろうと、ボトムアップで町を復興していこう、と立ち上げたのですが、受け入れられませんでした。残念でした。

これから原発に頼らずに主体的にやっていかなければならないのに、主体性が持てないまで、どう町の自立を設計していくのか。県内に戻っても放射線量が高い、健康リスクをかかえて、どうやって生きていくのか。このままではどんどん東電から抜けきれなくなります。

県の為政者たちは、そうではなく早く災害公営住宅をつくれなんて、言っています。そうじゃないんだと。とにかく帰れるまでは、安全になるまではちょっと一休みする町をつくらないといけない。それは場所をお借りしてもいいんだと、別に土地を所有しなくたっていいと。

私たちの町は歴史が散逸してしまった。必要な生活インフラだけがあればいいというのではないんです。なんとかまとまって町の祭りができるようにしたい。そういったことも必要だし、歴史の再開も必要だと言っているのです。

私はとんでもないことを言っているかもしれませんが。

――日本の歴史では北海道に移住したりする例がありましたが、そのひな形のようなものはあったんですか。

ひな形は特に考えてはいませんでした。

ただ、まずもって狸と会話するような場所はごめんだと思った。なぜならやがてそこを去る時には、町の財産にして売って、等価交換にして、向こうで再建する時に費用がかからないようにしないといけないから。だったら最初からいい場所に住みたい。国はどんなふうになるか分からないから。等価交換しても見劣りしない、差益は出ても、差損が出ないような場所を考えていました。

全国の皆さんが心配してくれて、あっちの町が過疎だからどうぞとか。こっちの町のこの辺が過疎だからどうぞと言ってくれました。でも申し訳ないけれども、その人たちに言ったんですよ。「なんで私たちがそんなところに行かなければならないんだ」と。ちゃんとしたところを選びたいんですよ、私たちも。人の住まなくなったところは、それなりの原因があるのだから、そういうところは望んでいませんと。よく、「贅沢なこと言ってないで、あっちでもこっちでもいいじゃないか」って言われますが、私たちだっていい場所は欲しいですよ。

【用語説明】

七〇〇〇人の復興会議…双葉町復興まちづくり計画を策定するに当たり、双葉町復興まちづくり委員会と並行して、町民の意見、要望を広く集めることを主眼として実施された取り組み。二〇一二年八月から各地に散らばった双葉町民を対象に福島県の福島、いわき、郡山、会津若松、白河、南相馬の各市や新潟県柏崎市、埼玉県加須市、茨城県つくば市、東京などで、ワークショップ形式の会議、インターネット会議、マイノートの配布の主な三つの手法を通じて、復興に向けて取り組むべき課題などについての意見を募った。七〇〇〇人会議がはじまった八月には、それまで無料だった避難所での弁当が有料化となった。これは県内に残って避難している双葉町民からの「避難所の人たちはいい思いをしている。甘えている」というような声を反映しての措置でもあった。こうした指摘を受け、県内の仮設住宅に移る町民もいたが、仮設でも「タダ飯食ってきた」という非難を受けるなど、いったんできてしまった溝は深く刻まれていき、復興会議からのまちづくりは思うように進んでいなかった。

◆「仮の町」は産業化して輸出するつもりだった

——一つの町の資産価値を高めた上で、最終的に買い取ってもらうことを考えていたんですね。


そう。日本の国家はいつどんなことになるか分からない。それなりのところに構えておいて価値が下がらないようにしたい。そこを要求する権利はあると思います。

今私たちの町民は、半分以上働く意欲がないんですよ。みんな疲れ切ってしまっているから。それから今まで自分の商売をぎりぎりでやってきた人が双葉町には多いのですよ。だから、この際、賠償金をもらったら辞めるとか、後は老後資金にするとか、子どもたちは勝手にやるだろうっていう発想が非常に多い。

そうした時に、ふつうの町の町民と比べた時には見劣りしてしまう。町民たちを賄っていくためには、それなりの差別化をして価値を生み出していかないと追いつかない。そのような発想は、今度の新町長には伝わっていない。

私は仮の町のモデルをつくって輸出したいんですよ。外国からも来てもらって、見てもらって「こんな町いいね」という、そんな町をつくる。町という、平和で輸出先の国民から喜ばれるインフラビジネスができるんじゃないですか。何もないのだったら、町をつくればいい。今、いわきに帰って何をやるんですか、彼らは。災害公営住宅つくったっていっても、あんなものは陳腐でどこの世界でも望んでいませんよ。つくったからって町の復興になるわけがない。

ただ、一番安いものをつくって与えられるだけの流れの中に組み込まれているわけですから。私たちはあんな馬鹿な選択をしてはいけませんよ。だってこれだけの酷い思いをさせられたんだから、もっとちゃんとしたものを要求していかないといけない。

◆帰りたい人、帰りたくない人に、自由に選ばせ、支援するべき

私は二〇一一年九月頃、事故後開かれた首長会議の時に、仮の町を提案したんですよ。で

も皆聞く気がないなって思いました。これじゃあだめだと思って郡内の課長会議を開かせました。

——反応はどうでした。

みんな、理解できなかったようです。みんな先のことを考えられない。今のことで手一杯だから、一〇年先のこと、二〇年先のことなんて考えられないんです。

一〇年先のことというのは帰ることだから、彼らには仮の町という発想はない。だってそうでしょう？　みんな「帰る帰る」って言っているわけですから。帰りたい人は帰ればいい。帰りたくない人は帰らなければいいいんですよ。ところがその帰りたくない人を帰らせようとしているから、軋轢が生じている。

帰る帰らない、ではなくて、福島県の現在の放射能はこれです。チェルノブイリはこういう基準でやってます。皆さんはどちらを選びますか、でいいんじゃないですか。で、もし県内から県外に希望するなら、県費で支援しますよっていうのが当たり前でしょうね。あとその費用は東電に請求すればいいいんですよ。

――井戸川さんが仮の町のプランを言い出してから各自治体がそれぞれの仮の町、セカンドタウンというようなものを打ち出しています。

彼らのベースは福島県内なんですよ。私の場合は福島県内じゃないんです。私の仮の町は将来資産として売却したいものなんです。だから狸の出るようなところに仮の町をつくっても意味がないじゃないですか。そんなものをつくっても、やがて廃墟になる。

基本的に仮の町を県内に作ることはだめです。チェルノブイリの基準を適用すれば、今の福島県内の大部分の場所は住めなくなります。福島県のほとんどは、ベラルーシでもウクライナでも人は住んでいないレベルですよ。

今度の原発事故はレベル7なんですよ。事故を起こしたチェルノブイリでは原子炉は一基でした。こちらは四基ですよ。

文科省と東電が公表している数字は、信用できませんよ。**モニタリングポスト**もきれいに洗ってデータを取っていますからね。文科省で使っている航空機の空間線量も検証されていない。そういうデータを使って、「チェルノブイリより低いですから」って言われて、「はい、そうですか」って言っていること自体がおかしい。数値だって本来土壌レベルも加味した形※のレベルで公表しなければならないのに、日本の場合、土壌のデータを全く無視している。

【用語説明】

セカンドタウン…原発事故後、双葉八町村では、避難の長期化が見え始めると、役場機能を持つ「仮の町」や「セカンドタウン」といった長期間にわたる代替地構想があちこちで持ち上がり始める。上述の他、「町外コミュニティ」、「代替地」という名称もある。きっかけは井戸川さんが構想した「仮の町」だが、他に大熊町、富岡町が「仮の町」を構想、浪江町が「町外コミュニティ」を打ち出している。いずれも福島県内を想定している。

モニタリングポスト…大気中の放射線量を継続的に自動測定する据え置き型の装置。屋外に置く検出器と屋内に置く測定器がある。電力各社が原子力発電所の敷地内に、国が原子力発電所周辺の自治体を中心に設置し、リアルタイムの測定値を文部科学省や原子力規制委員会、そして電力各社のウェブサイトなどで公開している。測定データは原子力災害発生時に住民の避難対策のために活用する目的がある。

※　日本の避難管理区域の線引きは、吸収線量のSv（シーベルト）を用いて判断しているが、ベラルーシでは土壌の汚染表面の汚染度（ベクレル表示）で判断している。

◆過去に学ばなければ未来はない

ウクライナ、ベラルーシも最初は調査をやらなかったんですよ。福島県から県民が出ていくのはこれからですから。いったん戻るけれども戻ったのは高齢者ばかり。若い者は出たいと思っていて、なんらかのチャンスがあったら出ていきますから。

ウクライナでもベラルーシでも、そういうことで人口が増えないと危機感を抱いたんですよ。

だから国力を上げて避難させようとしたんです。

佐藤雄平前知事が間違っているのは、県民を減らさないために、今の段階で帰還させているからです。では将来どうなりますか。わざわざ被ばく地に押し込めて、何も発症しないことにしておいてどんどん住まわせて、わっと健康被害が出た時には県民は減るでしょうね。子どもたちが福島県にずっと住んだとして、将来結婚となった時、福島県外の親たちが納得するんでしょうか。

結婚する時になって、「ちょっと待てよ、福島県?」と考えるかもしれない。そうなったら人口はますます減るんじゃないですか。今福島県は人口が減る政策に励んでいるんですよ。「頑張ろう、頑張ろう」って、ニコニコしながら、結果として減らす政策に励んでいる。福島県内にお金を落とすために、外部に補助金を出して修学旅行を呼んだりして、応援のための物販をやったりしている。いろいろな団体を使って、人を送り込んだり、物を売ることに県費を使っているんですよ。

逆ですよ。そういうことにお金を使うんだったら、県外で避難している子どもたちのために投資すべきですよ。本末転倒も甚だしい。

【用語説明】

ウクライナ…ソビエト連邦崩壊後、一九九一年ソ連から独立した。人口約四五〇〇万人。首都はキエフ。チェルノブイリ原子力発電所は、旧ソ連がウクライナのチェルノブイリ近郊のプリピャチ市に建設された(一九七一年建設開始、七八年稼働)。事故後半径三〇キロメートル内を強制移住させ、現在も立ち入りには厳しい制限がある。

ベラルーシ…東欧に位置する共和制国家で、東にロシア、南にウクライナ、西にポーランド、北西にリトアニア、ラトビアと国境を接する。人口約九四〇万人。首都はミンスク。チェルノブイリ原子力発電所は、ウクライナの国境からわずか一六キロメートルしか離れていなかった。現在もベラルーシの約二一〇〇平方メートルが立入禁止区域「ポレーシェ国立放射線生態学保護区」となっている。

◆過去の経験を持論にする人間の集まりに、未来はない

未曾有の危機なんです。経験したことがない事態なんですよ。過去の経験を持論にしているような人の集まりでは、未来は見えてきませんよ。

国だって東電だって「これから我々をどうするの？」って言っても答えられない。彼らは頭はいいんです。資料や報告書を見たらすぐ覚える。でも、そこに書かれてないことから想像する、思いを馳せることができない。資料や報告書だけを見てこれからどうなるかを判断することはできる。

見る目がない連中が日本の原子力政策を進めてきたのです。その結果が今の私たちの姿です。それは日本の行政一般がそうです。彼らに夢を託したらいけませんよ。彼らに舵取りをさせたらいけません、もう日本は。

違う感覚で国を経営していかないと。変わることに彼らは不都合を感じているんですよ。憲法を改正したいというのは、官庁の役人たち。彼らがやりやすくしたいだけです。表向きは国家のためにということにして、自分たちのポジションをもっと確実なものにしていくためにね。

◆町の形を守るのではない。住民を、家系の継承を守るのだ

——仮の町の行方についてはどう考えていますか。

仮の町の行方は見えない。でも遠からずこれを選択せざるを得ないのではないかと思っています。県や他の首長は「帰ってこい帰ってこい」と言っていますが、では帰ってこいと言っている首長が、今後発生するリスクに対して、リスク契約ができるのか。そこで起こるリスクをあなたは背負ってくれるんですかって。そこに証文用意したから書いて下さいって言ったら、帰還する住民に対してその首長は判を押せるのでしょうか。

いったい住民の暮らしを守るということはどういうことなのか。

私は首長として、住民を守ることはまずその生命を守ることだと考えている。それは今生きている人だけの問題ではない。被ばくリスクというのは単なるその人の健康だけではないのですから。町を維持していくことは、将来もその家系を継承していかなければならないということ。人としてこれほど大切なことはない。被ばくによっていわゆる家系の継承に傷を残した時に、それはとてつもない損害となる。家系の継承は永遠だから。それを断ち切って

しまうことになれば、とてつもない損害になってしまうわけです。

だから私はまず家系の継承を守るんだと言っている。町の形を守るよりも、今はそれぞれ町民の健康を守って、家系の継承を図ることが、将来の町の立ち上げに繋がるんだと。それを顧みず、安易な安全神話に乗ってはいけない。何も発症しないだろうなんて思って帰ってはいけない。

私のリスクに対する考えは普通じゃないんです。二〇〇％の安全率を見ていますから。とにかく一〇〇％のリスクがあったとしても、東電とか国は五〇％とか六〇％ほどしか見ていませんから。私は一〇〇あるところは二〇〇見た上で家系の継承を考えているのです。

そうすると放射能のあるところに家系の継承はできないだろうという判断となる。安全に住めるところで、仮の町をつくり、集落をつくらないと伝統文化も途絶えてしまう。

子どもたちは今、学校の校歌を歌えません。中学でも歌えません。だってバラバラになっているから。双葉中学校の歌はどこの場でも歌われないんですよ。だからＣＤに吹き込んで各家庭に配らせました。「学校の校歌を忘れるな」って。

ふるさとがあるという気持ちでいるのと、ないという気持ちで生きていくのでは違う。自分の原点であるところ、コアになるところがなくなってしまったらバラバラになる。散り散りになっても戻ってくることができる、そうやって町は残さないといけない。

――双葉町だけでは、自分たちの主張を実現していくことはなかなか難しいかもしれません。為政者レベルはともかく、例えばそれぞれの町には、子どもを守るお父さんやお母さんの子どもネットワークのようなものがあります。言っていることは子どもたちの命、母子の生活権を守れと。内容はほぼ同じ。ならば連携していった方がいい。でも実際はむしろ分裂気味です。せめて行政で郡や浜通りで連帯できないものかと思います。例えば双葉郡の連合は難しいのでしょうか。

それはちょっと難しい。一つの市になって一人の為政者になればできるでしょうが。私が双葉郡の会長をやっている時は、会議の時は、一つにまとまろう、となるんですが、会議が終わってからは逆。その度にまたそれぞれの方向に散らばってしまう。それを繰り返していました。

互いの利益が共有できる時はまとまるんですが、それぞれに分かれるとバラバラになる。事故前もそうだったんですが。特に事故後はそうですよ。一つにまとまることは少ない。

主要各国における核シェルター普及率

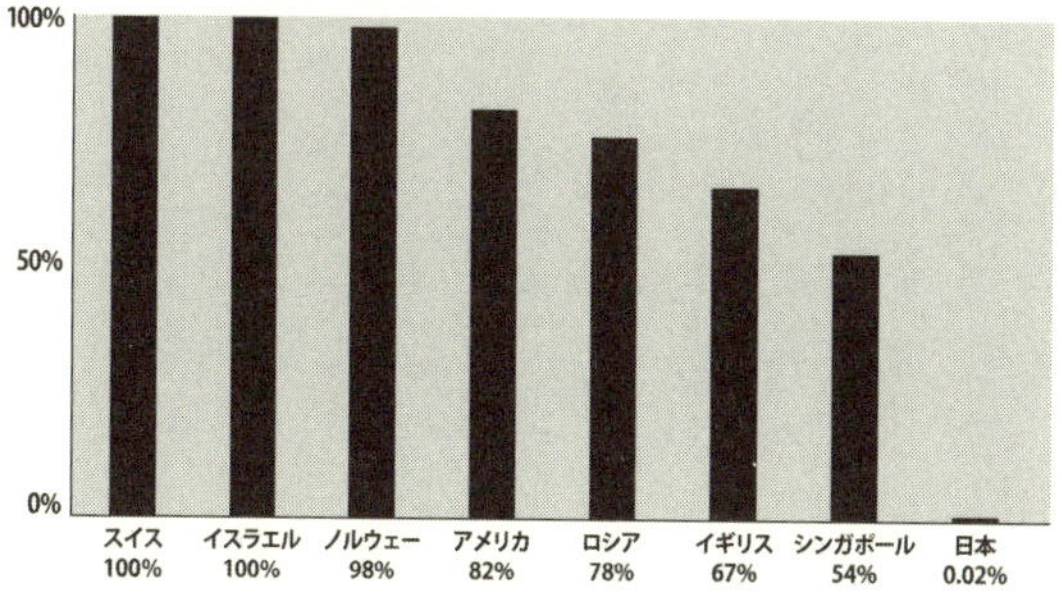

NPO法人　日本核シェルター協会調べ
*全人口に対し、何%の人を収容できるシェルターが存在するかを基準に作成しています。

各国別の全人口に対しての核シェルターの保有割合を示したデータ。NPO法人日本核シェルター協会ホームページ　http://www.j-shelter.com より引用（参照：2015年2月20日）。
欧米では家を建てる際に核シェルターを付けるのが当たり前になっている。スイスでは義務化されていたが、普及率がほぼ100%となり、常識化したため、義務化を外している。核戦争の避難先としてだけでなく、今後は原発事故の避難先として整備されるべきであろう

今度の双葉町の伊澤町長が「双葉郡の一員になって良かった」と言っていますが、彼が実際に町長をやっている時に、まとまっていくことができるかというと無理だと思いますよ。

つまり双葉郡の連合というのは必要だろうかってことですよ。要するにリスクをそれぞれがどう考えるかってことです。

今、双葉郡の首長たちはあれほど高リスクなところに帰るという施策を一所懸命やっています。早く帰って復興しなければならない。それにはインフラが整備され

ていないといけないと言っています。

原発の事故現場は活火山の状態ですよ。何か異変が起きたら人が近づけない場所です。

さらに心配なのは人材が離れていっていることです。自然退職、短期雇用者がいます。経験者が東電を含めていなくなっていて、未経験の仕事をこなしていくことができなくなっています。今度の事故は、東電の経営者が事故予防しなかったための人災です。人材育成と過酷事故を見抜く力不足です。今も東電は大事なことを公表しないようにしています。何を信用して良いかが分からないから、近寄れないのです。

インフラ整備などは後でもいいんですよ。まず家系の継承を図ることが第一であるべきなんです。今帰ることはリスクを増やしているんですよ。そのような時にそのような考え方をする人との連合は無理です。しかし、同じ価値観が持てるまでの交流はやらなければならないと考えています。

◆なぜ町長辞任に至ったのか

――町長辞任に至ったのは、やはり仮の町のアイデアが浸透していかなかったからですか。

私は辞任するつもりはなかった。辞任に値するものではないと思っていました。ただ私の考えを浸透させるのは、本当に難しかった。話を聞いただけでは、難しいと思うでしょう。実現性はかなり低い。突飛に聞こえるかもしれません。でも本当のことを言っているんです。復興のためには、仮の町が必要なんです。私は昔から他人が感覚的に考え付かないことをどんどん言ってきましたから。一〇年先、二〇年先のことを今言っていますからね。

議会が考えているレベルとは相当ギャップがあった。そのギャップの中で議会とうまくいかなくなって、それがずっと続いていった。次第に議会の方と、いろんな意味で対立が起きていき、対立ばかりになってしまった。前向きで建設的な話ができなくなって、彼らを説得するのに疲れてしまった。

彼らは、自分たちではそういう構想はなんら持っていませんから。残念なのは、彼らが予断をもって私に接してきたことでしたね。特に伊澤現町長などは私の話を聞こうとしませんでしたから。いろいろ仕掛けてきました。

一番先に仕掛けてきたのは、騎西高校に移った件です。町長が、私が勝手に独断で騎西高校に移っていったのではないかって、六月の議会で質問してきたんですよ。先に話したように、ちゃんと議会にかけて、了解を取ってあるんです。彼はそれを忘れているんです。

そういう攻撃から始まって、いろんな攻撃が始まったんですね。それで、双葉町は福島県内に戻らなくてはならない、よその被災町と並ばなければならないと、そう誘導したんでしょうけれど。

私は福島県に戻るのはまだ早いと。戻らないわけではないが、安全を確認するまでは戻らないということで、拒んでいたんです。ところが福島県内に置かれた町民は、私に捨てられたと思っていた。そう思い込まされていたんです。そういうムードをつくって、うまく誘導されて、要求書を出したんですね。二行半の要求書。だから私はこの要求に対してこういうふうに返したんですよ。よく分からないと。証拠を出してくれと。

議会が審議するには、一〇〇**条委員会**とか一一〇条委員会とかがあるのですが、それも開かずにいきなり一方的に出してきた。これはもう議決権の濫用ですよ。これが許されるのなら、何でもできますよね。

そしたら回答書を出してきました。でも読んでもよく分からない。

そんな中で不信任が通ったんです。これではちょっとまずい、と思って議会を解散した。つまり、住民の安全がなくなると。議会が解散すれば、新しい人が立って仮の町のプランも進むかもしれない。しかし新しい議員が立たなかった。つまりこの人たちとまた対峙するようになっても疲れるだけだと思って、今度は辞職をした。

辞職をしたんですが、一部の町民からやっぱり出てくれと、押されて立つことになったんです。

それでまず福島県内で双葉町の仮設のある郡山市で選挙活動をしました。郡山に三泊したんですが、二泊して、喉がものすごく痛くなったんです。きりきりしてきた。急遽埼玉に戻って、医者に行ったら血が出ていると言われて、止血剤を飲んだんです。でもその薬は副作用があるからあまり良くない、続けるなよって言われたんです。それで告示日の朝を迎えました。でも起きた時に声が出なかった。喉が腫れてしまって。これは本物だと。要するに被ばくだと。それで急遽出馬を取りやめたんですよ。そんなことです。

【用語解説】

一〇〇条委員会…地方自治体が議決により設置する特別委員会の一つで、地方自治法第一〇〇条に書かれているためにこう呼ばれる。地方公共団体の事務に関する調査を行い、関係者への聞き取りや記録の提出を請求、拒否した者には罰則が科せられるもの。通常の質疑応答や調査などでは事実関係が判明しない場合や、疑惑を引き起こした当該自治体内の人物に圧力をかけることなどを目的として設置されることが多い。ちなみに猪瀬前東京都知事の辞職のきっかけとなったのもこの一〇〇条委員会である。

第九章

世界は双葉を、福島を、日本をこう見ている

「日本政府は『このグローバー報告は間違いが多い』と反論したんですね。『ちゃんとやっています』って反論したんです。

私はここまで来て嘘を吐いていることに我慢できずに、外務省の職員のところで言いました。『仮設住宅がまともになっているか』と言ったら『サポートセンターをつくってやっています』と言い訳をしていました。でもやっていません。（中略）

被害者を会議に参加させているかっていうと、させていません。民主主義発祥の地であるヨーロッパでは災害対策会議なり、重要な会議の時には事故の被害者を参加させるのが常識なんです。独裁国家は別ですよ。」

「そのウクライナの子どもたちは、二七年前のチェルノブイリの事故の時には生まれていません。今の子どもたちですから、倒れるのは。これは容易ならぬことだと思いました。」

◆国内難民として国際的に認識された双葉町住民

国際的には、我々も有名になりました。被害者となり、可愛そうだなって言ってくれて、いろいろな方が支援してくださっています。国際的な人権組織からいろんな支援を受けました。ある時「こんなに支援していただいてありがとうございます」って言ったら「遠慮しなくていいんだよ」って言ってくださった。世界中で、「日本も過去にそういう援助をしてきたんですよ。双葉町の皆さんは国際的には難民に指定されているのだから、もらってください」って言われたんです。国際的な認証づけでは、私たちは国内難民ということにされているんです。ショックでしたよ。本当の話なんです、私たちが難民というのは。

◆国連人権理事会が関心を寄せる双葉町

事故後、ある団体を通じてジュネーブにある**国連人権理事会**に二〇一二年一〇月に招待されて、行きました。

そこでは国連職員が私たちの現状を聞くわけではないのですが、講演会を催してもらい、住民の方、マスコミの方が話を聞いてくれました。言葉は分かりませんが、サインを求める人がいました。私は「これでどんな効果があるのかな」と思って語っていましたが、二〇一二年一一月に、国連人権理事会の特別報告者である**アナンド・グローバー氏**、そして国連職員が日本に調査に来てくれたんです。

彼らは福島県内をずっと回ってくれました。モニタリングポストの場所で数字を見てもらいました。多くの町民は線量計を持っていますから、住民たちが計る数字とモニタリングポストの数字は、極端なところでは倍くらい差があるところもあります。そういうところを確認していただきました。私は同行しませんでしたが、仮設住宅の状況も見ていったそうです。東京で私の話を二時間ほど聞いてくれました。私は起こったこと、見たこと、体験したことをありのままに話しました。別にオーバーに言う必要がありませんので。今の現状を淡々とふつうに話しました。ふつうにふつうじゃないことを喋ったわけです。

【用語説明】

国連人権理事会…国際連合人権理事会（United Nations Human Rights Council, UNHRC）のこと。国際連合総会の補助機関の一つで、国際連合加盟国の人権の状況を定期的かつ系統的に見直すことにより、国際社会の人権状況を改善し、人権侵害に対処することを目的としている。

アナンド・グローバー…国連人権理事会の特別報告者、弁護士。福島の原発事故後の健康に対する権利について調査するため、二〇一二年一一月には福島県を訪れており、翌二〇一三年五月の国連人権理事会に調査報告書を提出。被災者の健康を配慮しての施策の実施を勧告した。

国連人権理事会サイドイベントでの井戸川さんの発言

私たちは人権を重んじ、健康で平和な暮らしをしてきました。原発の誘致は事故を起こさない約束でした。国の原子力安全・保安院と東京電力は事故を心配する私の前で「町長、事故は絶対起きない。止める、冷やす、閉じ込めるが完全にできるので安全です。心配しないでください」といつも言っていました。しかし、レベル7という世界最大、史上最大の事故を起こしたのです。日本政府は私に避難指示は出しましたが、どこに、どのようにして、いつまでと言う指示も協議もしていません。昨日、日本政府はしっかりやっていると反論していましたが、私は当時町長として何の指示も相談もされた記憶がありません。優しい対応は誰にしたのでしょうか。県民健康調査は県民の意向が反映されない形で実施されている。しかも、検査を受けた住民には検査結果を教えません。本人が知りたいと言うと、情報開示請求をさせます。当然知る権利を福島県は侵害しています。人権無視です。また、福島の子どもたちには二〇一三年度から学校給食として福島県内の食物を食べさせています。これは二〇ミリシーベルト／年を年間限界線量としている事が可能にしています。現場では事故は収束していません。今も放射能を放出しています。汚染水の処理は前進していません。仮設住宅のサポートセンターも聞いたことがありません。役場に確認しても聞いたことがないという返事でした。このように私たちに政府と東京電力は多くの事実を隠しています。私たちとの災害対策会議は一度も開催したことがありません。私たちの意見は反映されたことが有りません。政府は勝手に事故の矮小化をしています。双葉町の町民の中には甲状腺のガンの手術をした方もいます。ですが、県には知らせません。隠ぺいされるのが怖いからです。

福島県は我々に被ばく予防のＳＰＥＥＤＩ情報を隠しました。このことで町民は無用な被ばくをさせられました。何故に私たちの人権と健康権を福島県、政府は侵すのでしょうか。私は今まで事故の加害者（政府、福島県、東電）に謝罪と補償と訂正を求めてきました。グローバーさんの報告に対しての昨日と本日にかけての日本政府の反論を立証する事を強く求めます。

日本国 福島県 双葉町民 井戸川克隆

「前双葉町長・井戸川克隆氏による国連人権理事会サイドイベントでのスピーチ」（二〇一二年一〇月二八日）認定ＮＰＯ法人ヒューマンライツ・ナウホームページ　http://hrn.or.jp/activity/event/post-207/　より写真・文ともに一部引用（参照：二〇一五年二月二〇日）

◆日本政府の対応に厳しい勧告をしたグローバー報告

それから二〇一三年の五月二七日に国連人権理事会が開かれ、**グローバー報告**がなされました。私も参加しています。

その中では日本政府に対して、いろいろな勧告がなされました。まず、「避難者を仮設住宅に住まわせ続けてはいけない」というもの。それから「国が被ばく線量の限度を一ミリシーベルト／年未満とすること。健康調査をちゃんとやりなさい」とも指摘されていました。さらに「重要な会議には事故の被害者を参加させなさい」とも言っています。

国連特別報告者アナンド・グローバー氏
日本調査報告書勧告

原発事故の緊急時について

原発事故の緊急時対応策の策定と実施に際し、日本政府は以下の勧告に従うよう強く求める。

a．原発事故の緊急対策計画を定期的に見直し、確立すること。指揮系統を明確に示し、避難地域や避難場所の特定や弱者支援の指針を規定すること

b．原発事故の影響を受ける危険性のある地域の住民と、事故対応や避難対策など災害対策計画について協議すること

c. 原子力事故発生時には、即時に災害関連情報を公表すること

d. 原発事故発生時には、事前に、または即時にヨウ素剤を配布すること

e. 被ばく影響を受ける地域について情報を収集し、情報提供するために、SPEEDIなどの技術を迅速かつ効率的に活用すること

健康調査に関して

原発事故の影響を受けた人々に対する健康調査について、日本政府は以下の勧告に従うよう強く求める

a．長期にわたる包括的かつ広範な調査を実施し、必要とする人に適切な処置・治療を行うことを通じて、放射能の健康影響を継続的にモニタリングすること

…………

特定非営利活動法人Our Planet TV ホームページ http://www.ourplanet-tv.org/?9=node/1589 より一部引用（参照：2015年2月20日）

【用語説明】
グローバー報告…国連特別報告者、アナンド・グローバー氏が二〇一三年五月に国連人権理事会に提出した調査報告書のこと。前年一一月に行った視察を元に、現地の放射能の状況は低線量ではあるが、健康に悪影響がある可能性の高いこと、被ばく線量の限度を一ミリシーベルト／年にすること、避難者に避難するかとどまるかの選択の自由を与えることや金銭的サポートの重要性などを勧告する内容となっている。

◆日本は民主主義国家か独裁国家なのか

これらに対して日本政府は「このグローバー報告は間違いが多い」と反論した※んですね。「ちゃんとやっています」って反論したんです。

私はここまできて嘘を吐いていることに我慢できずに、外務省の職員のところで言いました。「仮設住宅がまともになっているか」と言ったら、「サポートセンターをつくってやっています」と言い訳をしていました。でもやっていません。サポートセンターをつくったなんて聞いたことないですから。

被害者を会議に参加させているかっていうと、させていません。民主主義発祥の地であるヨーロッパでは災害対策会議なり、重要な会議の時には事故の被害者を参加させるのが常識なんです。独裁国家は別ですよ。

双葉町をはじめ私たち原発立地自治体は、事故前は政府と県、東電と市町村との縦の連携の**災害対策会議**があったんです。

ところが今度の事故では、それが開かれていない。事故後一回も開かれていないんです。全部政府が欠席裁判のように当事者が不在のままいろいろ決めているんですね。我々は参加させられれば、ちゃんとこちらの要求をします。それは彼らにとってきっと不都合なんでしょう。

本来福島県が開くべき災害対策会議に被害者が参加させられないで、「帰ってこい、帰ってこい」って言われている。本当におかしいですね。

だから「それを言うなら参加させなさい」と、私は事あるごとに国の代表者、職員に申し入れています。被害者を会議に参加させてくださいと。

それから「健康調査、ちゃんとやっていますか?」とも聞きました。「やっています」と言う。「じゃあ、私のことをいつ調べたんだ」と言いました。「調べていないよな」と言いました。彼らは答えようがないですよね、黙っていました。私を黙って睨みつけていただけでした。

このようなことがいっぱいあるんです。次から次へ自分の都合のいいことだけをやっているのが今の日本政府なんです。世界の常識が通用しないんですよ。

【用語説明】

災害対策会議…原子力災害対策本部会議のこと。福島第一原発事故について、原子力緊急事態に係る緊急事態への対応を推進するため、原子力災害対策特別措置法に基づいて設置された原子力災害対策本部が開いている。

※　日本政府は二〇一三年五月に、特別報告者による報告書公表にあわせて、三三ページにおよぶ報告書へのコメント、批判、修正要求を発表している。低線量被ばくについては「広島と長崎のデータに基づき、被ばくに健康への影響は一〇〇ミリシーベルト以下の水準であれば、他の原因による影響より重大ではない、または存在しないと信じられている」と主張。「追加的な放射線量を年間一ミリシーベルト以下の放射線レベルに下げることは長期的な目標」としたが、その長期的なスケジュールは提示していない。さらにいわゆる「子ども被災者支援法」については支援法の「支援対象地域が、年間放射線量一ミリシーベルトを超える地域を含むべき」という文言に対して、「予断に基づく文章であるため、削除すべきである」と述べ、一ミリシーベルト地域住民への健康調査をすべきとの提言に対しても「科学的根拠が乏しい」と受け入れを拒否するなど、強硬な姿勢に終始している。

◆ウクライナでは一ミリシーベルトでも健康被害が出続けている

アナンド・グローバーさんの報告のためにジュネーブ入りした時に、ウクライナにも行きました。ウクライナには八日間くらいいて、あちこち見てきました。

ウクライナではチェルノブイリ博物館、ナロージチ地区という所に行って現地を見ました。

チェルノブイリ博物館では、非常に生々しい映像を見ました。映像も撮ってきました。副館長の説明を受けました。非常に厳しい環境で作業して多くの方が亡くなった現状を見てきました。子どもたちの写真もいっぱいあって、彼らも亡くなっているんです。

その後ナロージチ地区に行って、避難させられない、避難しないで二七年間住み続けてきた町の病院のドクターの話を聞いてきました。ドクターいわく、子どもたちは集会で並ばせると、必ず毎回一〇人くらいが倒れてしまうんだというのです。筋肉が弱いのだそうです。

もちろん学校で運動ができない生徒もいると。九〇%くらいがとにかく何らかの影響は受けているのだと。甲状腺ばかりじゃないですよ。疲れやすいんです。そして集中できません。心筋梗塞やら何やらいっぱい病気が発症しますから。

そのウクライナの子どもたちは、二七年前のチェルノブイリの事故の時には生まれていません。今の子どもたちですから、倒れるのは。これは容易ならぬことだと思いました。**ドイツ放射線防護協会**会長で、ＥＣＲＲの**セバスチャン・プフルークバイル**博士ともお話していますが、ドイツでもチェルノブイリの後遺症が今もって出ています。だから注目しています、いろんな病気が出てます。甲状腺だけだとは言っていませんでした。決して一ミリシーベルト以下だから安全だということはありません。

ＩＡＥＡもＩＣＲＰも、厚生労働省もそうだけど、放射能の影響を甲状腺だけにしていますが、決してそんなことはありません。本当に恐ろしいほどの病気を発症します。だって免疫不全になるんですから。遺伝子が壊されるわけです。

海の魚を食おうとか、漁業を再開しようとか、県内に戻ってこいとか言っていますが、とんでもないことだと。ベラルーシの研究報告によれば、放射能レベルはかなり低いですよ。それを確認してきました。でもその現状と福島の現状を比べた時、福島の今はとても住むところではないと。そういうギャップを感じてきて、私は常に福島は住むところではないと言い続けてきました。

――福島の事故前、チェルノブイリの事故を知った時、ああいった事故は福島でも起こりうるという気持ちがありましたか。何一〇年、一〇〇年単位でそこに住めなくなるという気持ちはあったんですか。

事故前は、起こりうるというより、起きてほしくないという気持ちはありました。されど起きてしまったらああいうふうになるとは思っていた。起きてしまった今、その気持は半端でないですよ。私が「三〇年は戻れない」と町長退任の時に言いましたが、あれはサバを読んで言ったんですよ。私は放射能は永遠に無くならないものだというくらいに思っています。

3．11の前と後では当然ですが、ベクレルの単位が違う。平成九年度の科学技術庁のデータと今の基準を比較すると歴然です。あなたはどちらを選びますかって。一ベクレル以下でないといけないというのを常識としなければいけない。

でもプフルークバイルさんが、騎西高校に来て一緒に歩いた時に、おっしゃっていた。今のヨーロッパの基準は高過ぎると。だからいまだにドイツでも被ばくの影響が出ているんだという話を伺ったのです。

【用語説明】

ドイツ放射線防護協会…Gesellschaft für Strahlenschutz e. v.　略形ＧＳ。一九九〇年に設立された専門家の市民団体。電離および非電離放射線の悪影響から人間と環境を守るため、最良の放射線防護を達成することを活動目標としており、さまざまな調査報告書や提言を発信している。

ＥＣＲＲ…European Committee on Radiation Risk の略で欧州放射線リスク委員会のこと。ベルギーに本部を置く市民団体で、欧州評議会や欧州議会、国際連合、各国政府とは関係をもたない私的団体。一九九七年、欧州議会内の欧州緑の党がベルギーのブリュッセルで開催した会議の決議によって結成された。湾岸戦争やイラク戦争で使用された劣化ウラン弾やチェルノブイリ原子力発電所事故、福島第一原発事故などに付随する放射性物質の健康問題に関連した活動を行っている。

セバスチャン・プフルークバイル…ドイツ放射線防護協会の会長。欧州放射線リスク委員会副会長。長年ドイツにおけるチェルノブイリ支援協会の理事を務めており、放射線が原因とみられるがんなどの健康被害の問題の専門家。

◆エネルギーの主権者は企業ではない、国民だ

国は人道上の責任は果たしていませんね。避難においても窮屈な思いをさせていますし、どこにどのようにいつまでって、いまだに政府から言われていません。

避難指示しか出していないんです。被ばくも健康被害も健康権、人権を無視した形で、我慢を強いている。憲法には、国民の皆さんは我慢をしなさいって書いていますか。原発のために国民の皆さんは我慢しなさいって書いてありますか。ないですよね。

だけど実際は、関東や静岡、愛知にも放射能があるそうですから、健康被害が心配ですね。私はヨーロッパのように**中立的な倫理委員会**が、必要だと思いますね。

でもそれをつくられて一番困るのは、政府だと思います。なぜなら嘘をついてきたから。でも今は絶対必要ですね、中立的倫理委員会が。国民主権とエネルギー主権のために。

エネルギーと地球資源は独裁者や企業のものではないです。今中立的組織は日本にはないですが、できつつありますね。エネルギー源というのは人類共有のものであって、企業や特定者だけのものではない。

【用語説明】

中立的な倫理委員会…国家や企業などの組織が何らかの目的を持ったプロジェクトを遂行する際に、その方針を倫理的側面から方向づけるため、さまざまな分野の専門家や有識者を集め、議論や提言などを行う組織のこと。脱原発に舵を切ったドイツでは、アンゲラ・メルケル首相の要請に基づき、二〇一一年四月四日から五月二八日まで設置されていた。カトリックとプロテスタントの両派から首相自らが一〇人を委員に選定。非公開と公開での議論を経て、報告書を提出し、脱原発の促進に貢献した。

第一〇章　自立する自治体となるために

「私が就任した当時、原発関連の収入は財政の七〇%近くに達していました。相当高い。私はこれを五〇%まで引き下げたいと考えていました。せめて自主財源を五〇%にする。

自主財源を五〇%にするためには、企業誘致といった他力本願的なものではなくて、あなたが起業家になってくださいと、町民に呼びかけていたんです。町の農家一人ひとりに経営者になってもらって町を再建しようと考えて、原料販売から加工品販売までを担う六次産業化を目指したんです。」

「『原発を受け入れた双葉町が悪いんだ』と。『お前たちが原発を誘致したからこんなことになったんだ』と言われます。その通りです。しかし、末端行政の町には限界があることを分かっていただきたいと思います。

それに誘致は福島県の関与がなければできません。県から、東電からもこんな事故は起こさないって言われていたのに、起きたのです。」

◆事故を起こされた立地自治体の責任

――今回の事故が起きてから、全国から「そもそもどうして原発を受け入れたのか」という声が寄せられたと思います。

原発を冷却するという考えからすると、海沿いにつくることになる。日本の原発は全て海沿いですね。福島県では浜通りのどこかということになる。

福島第一原発は、双葉町・大熊町にあった昔の飛行場の跡地を西武の堤系列が大分買ってしまった。飛行場に接収される前は私の家の所有地でもあったんです。だから東京で話を進めるのは非常に有利になっていた。更地から買うとなると反対運動が起こって、結構抵抗が強かったと思う。

諦めに近い状態ですね。半分は東電が先に押さえてしまっていたので、やりやすかったと思う。福島県も相当乗り気だったし、福島県選出の国会議員も乗り気だった。

土地も痩せた、産業らしい産業もない貧しい地域でしたから総じてウエルカムだった。

私たちは県内でも、「お前らが原発つくったからこんなことになった」と言われていますが、そうではないんですよ。福島県に原発の金がいくら入ったかっていうことを計算してから言っていただきたい。多くの金は福島県に入っているんです。原発はお金を生む金の卵だったんですよ、県にとっても。

当初東電は、原発は二〇年で廃炉にする※って言っていたんです。ある地権者の方の息子さんから聞いた話ですが、お父さんに代わって参加した説明会では、原発は二〇年経ったら廃炉にして、そこをきれいな公園にして戻すと言っていたと。それから避難用道路はいっぱいつくると言っていたと、話してます。それが何一つできていないまま、運転の継続がなされてきたんです。避難用道路なんか何にもつくられていません。私たちは避難用道路として国道一一四号の拡幅をずっと福島県に要求してきたんですが、一切されてない。

だから私たちは今回逃げるのに一時間で済む所を八時間もかかってしまった。その間ずっと放射能にさらされながら。子どもたちは無防備で被ばくしてしまった。住むところを奪われて、放射能のゴミ溜めにされようとしている。まさに踏んだり蹴ったりなんですよ。

※　原発は一五年で減価償却することになっている。当初の計画ではこれをめどに廃炉にする予定だった。

――福島県と双葉町の関係はどうだったのでしょう。

親分、子分の関係ですね。町が決められることというのは、やはり限界がありますから。原発政策は広域的に決められますから。その県の誘導、県が主体的にものを決めるようなことで、なんか追従するような、もどかしい関係でいましたね。地方分権はない。今度の中間貯蔵施設の進め方においても、佐藤前県知事は広域行政の長として双葉郡の双葉町、大熊町、楢葉町につくるんだと言っていました。でも果たして行政手続上の問題からすると、我々基礎自治体の了承を得ずに県知事が我々のことまで決めることができるのか。それで調べたことがある。

福島県からは、「各町村のことまでは決められません」という回答をもらっている。県知事は、中間貯蔵施設を引き受けざるを得ないと判断していますね。そこに疑問がある。これから法体系を調べなければならないと思っています。

地方分権は現在の行政、政治の流れですが、その地方分権の名の下に、国に対して福島県も頑張ってきていますよね。ならば私たちも県に対して頑張らないといけません。そういう事実からすれば、双葉町の民意が確定していないのに、勝手に中間貯蔵施設の受け入れに言及してしまった知事は、いかがなものか。彼は今後三〇年で県外へ持ち出すことの責任をきちんと取れると信じていますけれども。

とにかく私たち双葉町の民意は、まだ出ていませんから。そもそも県からきちんと説明を受けていませんし、了解もしていません。中間貯蔵施設の測量についても、会議録を見ると参加した自治体はみんなほとんど疑問なんですよ。ごく一部の利害はあるようですが。

——井戸川さんは昔から県や国と対峙することはあったんですか。

そんなことはないですよ。昔はそれなりに仲良くやってきました。ただ、事故後の対応が酷い。嘘をついて、騙しているから。こちらは大量の被ばくをしてしまって「直ちに影響はない」と言っていたから。「ふざけるな！」と。そこでぷつっと切れたんです。

あとは福島県も放射能の影響がないとか、言い続けています。SPEEDIの情報を隠して、放射能の影響がないと言って、ケロッとしていますしね、責任も取らずに。これだけのことをやっておいて、あの人たちは何もしないでいいのかという思いが強くなって、怒っているわけですよ。

誰のために県政をやっているのか、一人のマスターベーションのために県政をやっているんじゃないと。多くの県民のためにやらなければならないのに、自分の思いだけで舵を取られてたまるかと。そういう思いですよ。

国や県には正しい情報でもって、正しく住民を守ってもらいたい。

国と県との一番先の対峙っていうことで言えば、放射能の被ばくの検査をしっかりしてもらいたいということです。私は事故後ヨウ素反応があるうちに、八日以内にできるだけやってくれと東京電力、国、県に申し入れをしたんです。「日本に**ホールボディカウンター**が何台あるんだ。世界に何台あるんだ」と。「どんなことをしてでも測ってくれ」と。ずっと言い続けていましたから。

それをやらなかったから信用がおけないんです。放射線の被ばく量の確認というのはしておかなければならない。将来の病気の防止のためにも、これを強く強く、当時の福山官房副長官、菅総理と会った時にも言った。しかしこれをやらない。これは何かあるな。意図的にやらないんだ。やらないためにやらないんだと思ったんです。それを感じた時に対峙が生じた。

もう一つ、我々はなぜこういう思いをしなければならないのかって、国に言いました。菅元総理が騎西高校の避難所に来た時も「この高校にも好んでいるわけではない。行くところがないからいるだけだ」と。「だからこの次はちゃんとしたところをいち早く用意してほしい。長い期間避難するのだから、長く住めるところを用意して欲しい」と頼んでいるんです。

だからずっと避難所を騎西高校に置き続けてきたんです。

避難所は閉じられてしまいましたが、私は時の総理大臣に「ここから出る時には、もっと集団化したところに住みたいから、仮の町を準備してくれ」と頼んである。当時の総理に頼んである。

だってそれ以上に頼むところはないじゃないですか。私たちはそのまま置かれているから、国に対して「やるべきことをやるべきだ」とだけ言っているんです。国がやらなければ、東電がやればいいんですが、やらない。

やらないところに国がしゃしゃり出てくる。被ばくの問題が、二〇ミリシーベルトだなんだといろんなことを言ってくる。だったら国が責任を負うべきではないでしょうか。町民を県外に出したかったけれども、これをまた県に拒まれた。そういう意味で県、そして国との対峙がはじまったんです。今も続いていますね。

【用語説明】
ホールボディカウンター（ＷＢＣ）…人体に取り込まれた放射性物質の量を測定する装置。全身を対象に、人体から放出される放射線の量や種類を体外から計測する。個人の内部被ばく線量を測定するもので、体内に存在する放射性物質の量を調べることができる。メディアなどではＷＢＣと略されることも多い。基本的に飛距離の長いγ（ガンマ）線を測定するため、飛距離の短いβ（ベータ）線やα（アルファ）線は測定できない。

◆原発事故が財政再建の希望を砕いた

――井戸川さんはもともと財政再建を掲げて町長になりました。当時双葉町は健全化団体に指定されていましたが、公約通り財政再建を果たして、健全化団体から脱出させています。

私が町長時代に**早期健全化団体**から脱却しました。

事故前に双葉町が財政危機に陥り、その再建のために町長の給料の五〇％削減を選挙公約として当選して、二〇〇五年に町長になりました。それは私の苦難のはじまりでした。初めて町役場に登庁して、翌年度、二〇〇六年度の予算の話になった時に、総務課長が、「町長、来年度の予算は組めません」と言うんです。私は「えっ、そこまでひどいのか?」と予算の内訳を見ると、本当にひどい。歳入の見込みがない。「なぜここまでひどくなったんだ?」と訊くと「言えなかった」と。

さあ困りましたね。町長やるって言ったので、逃げ出すわけにいかない。頭をひねりました。

双葉町には福島第一原子力発電所の五号機と六号機がありました。今回の事故では定期点検中で爆発はしませんでした。この二つの原子炉は、日本で原子力発電が始まった頃の初期のもので、双葉町には早い段階で建設されましたから、出力も小さかった。また国の**電源三法交付金制度**は、初期の原発の頃には整っていなかったんです。

また初期の電源三法交付金は箱ものなどにその使途が限られていましたので、つくる時はいいんですが、後の維持管理費は自前で賄わなければならない。

原発関連の収入では電源三法交付金の他、固定資産税が大きいんですが、原発の法定耐用年数は一五年と決まっていて、固定資産税は年ごとに減り続け、一五年でほぼゼロになる。だから箱ものをつくったために財政がどんどん圧迫されていくわけです。電源三法交付金は、ようやく二〇〇三年一〇月に法律が改正になって、いろいろ使えるようになりましたが、それまではどんどん町の財政を圧迫していった。

私が就任した当時、原発関連の収入は町の財政の七〇%近くに達していました。相当高い。私はこれを五〇%まで引き下げたいと考えていました。せめて自主財源を五〇%にする。

自主財源を五〇%にするためには、企業誘致といった他力本願的なものではなくて、あなたが起業家になってくださいと、町民に呼びかけていたんです。町の農家一人ひとりに経営者になってもらって町を再建しようと考えて、原料販売から加工品販売までを担う六次産業化を目指したんです。

でもそれが実を結ぶまでには、時間がかかる。目の前の財政危機をどう乗り越えるか。知恵を絞りました。

私は商売をやってきましたので製造物の原価を見る癖というのがあった。そういう観点で見るとコスト高になっていた。それをカットするだけで、なんとかしました。

例えば、ある施設では毎日点検して、報告するメンテナンス行為がありました。それを止めろと。これを一週間か一ヵ月に数回にしろ、というふうにして「一〇〇〇万円に削れ」と。「もしできないというなら、俺のところに業者を連れてこい、値踏みするから」と。

業者はこなかった。「やれます」と言いましたと。「ほらみろ」と言いました。

そういうことで平成一八年度（二〇〇六年）は、贅肉の部分を切りました※。この後が大変でした。絞った後、切っちゃった後だから、一九年度は全く金がなかったんですよ。こんなふうに満足に話せるような状態ではなかった。今もそうですが、その頃はきつかった。激痩せしましたね。痩せる思いというのはこのことですよ、借金はしたくないわけです。借金すればなんとか乗り越えることができたでしょうが、借金はしない、絶対したくないという意気込みでやっていましたから。

そこで思いついたのは、**七、八号機の増設の初期対策交付金**です。五年間で五〇億くらいが貰えるところが、東電のトラブル隠しで事業凍結を打ち出したために貰えずにいたんです。そのことを県の部長に相談したんです。

そしたら「大人の考えですね」と言われた。私は「ありがとうございます」とすかさず返して、「じゃあ大人の考えをしますから」と私は言いました。

県も町の状態を見ていましたから。にっちもさっちもいかないと。努力して努力してそれでも追いつかないということで。もらえることになった。それでつないだんです。あの予算がなかったら、双葉町は完全に倒産でした。三月一一日は、まさに二〇一〇年度中で、二〇一一年度の予算審議をしている議会の最中でしたから。そこでプラスにしようと。私が二〇〇六年度に作った再建計画どおりに上昇カーブは描けていた。財政破綻の危機をなんとか乗り切ったんです。危機回避は行政コストのカットがポイントだったんです。

——でも七号機、八号機増設には前向きだったわけですね。

その時は前向きでした。事故前は。予算審議の時には、町民にも「支出を切りに切ったから、今度は少し面倒をみるからね」って言っていたんです。町民も喜んでね。「よかったね」って言ってくれていた。「だけどもね、嬉しいんだけども、大きな災害がないといいんだが」って返したんですよ。「大きな災害がなければいいんだが。それがなければ、町はとんとんと行くから」って。だから正直言えば、その頃は増設の機運でした。

でも将来的には原発に依存する割合は下げていこうと思っていました。いずれ廃炉にはなるんだから、明日からどうしようではなくて、その時まで一人ひとりが経営者として自立していく意識を持たないと。工場誘致という他力本願では、もういけないと。

だから長野県の小布施町などを視察したり、いろいろな地域のまちづくりを見に行った。自立したまちづくりをしていこうと思って、そういう雰囲気づくりをしていた。それは七、八号機の増設を契機としてですが。

それと、今だから言えるのは、七、八号機増設に前向きだったのは、大熊町の一、二、三号機を廃炉にしたかったから。これらの炉は期限が来ていましたから。ただ当時は隣町のことまで双葉町は干渉できなかった。でも気持ちは早く止めさせようと思っていた。早くつくって止めさせようと思った。

古い炉を止めて新しい原発にしていけば、いくらか安全ではないかと考えたんです。

そのことを福島県に相談したら、当時さすがに県でも「危ないから増設はだめだ」という機運だった。でも私は「違う」と言ったんです。「古いものを止めることが安全につながるんだ」と。新しいものをつくることで、そこの現場から、新しい技術者が生まれてくる。現場が安全になっていく、と。
　その考えのもとに、いずれ東京電力が「つくらせてください」と言ってきた時には、安全対策をあちらこちらと、いろいろ注文しようと思って待っていたんですよ。そうしないと安全は確保できないと思っていましたから。

【用語説明】
早期健全化団体…自治体財政健全化法の基準で財政悪化の兆しがあるとされ、自主的な財政再建の取り組みが求められる地方公共団体を、財政健全化団体と呼ぶ。財政状況が悪化すると、財政再生団体に指定される。さらに、健全化判断比率のうち、実質赤字比率が三・七五％（都道府県）、一一・二五～一五％（市町村・特別区）、もしくは実質公債比率二五％、連結実質赤字比率（実質赤字比率に五％を加えたもの）、将来負担比率（都道府県および政令市四〇〇％、市町村・特別区三五〇％超）のいずれかの値が基準を超えると、早期健全化団体に指定され、外部機関による監査の実施や財政健全化計画の策定が義務付けられる。双葉町は実質公債比率が二九・四％と二五％を超えたため、早期健全化団体に指定された。
電源三法交付金制度…国が電力会社から電源開発促進税を集め、原発などの発電施設が立地する都道府県や市町村への交付金、補助金に充てる制度。原資は電力の利用者が支払う電気料金。電源三法とは、「電源開発促進税法」、「特別会計に関する法律」、そして「発電用施設周辺地域整備法」の総称。
七、八号機の増設…双葉町では一九八〇年代から七、八号機増設の話が持ち上がっており、岩本前町長時代に増設が決定されていた。原発は決定されるとまず地盤調査、環境アセスメントのための電源立地等初期対策交付金が交付される。しかし二〇〇二年に福島第一第二原発、新潟柏崎刈羽原発において長年にわたる定期点検のトラブル隠し（記録改ざん）が明るみに出る。当時の福島県知事であった佐藤栄佐久氏はこれに激怒、増設計画を凍結すると発表した。トラブル隠しが明るみに出たのは、原子炉メーカーであるアメリカのゼネラル・エレクトリック・インターナショナル社（GEII）の元技術者が、内部告発したからだった。このトラブル隠しは、二〇〇〇年には東電から通商産業省（現・経済産業省）に伝わっていた。通産省は二年にわたって公表しなかった。折しも一年前の二〇〇一年は、原子力安全行政の要となる「原子力安全・保安院」が発足したばかりだった。佐藤栄佐久知事が激怒した背景には、単にトラブル隠しが行われたことだけでなく、東京電力と国もグルだったことが判明したことにもある。この知事の判断を受け、双葉町を含む、大熊、富岡、楢葉の立地四町は、別に進行していたプルサーマル計画と原発増設の凍結を申し合わせた。

初期対策交付金…正しくは「電源立地等初期対策交付金」。電源立地地域対策交付金の一部で、原子力発電所や核燃料貯蔵施設の建設予定地の都道府県、あるいは市町村に支払われる援助金のこと。発電用施設等の立地を機に町おこしを支援する目的で平成一一年（一九九九年）に創設された。

※　町長に就任した井戸川さんは、賛否渦巻く中、財政改革を断行した。すべての公共事業を見直した。やりかけのものでも、必要がなければ切った。国、県から予算のついた共同事業でも、町側の出費ができないから中止してほしいと、国や県に頭を下げている。一時期自らの給料は手取りゼロとし、町の管理職は二〇％カット、一般職員の給料を一五％カットした。しか

し、そういった細かい歳出カットには限界があった。

　井戸川さんは最終的に原発に頼らない自立した町をつくろうとしていた。郷土料理の開発販売にも取り組んでいる。

「町民の可処分所得を上げようとしたんです。直売方式にして中間マージンを減らして、手取りを増やしていこうと思ったんです。町民の皆さんは長年人任せの癖がついてしまっていた。自分たちで何かを拓いていこうという意識が足りなかったので、そういう意識を持ってもらうつもりでした。町が豊かでなくても、自分たちでやろうとしないから。」

　町内の会社、農業者、商業者、観光業者らに話し合ってもらい、眠っている町の資源探しを行い、東京で売り出せるかを検討した。その結果、地元の家庭料理だった「サケの味噌漬け」を商品化。実際に東京・日本橋の高島屋で三年連続で一週間の物産展を開いた。サケの味噌漬けは、評判を呼び、また地元産の双葉米も横浜のうなぎ店などから契約話が舞い込んだりしていた。

　また「一品開発運動」も行った。コンテストを行い、優秀者には商品と賞金をつけた。審査員には東京から和食割烹の有名店の料理人に来てもらった。

「これは一家庭に一つ、自慢料理を開発してもらうもので、『分とく山』の料理長の野崎洋光さんたちに審査員として来てもらいました。名のある人にしっかり審査してもらうことで、信用も自信もつく。そうしないとみんな本気で動かないから。一家に一つくらいの「我が家の一品」はあるはず。その時は三〇軒くらいの方が出ていましたが、結構皆さん面白がっていろいろ出してきました。双葉町の戸数は約二六〇〇ありましたから、そういう一品がどんどん増えていけばいいと思ってました」

井戸川さんが掲げた六次産業化は、少しずつ実を結びつつあった。

◆基準財政需要額をどうやって守るか

今、社会はどんどん小さくなってきますね。景気はいいといっても、また景気は悪くなりますから、本当の意味の生産と消費のバランスの中には嵌っていません。消費税を上げれば消費は減りますから、負担、行政を支える皆さんの税金の負担割合は限界を超えて

福島第一原子力発電所の建設費用

	1号機	2号機	3号機	4号機	5号機	6号機
電気出力	46万kW	78.4万kW	78.4万kW	78.4万kW	78.4万kW	110万kW
工事着工※	S42.9.29	S.44.5.27	S.45.10.17	S47.5.8	S46.12.22	S48.3.16
運転開始	S46.3.26	S49.7.18	S51.3.27	S53.10.12	S53.4.18	S54.10.24
建設工事費	約390億円	約560億円	約620億円	約800億円	約900億円	約1,750億円

※工事着工については、電気事業法第41条認可日（工事認可日）とした。

福島第一原発の建設費の総額。約5000億円の建設費がつぎ込まれた。現在100万kwクラスの原発1基を建設すると約2500〜3000億円の費用がかかるとされる。「原子力発電所建設の経緯と現状〜建設経過」福島県原子力安全対策課ホームページ http://www.pref.fukushima.jp/nuclear/old/pdf_files/aramashi10.pdf を元に作成（参照：2015年２月20日）

いるわけですよ。地方自治体はほとんど歳入よりも歳出が必ず大きくなっている。

それを行政は、交付税とか国やら県やらに頭を下げていろんな補助金をもらいながらやっています。双葉町もそうですね。倒産寸前の状態でしたから。

私はどうしようかって考えた時に、**基準財政需要額**をどうやって守るか、基準財政需要額に近い予算をどうやって組むかってことに、非常に気を使いました。

基準財政需要額は総務省が決めるんですが、平均で二五億円ぐらい。双葉町の場合は七〇〇〇人弱の町で、約二八億円くらいなんですよ。しかし実際予算を組むのは無理なんです。四八億とか五〇億円くらいになってしまう。


【用語説明】

基準財政需要額…各地方団体が合理的に行政事務を行うために必要な経費を年ごとに推計したもの。

◆富岡、楢葉より交付金が少なかった双葉町と大熊町

なぜそういう数字になるのかというと大きな借金を抱えていましたから。電源三法やら交

付金で箱ものをつくったけど、メンテナンスの費用がかかりすぎて、倒産寸前のような状態でしたから、借金の返済のための財源が必要だった。メンテナンスには交付金は使えない。

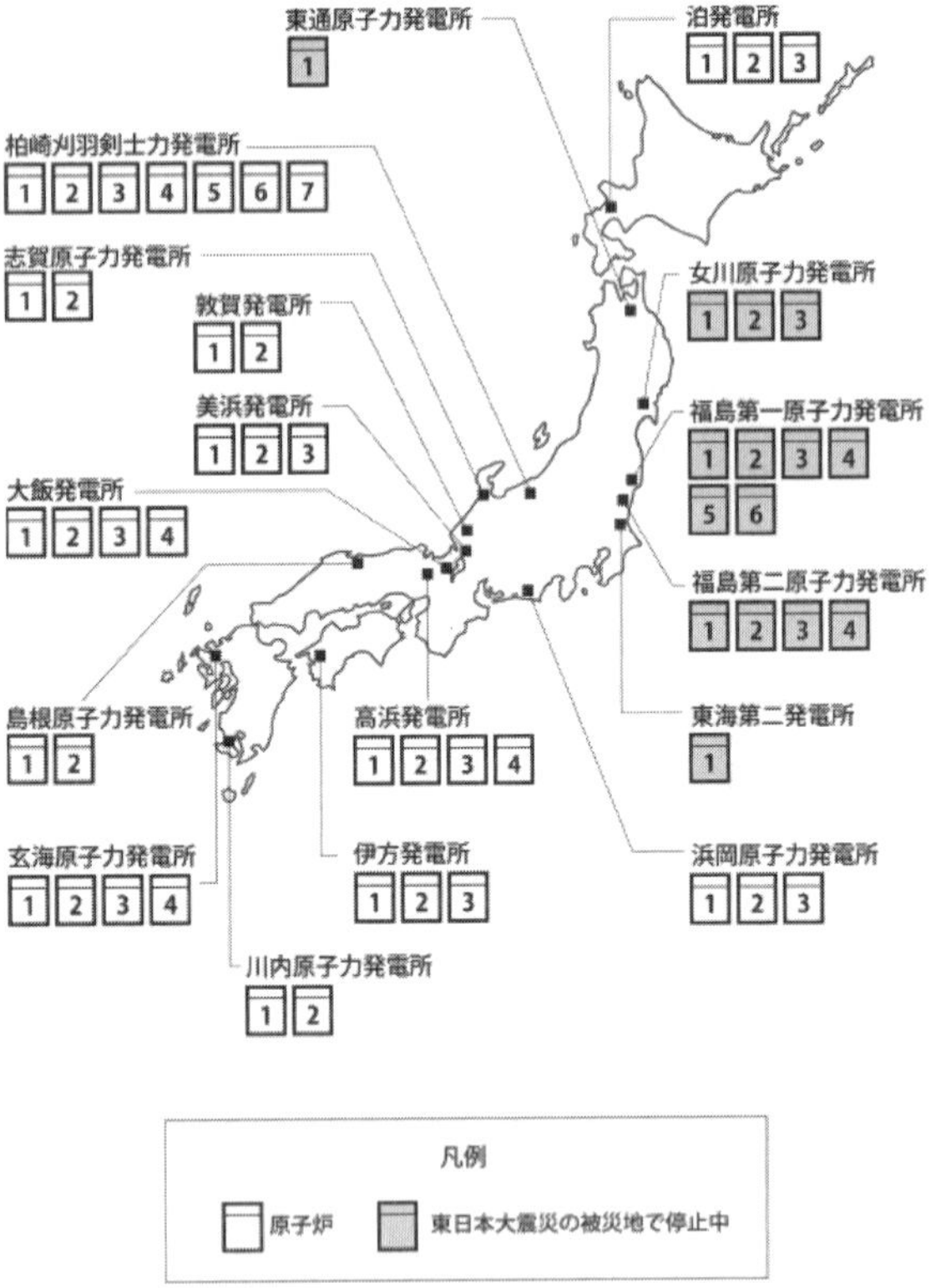

日本国内にある原子力発電所の現状

（3）－3　電源立地給付金交付実績

総括表（昭和56年度～平成22年度）

市町村	S56～H17	18	19	20	21	22	合計
大熊町	2,626,569,314	161,734,368	164,127,575	173,510,991	170,832,074	173,175,082	3,469,949,404
双葉町	1,652,981,004	83,349,386	82,496,272	81,635,810	80,049,534	81,694,896	2,062,206,902
浪江町	1,978,234,233	96,480,138	98,241,332	97,731,219	96,322,813	96,765,925	2,463,775,660
南相馬市（旧小高町）	1,111,392,281	56,487,289	56,754,152	55,771,598	55,285,711	55,239,085	1,390,930,116
楢葉町	2,672,753,574	154,856,551	153,289,059	147,867,113	144,433,971	132,722,103	3,405,922,371
広野町	634,564,451	33,333,524	33,452,168	33,360,299	34,837,124	35,781,599	805,329,165
富岡町	3,347,030,349	184,987,763	186,940,319	190,109,169	186,061,199	192,619,405	4,287,748,204
田村市（旧都路村）	242,281,061	12,850,238	12,693,782	12,699,557	12,641,801	12,786,701	305,953,140
川内村	390,549,464	18,382,644	18,215,180	18,500,248	18,966,870	18,512,122	483,126,528
いわき市	35,966,445,727	1,853,898,930	1,868,206,925	1,882,539,268	1,812,181,832	1,811,432,989	45,194,705,671
葛尾村	118,826,547	6,085,002	6,099,198	6,119,478	6,070,806	6,066,750	149,267,781
給付金合計	50,741,628,005	2,662,445,833	2,680,515,962	2,699,844,750	2,617,683,735	2,616,796,657	64,018,914,942
事務費等	902,359,177	51,209,923	60,762,505	69,811,484	60,275,085	82,975,000	1,227,393,174
合計	51,643,987,182	2,713,655,756	2,741,278,467	2,769,656,234	2,677,958,820	2,699,771,657	65,246,308,116

※『福島県における電源立地地域対策交付金等に関する資料　平成24年3月』福島県　企画調整部エネルギー課より

電源立地（原子力）給付金交付実績。周辺基礎自治体にも交付金は交付されている。「電源立地地域対策交付金について～福島県における電源立地地域対策交付金等に関する資料」福島県企画調整部エネルギー課ホームページ　http://www.pref.fukushima.lg.jp/uploaded/library/H26dengensiryou.pdf より引用（参照：2015年２月20日）

そうすると基準財政需要額では賄えないんです。それと町民からの行政に対する要望が非常に多くなっていたんです。

町民はいつのまにか「何でも行政にやってほしい」とねだるようになっていった。小さい道路の側溝掃除とか、細かい道路の雪かきまで行政にやらせてましたから。

だから私は財政再建する時に、みんなに言っていた。「何でも行政にやらせるな」って。それでなければ、皆さんに負担が掛かると話したんですよ。「小さな道路のゴミ拾いにまで行政を使うな。行政は簡素化させてくれ」と。「皆さんが要求すれば、過大な負担になり、町民に跳ね返るから」と。

そしたら町民の皆さんがやるようになった。ゴミ拾いもやってくれるようになりました。少しずつ良くなっていったんです。町の雰囲気が良くなった。よし、日本一の町をつくろうと思っていたところで、今度の事故があった。夢を壊されてしまった。

双葉町がなぜ倒産寸前になったのかというと、一つには原発ができた時期が早かったということもある。最初の頃の交付金は安かったんです。しかしその後、全国で原発の設置が進むと交付金の額が少しずつ上がっていったんです。

大熊町は双葉町より収入が多く、安くインフラを整備しているので、若い人が大熊町に流れていったということもありました。それで双葉町も悩んだ。悩んで七、八号機の増設を当てにして、借金をして無理してインフラを整備したら手の付けられない状態になったんです。

◆原発は存在自体が公衆の利益に反している

今、日本の国民と日本の行政の依存関係は、借金をつくったことで証明されたんじゃないでしょうか。双葉町だけではない。

国はそんなところまでやらなくていい。自分たちでできることは「俺たちがやるから」という時代に入らないといけない。少子化、高齢化に向かっているわけだから、日本はドボンとなります。非常に恐ろしい状況になりますよ。原発の社会的背景にそういうことがあると見ていかないといけない。

まさに今、このようなことをしているのですね。原発はその意味で公衆の利益に反しているんじゃないでしょうか。皆さんに負担をかけている。私はそうやって負担をさせていることと自体、公衆の利益に反していると思っていますよ。

◆原発を受け入れた双葉町が悪いのか

今度の事件では、原発を受け入れた私たちが悪いといろんなところで言われます。福島県内に行くと「原発を受け入れた双葉町が悪いんだ」と。「お前たちが原発を誘致したからこんなことになったんだ」と言われます。その通りです。しかし、末端行政の町には限界があることを分かっていただきたいと思います。

それに誘致は福島県の関与がなければできません。県から、東電からもこんな事故は起こさないって言われていたのに、起きたのです。

◆気の毒なのは国民全体

私や双葉町の人を気の毒だなぁって思っている人もいるでしょう。でも私も国民の皆さんが気の毒だなぁって思っています。なぜかというと国民全員が除染の義務者にさせられてしまったことです。

原発事故処理費用に税金が使われているのに、東電は利益を出している。これでは政府のやり方に国民から非難が来る。「原発を止めろ」と言われるでしょう。

事故を予防できなかった責任は東電にあるので、最後まで責任を果たしてこそ一人前でしょう。やることをやらないで、利益が出るなんておかしい。私が無駄を削りながら、努力して町を守ろうしたことは何も役に立たなかったことになります。でも私はバカなことをしたとは思っていません。

事故後、除染に関する法律ができました。**放射性物質汚染対処特別措置法**というものです。これには国民の義務として除染に努めなければならないと書いてあるんです。国民の責務として、国民の税金が東電が勝手にばら撒いた放射性物質の除染のために使うのだと。

私はこの法律には最初から反対していました。あり得ない。税金の使い方がおかしい。

本当に**会計検査院**が国民に代わって正常に正確に検査してくれれば、この辺は引っかかっていいと思うんですね。検査されているんでしょうか。信用できませんね。

【用語説明】

放射性物質汚染対処特別措置法…福島第一原子力発電所の事故によって拡散した放射性物質について、環境の汚染による人の健康や生活環境への影響を速やかに軽減することを目的として定められた法律。正式名称は「平成二三年三月一一日に発生した東北地方太平洋沖地震に伴う原子力発電所の事故により放出された放射性物質による環境の汚染への対処に関する特別措置法」。二〇一二年一月一日に施行された。この法において、国、地方公共団体、原子力事業者と同様に国民としての責務が第六条で明記されている。「国民は、国又は地方公共団体が実施する事故由来放射性物質による環境の汚染への対処に関する施策に協力するよう努めなければならない」。つまり汚染への対処に関して、国民は関係原子力事業者と同じ責務を負わされていることになっている。

会計検査院…国の収入・支出の決算の検査を行ったり、法律に定められた会計の検査を行う行政機関。三人の検査官で構成された検査官会議と事務総局から成り、内閣に対し独立の地位を有する。

第一一章　脱原発は日本自立の証

「私は原発の電気料金は一番高いと思っています。コストが巧妙に隠されているんですよ。電気料金は総原価主義と言いながら、利益誘導主義となっていますから。（中略）『エネルギー危機だから、じゃあしょうがない』って国民を騙してきたと思うんですね。これは非常に巧妙に仕組まれてきただけで、本当のエネルギー危機はなかった。賄おうと思えば賄えたはずで、賄おうとしなかっただけです。」

「今地球上の環境は汚染の受け入れが限界にきていると私は思っています。これから世界中で原発の建設ラッシュですが、これから地球に住むところはあるでしょうか。（中略）学習と監視が必要ですね。企業に騙されないことです。企業は、将来なんてどうでもいいわけですよ、今の利益があればいいわけですから。（中略）行政は今、負担と享受の限界に来ているんです。皆さんが頑張らないといけないと思っています。」

◆でっちあげられたエネルギー危機

私は原発の電気料金は一番高いと思っていますよ。コストが巧妙に隠されているんですよ。電気料金は総原価主義と言いながら、利益誘導主義となっていますから。そこに国民の税金、国民の電気料金を負担させるのは、公平の原則から逸脱しています。もし公平の原則であれば全部公表すべきだと。廃炉コスト、保険料、原発立地の対策費、宣伝費、経費、製造原価まで、全部の勘定科目を出させるべきです。

今までのは、つくられたエネルギー危機だったのではないでしょうか。「エネルギー危機だから、じゃあしょうがない」って国民を騙してきたと思うんですね。これは非常に巧妙に仕組まれてきただけで、本当のエネルギー危機はなかった。既存のもので賄おうと思えば賄えたはずで、賄おうとしなかっただけです。賄えないように世論を操作してきただけです。税金をおいしく食える原発を、みんなものすごく安全だという幻の中で、進めてしまった。彼らの職場保全のために止められなくなっただけです。

東京電力の設置許可申請書に記載された発電原価

発電所名（設備番号）	認可出力（万 kW）	電源開発調整審議会	原子炉設置許可年月	運転開始年月	建設単価（万円/kW）	発電単価（円/kWh）	資産方式
福島第二1号機	110	1972-06	1974-04	1982-04	約 25	10.32	初年度
2号機	110	1975-03	1978-06	1984-02	約 23	10.79	初年度
3号機	110	1977-03	1980-08	1985-06	約 29	14.55	初年度
4号機	110	1978-07	1980-08	1987-08	約 25	13.43	初年度
柏崎刈羽1号機	110	1974-07	1977-09	1985-09	約 33	14.04	初年度
2号機	110	1981-03	1983-05	1990-09	約 36	17.72	初年度
3号機	110	1985-03	1987-04	1993-08	約 31	13.93	初年度
4号機	110	1985-03	1987-04	1994-08	約 31	14.24	初年度
5号機	110	1981-03	1983-05	1990-04	約 42	19.71	初年度
6号機	135.6	1988-03	1991-05	1996-11	約 31	11.24	耐用年*
7号機	135.6	1988-03	1991-05	1997-07	約 28	10.37	耐用年*

旧通産省資料

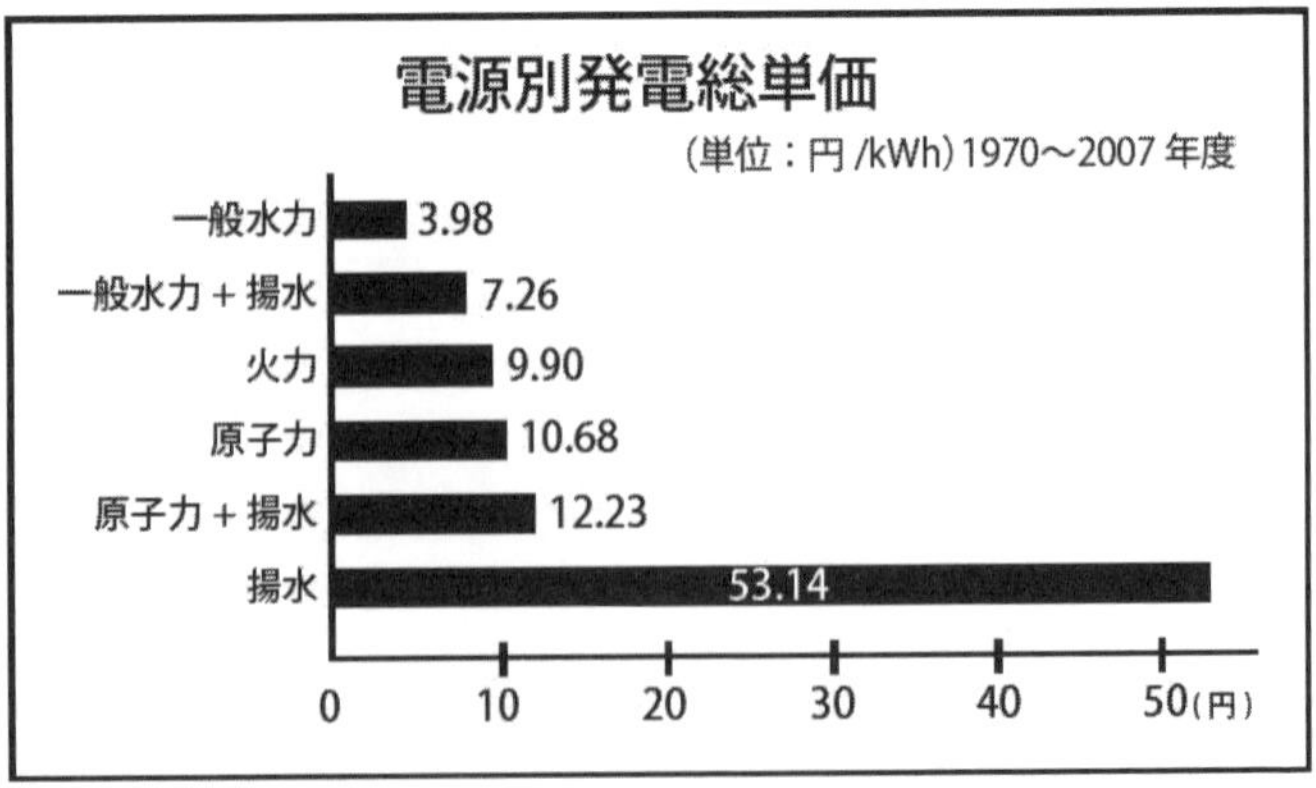

上：原子力規制庁のデータを元に作成

下：立命館大学大島堅一教授のデータ。『原発のコスト』大島堅一著（岩波書店　2011年刊）を元に作成

◆少子化に向かうのにエネルギー消費を増やしてはいけない

電気消費量の試算はしてみたらいいんです。

まず何をやるかっていうと消費量、必要量ですね。国民の月間の電気使用量、人口比にして平均値を出すと。そうするとどのくらい本当に必要なのかがわかる。少子化に向かいますから、何割電気消費量が減るんだと。そういう計算って簡単にできるんですよ。

そう思うことが大事。考えること、気が付くことが大事です。

私はそんなに電気は必要ないと思っている。今、必要のないところにたくさん電気が点いていますから。例えば駅の構内を見てください。構内の店舗もそうですし、電気だらけですね。

これを一〇％削減すると日本全体で充分大丈夫だと思う。エネルギー危機とか言わせないことになると思う。国民がエネルギーがなくなったらという恐怖から、脅迫から解放されるには、一人ひとりが一〇％削減すれば、消費量を削減できる。それによって彼らに負けないことになる。彼らの脅迫に屈しなくてすむ。そうして日本の社会のバランスを調整しないといけません。

日本には利用されない自然資源がまだまだたくさんあります。先日もある場所での講演の前に近くの川を見てきましたが、もったいないなって思いました。あの川の流れをなんとかエネルギーに変える。位置エネルギーをうまく使えば、自給率を高められる。私はこういうものに注目しているんですよ。工夫しましょうよ。

◆大企業の論理に屈しない

魅力があるのになぜこういったことに企業が取り組まないか。それはおいしくないからですよ。大企業は特にどでかい投資をしないといけないわけです。

何も発電はどでかい装置じゃなくていいですから。大企業はできないですよ。利益をむさぼることができなくなるから。ということは、国民の皆さんにとっては、余計なお金、訳の分からないお金を負担させられない。負担させられている電気料金から解放されるんです。

それには規制緩和ですね。コジェネレーションもどこまでいくか分かりませんが、バッテリーを利用した形のコジェネレーションが進むことを期待したい。

それから建築基準法を改正して、体育館や庁舎など公共施設などの照明を昼間の昼光を利用するようにするといいんですよ。日中は外の光を利用して照明するような建物にすれば、室内照明はかなり減らせる。家庭でもそう。その昼光発電を、バッテリーで蓄えておけば、夜間電力になるんですよ。今、夜間電力は不必要な、余っている電力を電気料金を下げるからと言って使わされていますよね。それは逆なんです。それをなんとかしていかないといけませんね。

それには自ら突き進んでいくしかないと思いますね。国民参加でエネルギー改革、排熱、耐熱の冷媒サイクルをエネルギー源にする。これについてはすでにヒートポンプというシステムが使われていますが、こういったいいものをもっと改善してつくっていくべきだと思います。原発でなくてもいいんだと。

◆大企業のツケを将来の国民に回すな

今地球上の環境は汚染受け入れが限界にきていると私は思っています。これから世界中で原発の建設ラッシュですが、これから地球に住むところはあるでしょうか。

食べ物だけみても、恐ろしいほど従来の環境でないところで作られている。学習と監視が必要ですね。利益誘導者、企業に騙されないことです。企業は、将来なんてどうでもいいわけですよ、今の利益があればいいわけですから。将来の損は国民に負担させようとしている。これからもそうさせようとしている。行政は今、負担と享受の限界に来ているんです。皆さんが頑張らないといけないと思っています。

第一二章　なぜ知事選に立ったのか

「一番大事な県民の健康を守る人が立たない。それで急遽出ることにしたんですよ。だから選挙で何を訴えたかったというと、『あなたは放射能から子どもを守っていますか』ということ。『こんな劣悪な環境の場所に、なぜ住まわせているのか』ということです。」

「ならば選挙活動においては被ばくという言葉を使ってもさすがにカットされないだろうと考えた。そういう狙いもあったんですが、でもダメだった。(笑)。取材の中ではカットされました。基本的にメディアは私の所にこないしね(笑)。選挙で私が何を言ってるかということについても、テレビが放映するわけでもない。

でも選挙カーからの声なら届けることができる。だからポスターもストレートにメッセージを伝えた。『子どもを守っていますか』と。」

◆メディアが私の言葉を伝えないから、知事選に立った

――二〇一四年一〇月の福島県知事選に立候補しました。どのような思いがあったのでしょう。

知事選に出たのは、脱原発は掲げるが、脱被ばくを言う立候補者がいなかったからです。今福島県が再優先に取り組むべきは、脱被ばくなんです。県民の命と財産を守る、教育の環境を確保するという命題からすれば、最初に出てくるのが脱被ばくというのが私の答え。放射能のない環境に福島県民を住まわせることなんです。その当たり前のことが前の佐藤雄平知事はできなかった。福島県民を守った形跡がないんですよ。

だからせっかく知事が変わるのに、なぜこの現状に蓋をしたまま選挙に出る人が多いのだろうと。変えようとしないのかと。

体調のこともありましたし、いろいろ迷いましたよ、かなり。

最初、熊坂（美裕）氏が出るから、彼に期待をしていたんです。ところが出馬説明会を聞いてみても、年間一〇〇ミリシーベルト以下では発症が分からないという言い方をしてる。

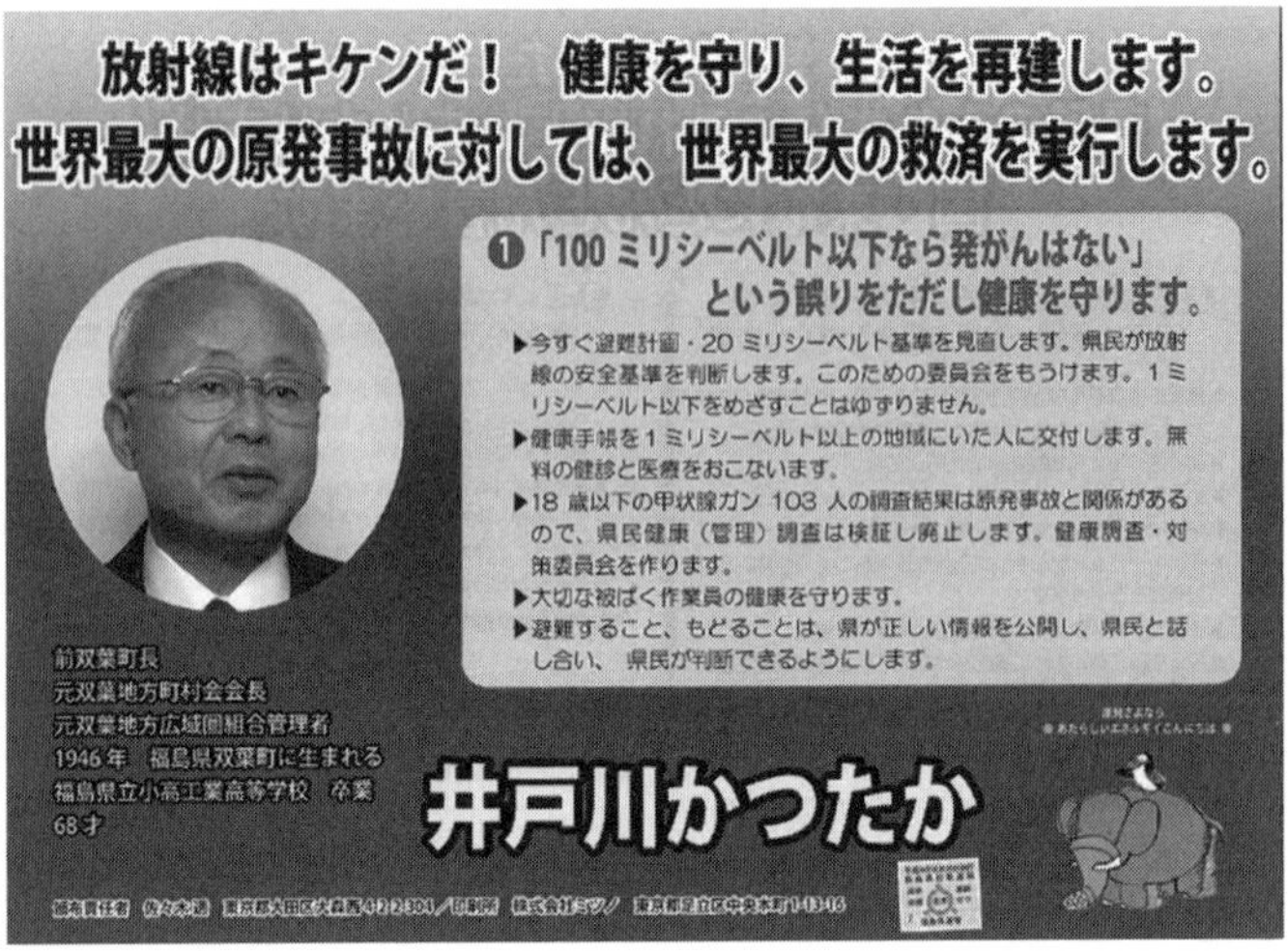

2014年10月の福島県知事選挙立候補の際、選挙運動用に制作、配布した選挙ビラ

これはだめだと思った。一番大事な県民の健康を守るっていう人が立たない。それで急遽出ることにしたんですよ。

だから選挙で何を訴えたかったかというと、「あなたは放射能から子どもを守っていますか」ということ。「こんな劣悪な環境に、なぜ住まわせているのか」ということです。

その思いをポスターにして県内に貼っていくことを考えた。子どもを守りましょうと大人たちに伝えたかった。福島県の大人だけではないですよ。日本中の大人に伝えたかったんです。

選挙前、そして今でもそうですが、福島県内に子どもを犠牲にしている大人がこれほど多いとは思わなかった。子どもに県内の食材を食べさせて、県内の空気を吸わせ続けて、居させ続ける大人がこれほど福島県内に多いと思わなかった。こんなひどい世の中だとは思いませんでした。

◆被ばくの最大の犠牲者は子どもたち

私は事故以来、ずっと喋ってきました。被ばくが問題なんだと。被ばくしたのだと。これ以上被ばくをさせるなと。

新聞などの取材でも、そう言い続けてきた。講演会でもずっと言ってきた。でもそれについて為政者として対応した者は少ない。事故の責任者たちはそういうことに、蓋をしようとしてきた。それに騙されてはいけないと言ってきた。被ばくの最大の犠牲者は子どもたちなんですよ。

今度（二〇一四年）ノーベル平和賞をもらったマララ（・ユスフザイ）さん。彼女は世界的に理解されて、彼女の精神を貴ぼうという人がたくさん出てきています。

子どもの学ぶ権利、女性の権利。貧しいから働くという構図の中で、子どもの権利が犠牲になっていることが理解されつつある。貧困の構図の中で一番弱い子どもたちが犠牲になっている。

彼女は言いました。「戦車をつくるより、学校をつくることがこれほど難しいのか。銃を持たせることが簡単なのに、教科書を持たせることがなぜ難しいのか」と。

私はあの言葉は、福島にも当てはまると思う。私は、「なぜ福島の大人たちは子どもたちを守れないのか。あなたたちは大人として、親として行動しなさい」と言いたかった。

でも今までどれだけ被ばくについて喋ったとしても、新聞、テレビあらゆるメディアはそれをカットしてきた。だから伝わらなかった。

ならば選挙活動においては被ばくという言葉を使ってもさすがにカットされないだろうと考えた。そういう狙いもあったんですが、でもダメだった。取材の中ではカットされました。基本的にメディアは私の所に取材にこないしね（笑）。選挙で私が何を言ってるかということについても、テレビが放映するわけでもない。

でも選挙カーからの声なら届けることができる。だからポスターもストレートにしてメッセージを伝えた。「子どもを守っていますか」と。

すべて手弁当で、手作りです。福島県は広いからポスターを貼るだけでも大変だった。

それでも選挙の中盤から終盤にかけて、街角で私を見かけた小中学生が手を振ってくれた。「あっ、井戸川さんだ」って。何カ所もありました。ありがたかった。もっと続けていたらもっと手を振ってくれたと思います。

——誰かに押されたから、引き立てられたから、出たのですか。

誰の発案かというと、私の発案ですよ。だってそんな辛いことを誰も言わないでしょう。被ばくから守れ、なんて。でも選挙戦の中では、伊関（明子）さんなども訴えていましたね。

——選挙事務所のスタッフの方々は。

事故後いろいろな署名活動で付き合っていたメンバーです。今全国に広がっている一〇〇万人署名活動に携わっている方たちでした。選挙戦をやることについて賛同した方で、私が本来思っていることに賛同した方でした。

――前回、参議院選挙の時（二〇一三年）、みどりの風から立ちました。同じ思いだったのですか。

党代表の谷岡郁子さんたちが、福島の現状を見て、子ども被災者支援法案づくりに尽力された恩返しのつもりで出馬しました。結果は完敗です。国民のために尽した人が落選し、パフォーマンスの上手な人が当選しました。

谷岡さんにはもう一つ恩があります。谷岡さんたちが揃って騎西高校に来ました。この時、資源エネルギー庁の職員も同行しました。町長以下職員に不満や要望を出させてエネ庁の職員に注文をつけてくれました。福島県選出の国会議員にはそのような記憶がありません。

同じですね。加害者が責任を取らず、被害者が責任を取らされている。国民が責任を取らされている。これはおかしいと思ったから立ったのです。責任がある者に責任を取らせようと思ったんです。

――もし福島県知事に当選していたら、どういう政策を取ろうとしていたんですか。

もう、ひっくり返ったでしょうね、今の福島県は。今までのことを調べて、嘘をついてた者は全部処罰します。それはそうでしょう、県民のためにやるべき県政を嘘をついてごまかしていたんだから。

知事選の活動中、街頭演説に立つ井戸川さん。
2014年10月20日、福島県内で

一〇〇ミリシーベルトでは健康被害は発症しない。影響ない。直ちに健康に影響はない。ニコニコしていればいい、放射能の被害はないなどと言われて、いいわけないですよ。ニコニコなんかしてられませんよ。

そんなぶざまな格好にさせられたまま、その上いい加減なことを言われたまま、ずっと我慢させられているなんて、許せませんよ。

だからまず本当のことを自ら調査して、対応します。県内一円に放射線管理区域を設定します。事故前の基準でね。そしたら目に危険なところが見えるじゃないですか。まず目に見える形にすることです。それからです、さあみんなどうしますかって考えてもらう。これだけ被害が出ているのだと。我々は被害者なんだと。だから責任を取ってもらう。みんなで具体的に考えてもらう。

「私は被ばくしてもいいから福島に住みたい」と言うなら、免責を求める確認書を取り交わす。その上で、県が健康問題を面倒見る仕組みをつくる。一方、福島から避難したい人にはそうしてもらいます。それにかかる費用は、事故原因者の東京電力へ請求するのです。

——放射線管理区域となると、県内のかなりの自治体が機能できなくなります。

実際そうなっていますから。住んじゃいけないところに住まわせているんですから。犯罪ですよ。だから国と東電を呼んでなんとかしろよって。「一ヵ月以内に回答を持ってこい」って言いますよ、「どうすんだこれ」って。

——その場合、国や東電の回答は「とにかく、除染を徹底しますよ」っていう話になりそうです。

「そこまで待ってられっか」って話です。「完全に除染できるのか？」ってことになる。

――待ってられないという時、その具体的な選択肢としては、どういうことになるのでしょう。

とにかく「なんとかしろ！」ですよ。私は汗をかかない。ただ彼らに対して「対案を持ってこい」ですよ。加害者としてしっかり責任を取らせる。県知事は福島県の災害対策本部長ですから、何とでもできるわけですよ。一般行政法の枠内でなくていいんです。災害対策本部長としての回答を要求するんですよ。その点からも災害対策本部長としてどれだけのことを前県知事はやってきたのかということを、問う必要がありますよ。

――今一般行政法ということが出ましたが、そもそも有事がどこまでなのか、これまでずっと疑問でした。現在帰還困難区域などいろいろ線引きがなされ、一部は解除されています。年間二〇ミリシーベルト以下だとか言って。でもそれは平時の数字ではない。事故前の数字ではないわけです。だったら、前例にない、もっと大胆な避難ができてもいいはず。有事が続いているわけですから。でもそういう移住支援などは一切やらない。何か要望を出すと一般行政法で縛る。まったく適当なダブルスタンダードでうまく逃げられているなという気がしてならないのですが。

あみだくじみたいに、こっちに行ったら、ぶつかった。じゃあ、あっちに行ってみよう、というのをずっとやってきてる、日本政府は。そういうことじゃないですか。まだ有事だよ。福島県がそれに翻弄されているんです。福島県自身が、災害対策本部長として判断すればいいことですよ。何言っているんだと。県の災害対策本部長としての決定に、国は着いてくればいいんですよ。

——そうなると福島県全体の仮の町としても考えるべきですね。

そういうこと。だって事故を受けて、被ばくをし続けながらもニコニコ笑って暮らすべきなのか。取るべき道は決まってる。それをなぜ避難の妨害をするのか。それは前県知事の、災害対策本部長としての不作為なんですよ。

——結局、「危険だ。ここから離れた方がいい」と言って困るのは、行政として税収がなくなることだと。事故直後に地元の行政関係者がポロッと言っていました。他のところもそうでしょう。

なんで彼らはそんなばかなことに頭を使っているんだろう。そんなことを心配する必要なんかない。困ることないじゃないですか。

国に対して、「事故前の状態を保て」って言うだけでいいんですよ。「なぜ自分たちがこんなこと、こんな思いをしなければならないのか」と言えばいい。

県内の首長や役人がおかしいのは、自分たちは被害者だという意識がないからですよ。被害者だと思っていたら、「何とかしろ！」って言いますよ。「とにかく元通りに生活できるところを用意しろ！」でいい。

税収が減る？　そんなこと心配する必要なんてない。だって事故は我々が起こしたんじゃないですよ。誰が事故を起こしたんだと。他の要因で税収が減るのであれば、それは行政の責任ですよ。でも事故による行政の規模縮小はあり得ない。

今中間貯蔵施設を持ってくると言って、事故があったからその場所を半値で買いますと言ってます。「ふざけるな」ですよ。それぞれの対策本部長がしっかりした信念を持っていれば、こんなヘナヘナなことにはならない。元通りのあの生活ができるところを、生業も含めて用意しろって言えばいいんです。今帰還して同じ場所で復興というのは、あり得ないのだから。

今双葉町は全国の他の町村から比べれば、計り知れないほどマイナスになっているわけです。これからそれを自分たちで回復まで持っていくことになる。だって国は最終的に逃げるから。そうすると、住民と一緒に回復するように仕向けられる。ということは我々がさせられているのは、大きなマイナスからゼロに向かって時間とエネルギーを使うことですよ。いろんな費用も使う。だけどゼロまでいかない。

なぜかと言うと、住民はどんどん寿命が来ていなくなるから。若い者は残ってないから消耗戦となる。人口は減っていくからゼロまでも到達しない。

今の町長は「住民を戻す」と言って戻してしまった。そこで何が起こるか。そこに除染というビジネスが入って、どんどん被ばくが増える。人はいなくなる。でも誰もいなくなると悲しいから、郷土愛っていう言葉でくすぐって、除染作業を住民がみんなですることになる。国も県もぶん投げてしまえば、自分たちでやらざるを得ないという空気になっていく。

被ばくしながら。愛する先祖代々の美しい土地を自分たちで取り戻そうという感情論に扇情されて、「そうだな、やろう」ってなる。

今、双葉郡の町はそうなっている。次々と帰ることを決めてしまった。国と東電の描いたストーリーに乗ってしまった。自分たちでやるように仕向けられてしまった。

賠償の開始時期は非常に遅らせて、いろんな意味で諦めさせる。明日の一〇〇〇円ではなく、今日の一〇〇円に飛びつくようにして、それで皆ハンコを押してしまった。自分たちが自ら被ばく労働者になることを、選択したと。国と東電は「しめしめ」と思ってるんじゃないでしょうか。

私はそういう国や東電の計算高さに対して、純情な、経験のない町民たちを追い込みたくなかったから埼玉県に連れてきた。私は環境が回復するまで双葉に返したくなかった。

——今回知事選に出てからも、その辺の考え方や思いは変わりませんか。

変わってない。今も継続している。知事選に出て県内にいる人とコミュニケーションできたので、その人たちとのコミュニケーション関係を保っていきたいなと思ってます。

選挙に出て改めて分かったのは、情報の差に対する認識の差。県内の人に、福島県外で報道される福島の話と、県内での新聞やテレビの報道が違うんだよって伝えると県民はびっくりしていた。「そんなに違うのか」って。

福島県内の新聞、テレビ、ラジオなんて放射能や被ばくの話は聞く耳持たないから。選挙を通じてようやくその辺の話までできるようになってきたと思う。もっと掘り下げて、助けを求める人たちに提案をしていきたいと思ってます。また県外にいた人と県内、浜通りの原発立地自治体の人と県内中通りの人とのギャップはすごくある。

——会津はもっとある。もう原発事故は終わったと思ってますね。

会津の人だって被害者なんですよ。この際一緒に被害者として行動すればいい。だって会津だって放射性物質を巻き散らかされたんですから。

——実際に選挙戦では県内の仮設住宅を見られて、「ここまで酷いのか」って実感を述べていたと、話を聞きました。感じるところがあったわけですか。

仮設住宅は自分でも経験しているからどういう窮屈さがあるかは、分かる。酷いというのは、家族間の世代の断絶が起こって放置されている。言い方はきついかもしれないけど、高齢者が姥捨て山のように捨てられた感じになっている。

この人たちは、今までコツコツと頑張って自分の終《つい》の住処《すみか》を築いてきたにもかかわらず、誰からも見向きもされないのか。戦後一番頑張って働いて、戦後から日本を盛り上げてきてくれた人に対して、温情とか、ねぎらい、敬愛というようなことを、何ら感じさせないような酷い扱いだと思ったからです。よくこういう酷い仕打ちをしていられるなって。

前の県知事は復興とかニコニコ笑っていればいいとか、風評被害を乗り越えようとか言っていたが、そういう日の当たらない面は見ないようにしていた。置き去りにしていた。そういう思いから、「酷いな」という言葉が漏れたんだと思う。

もともと集団の上に立つボスっていうのは、困った時に何か助けてくれるからボスになれた。上に立つボスってそういう存在なんですよ。

私の小さい時には地域の番長っていうのがいた。今はそういうのがないのかもしれないけど……。番長って群れを連れて歩くんですよ。親分。そういうものに憧れた。番長って、なんか喧嘩っ早いイメージがあって、よく思われてないかもしれないけど、昔はそういうのがいた。番長の下の正式メンバーと、年齢的に下だと「みそっかす」って言われて、そこから正式メンバーになるんです。規約もなんにもないけど。

威張って悪さもするけど、水遊びなど、遊ぶ時は、下の「みそっかす」の面倒を見る。みんなが泳いでる時はちゃんと見張って、溺れそうになったら助ける。そういう縦の社会があった。そういう面倒を見ることができないと番長になれない。

今は、そういう縦の社会がなくなって、組織だけの、制度としての縦の関係があるだけだから、責任感がない。親分がいない。ボスとして、長として面倒を見るという意識のない人がその長になっているから、判断できない。ボスとしてオレが面倒見るという意識がないから、ヘナヘナになる。

――日本では近年、強力なリーダー、ボスを求める声が、政治や経営の場でずっと上がっていました。ただ逆に、今の国や行政の問題は、権力者が地元や被害者の声を無視して、民主主義の手続きを無視して、頭ごなしに勝手に決めていると。あるいは一見合意形成がなされたかのような見せかけの手続きを取って勝手に進めている。そのリーダーと民主主義のバランスというのはどうなんでしょうか。

そこについて言えば、今、国民の監視がものすごく脆弱になってる気がします。例えば（二〇一四年一二月に解除された）南相馬市の特定避難勧奨地点解除の承認なんて、市が承認しない限りできないはずなんですよ。それは国じゃなくて、市がするかどうか。今回、解除については、市はコメントをしていないでしょ。

だからそこは、市民がしっかり市に訴える。市を飛び越えて県や国が執行することはないはずなんです。

――行政にそれを訴えても、なかなか動かないと思います。声は聞いても、それがすぐ市政に反映されるとはなかなか思えない。だとするとその要望は地域選出の議員に持っていくことが一般的だと考えます。有力議員に陳情するというのが効果的だと思うから。

行政を知らない、勉強をしていない人はすぐ「議員に持っていく」という。そこが間違い。そもそも市町村議員が決める条項は限られているんです。それ以上に権限があるのが、首長だ。決断できる範囲は広くなっている。

議員ではできないことが多い。国民は議員の使い方を間違えています。

私が町長の時はそれをしなかった。例えば国の予算を取る場合には、まず国の役所の末端に出向いた。「これで予算がとれないか」とか言って。すると「ちょっと待ってください。これを本庁の担当課長まで上げますから」と下から積み上げていくと、行政もやってくれた。下から積み上げた上で、最後に議員に電話して「先生、今度こういうことをお願いします」っていう。その時には、ほぼ話がついているわけです。

――そういうことが可能なのは、やはり、行政長として経験があるからだと思います。実際には声を首長に上げようとしても担当部署や秘書で止まっていることもある。行政担当者レベルや秘書の感度もある。そうなってくると、リコールしかない。

そう。直接民主の行使をしなければならない。民主主義の原点から行っていかないといけない。何かがあると、すぐ誰かに頼むという考えになる。よく市民が集まると「議員は何やっているんだ」っていうが、そもそも議員の限界が分かっているのかというと、疑問がある。

それにいろいろやり方はあるんです。

――例えば住民や町民からの声が受け付けられないとなると、裁判という手段を取ることも考える。

そうだけど、まず質問書を送る。裁判に訴えるにしても、その前に事実を積み上げておく。

私は、中間貯蔵施設について県に質問書を出しています。中間貯蔵施設については、町民地権者の了解なしに推進できるのかを質問しました。回答は「地権者の了解は必要であると思っております」とある。出てきた回答は公文書だから、回避できない。

地権者の了解なしに勝手に推進することはできないわけです。住民の意見を聞くことが前提になってるわけですが、それができてない。じゃあ嘘をついて進めていくのか、となる。

環境省から県に問い合わせがあれば、町からこういう回答が来ているので、用地交渉はできませんと言えばいい。そこまで行っていないと。

だって住民の暮らしをないがしろにされているような状態で、中間貯蔵施設なんて話は聞けるような段階ではないわけです。住民が納得できるような話の場すら用意されてないのに、中間貯蔵施設とは一体なんのことか、どうなっていくのかなんてわからない。話の進めようがない。

——もし行政が動かず、裁判を起こす場合、小さい町では禍根は残るでしょう。自分だけならまだしも、家族のことを考えるとなかなか裁判は難しくなるのでは。

だけども、例えば南相馬市民の例は、政府と県や市にぎりぎりまで追い込まれている。そこで禍根を残すから何とか話し合いでとか、我慢しようというような美談でいくことは可能なのか。

お互いが全くフィフティーフィフティー（以下50／50）の条件の中でなら、「こんなことを言ったら後で絆が壊れてしまう」とかの心配は出るでしょう。でも今一、二週間で指定解除と言われてるのにそれでいいのか。誰かに変なことを言われるとか、そんなことを気にしていいのか。もう九九・九％追い込まれているんですよ。

もし相手の意見を聞きながら妥協点を探すのであれば、常に自分のポジションを50／50にしておくべきですよ。相手と同じイーブンな条件にして、そこではじめて議論ができる。

一方的に話を進められないような状態をつくっておく。「勝手にそっちの職権で話を進めるな。そんな法令解釈はできないはずだ」と。「それは勝手に解釈しただけだ」と。そういうことをきちんと示しておく。そこまでやっておいて、50／50です。

そもそもこれだけ人間関係が壊されているわけです。コミュニティは壊されているんですよ。絆や地域の気兼ね云々のレベルはとっくに超えている。そこで泣き寝入りするのかってことです。

第一三章　福島と日本のこれから

「子どもを守ることは当たり前で、それができないのは獣にも劣る行為だと思う。」

「私はこの事故で負けたくない。敗者になりたくないのですよ。（中略）私は国民の皆さんに言いたい。特に今、再稼働の問題をつきつけられている地元の人たちに。なんであなた方は、最初から負けているんだと。負けている話をするなと。再稼働の前に福島のようにしないと約束させた方がいい。勝ちなさい、原発立地の皆さん。」

◆営業的にも原発はもう無理

――福島第一原発をどうすべきだと考えていますか。

放射能を絶対自然界に出さないような仕組みにすればいいんじゃないかと思います。全部囲って絶対出さない。そして海水も閉鎖した海域で冷却水も循環させる。できるんですよ。一時冷却水っていうので冷やしていますが、二次冷却水が原発の中にあります。それを三次四次、冷却水として覆えば閉鎖空間ができるんです。空気に熱を変換するようにうまくできるはずです。ただそれを電気料金に転嫁されたら、たまったもんじゃない。結果的にできないっていうことでしょうね。やはり営業的に原発はもう無理だってことです。

――ある元東電社員が言っていたが、収束作業を早めて確実にするには炉心をコンクリートで固めればいいんじゃないかと。少なくとも汚染水の問題があるので燃料を外気に触れさせないようにすることだと。

その彼はどういう専門なのか分かりませんが、見えなくするためと、見えなくしたための安全性の確保が問題となる。それでは一時しのぎの安全で、問題の先送りとなりかねない。コンクリート構造物は温度変化で収縮するんですよ。だからしょっちゅうひび割れがするんです。

そのため原発の建屋表面はコンクリートで囲っていますが、ひび割れ防止のためにしょっちゅう塗装しているんです。そこから塩分の混じった雨水などが入らないように、それで守っている。塩分の入った水が入ると鉄筋を錆びさせてしまいますから。だからコンクリートで炉心の周りを固めても、難しい。

日本とチェルノブイリの違いは、海水と真水の違いです。東電の場合、半地下式で海水面以下のところは海水です。既存のコンクリートを撤去しないで上から新しいコンクリートで覆っても、内部の鉄筋が腐食して膨張して壊れてしまいます。

今のコンクリートで**クラック**の入らない、割れない構造物ができるのかというと、できませんね。チェルノブイリを見て分かるように事故収束の問題は何百年、何千年の話であって、いくらコンクリートの性能が上がってもクラックはできるから。むしろ、中がそれで見えなくなってしまうことが問題になる。

周囲から状況が見えるようでないといけないと思いますね。

【用語説明】
クラック…壁や天井などにできる割れ目や裂け目のこと。

◆損害賠償まで責任を取れないなら、原発は持ってはいけない

原発は再稼働しようがしまいが、冷やし続けなければなりません。維持する、完全に廃炉にするまでは管理し続けなければなりません。廃炉にした後の燃料の監視管理、これも永遠にしていかなければなりません。そんなことを踏まえて、放射能管理の責任を公衆に転嫁させないようにしなければならない。

今、放射能の片づけを県民がやっているんです。これはおかしい。前に話したように事故で出た放射性物質は東電のものではないということになった。だからこんな理不尽なことが起こってしまう。つまりこれは福島県民だけでなくて、国民の方がその被害を受けているということなんです。だから当然税金が除染にも入ってくる。

原子力損害賠償・廃炉等支援機構法では、税金を原発に注入できるってことになっているのです。それを多くの国民は理解したのでしょうか。

税は今、国民の負担の限界に来てるから、原発の事故処理まで手が回らないのが現状だと思います。したがって原発の損害賠償を自社で完全に賄えない会社は、所有してはいけない。運転してはいけないんです。

私は事故に至った結果を見逃して運転をさせ続けた人の責任を問いたい。この人たちは検査官という仕事をして給料をもらっているわけですから、私たちは検査しませんでしたって決して言えない。合格を出さなければ事故につながらなかった。彼らは爆発で早々と逃げてしまいましたが。

【用語説明】

原子力損害賠償・廃炉等支援機構法…原子力損害賠償・廃炉等支援機構の設立・運営・業務などについて定めた法律。福島第一原発の事故の被害者に損害賠償を行う東京電力を支援する枠組みを整備するために制定された。二〇一一年八月に施行された。この法律では事故が起きた場合、原子力事業者は原則無限責任を負うことになっているが、一二〇〇億円を超える場合は、政府が新たに設立した機構を通じて、必要な援助を行うことになっている。つまり原子力事業者が起こした事故の損害賠償が事業者の手に負えない時は、国民の税が投入されることを保障している。

◆政府当事者はちゃんと国民に説明すべき。今真実を語れ！

日本は少子化になってきています。騎西町※のことは申し上げにくいのですが、私たちが避難してきた時、空き屋がいっぱいあったんです。なおかつ空き地もいっぱいあった。人が減っているんです。私たちが入る隙間がなかったら、それは大変なことになっていたでしょう。運が良かったと思います。

原発はこれほど大きな害を及ぼしていながら、国民の皆さんに負担をかけておきながら、（それでも）やらせようとしている人たちがいる。その人たちは私たちが放射能まみれで生死をさまよいながら避難していることを決して他に話さない。いやむしろ「風評被害」という言葉で包み込んでいる。

どうか国民の皆さんは、そういう人たちに対して、「こういうことを井戸川が言っていたが、どうなんだ」と問い質していただきたい。彼らは反論するかもしれませんが、その時は対決させてください、私と。私は生の体験を喋っているわけですから。きっと喋れなくなると思いますよ、彼らは。

喋れなくなっているのに公務員として給料をもらっているとしたら、それはおかしいじゃないですか。今度の事故については彼らには徹底的な説明責任があると思います。高給をもらっているわけですから。皆さんは騙されない国民になって欲しい。そして被害を感じた方は、弁護士と相談してください。

※　騎西町は、いわゆる平成の合併で双葉町が避難所を開設する前年の二〇一〇年三月に現在の埼玉県加須市に併合されている。

◆子どもを守るのは、生き物の生理だ

――福島はこれからどうすべきだと考えますか。

やはり首長が放射能に臆病にならないと。先を見て臆病な首長にならないといけない。子どもたちを避難させないといけません。放射能にさらさせている今は、後で必ず批判さ

れますよ。「良いか悪いか」じゃなくて、放射能が「あるかないか」ですよ。それが何か発症するかしないかに置き換えられて、世論操作をされていますが、それは根源を突き詰めなければなりませんし、放射能があるところに子どもたちを住まわせておかざるを得ない親たちの心情を無視しているんです。

子どもを守ることは当たり前で、それができないのは獣にも劣る行為だと思う。獣は体を張って子どもを守っていますが、福島県内の政治家は守ろうとしていますか。職場の関係から出られないとか、こういう関係だから動けなくてって言いますよね。でもそれでいいのですか。将来子どもに恨まれますよ。

そう言っても出られない事情があると、新聞記者が言っていました。彼に言ったんです。「あなた、将来誰に面倒を見てもらおうとしているんですか。その子どもに健康障害が出たらどうするんだと。元も子もなくなるだろう」って。「とにかく出ろ」と。

福島の皆さんに言いたいのは、とにかくしっかり怒って、国や東電に訴えるべきだということです。私たちには公民権がある。双葉町の町に住む権利があるはずなんです。私たちはちゃんと税金を収めて、国民の義務を果たしている。なのに本人たち不在のまま、勝手に処理をされて、明日も見えないまま、さまよい歩くような生活にさせられ、今もそれが続いている。

片や事故の責任も取らずに、高い退職金をもらって貴族のような生活をしている。私はこの事故で負けたくない。敗者になりたくないのですよ。

東京電力は、私たちの町に後から入ってきたのに、事故を起こしてめちゃくちゃにして、その責任も取らずにいるのに、我々がなんで「出ろ」って言われなければならないのですか。東京電力は私企業ですよ。一つの会社が地方公共団体を丸々追い出してしまったのですよ。そんな例がありますか。これは犯罪ですよ。立件できないこともおかしい現象ですね。

――あの日からもう四年目を迎えました。政府自民党は新規原発を認める方針に転換し、立地自治体では、再稼働推進を求める声も強くなっています。福島で起こったことがまだまだ共有されていない。理解されないまま、どんどん日常に埋没させられている。

立地自治体の人には私たちを両目で見ていてもらいたい。福島をもっと知るべきだと思う。メディアを通してではなく、実際に我々を自分たちの目で見て、直接話を聞いてほしい。

立地自治体の住民の人たちとの話し合いの場を持つことが必要だと思ってる。原子力規制委員会は、避難については関わらない、と言っている。それは我々の責任ではないと。こんな無責任な言葉を許しておいてはいけませんね。何の担保もとらず、丸投げされて。規制委員会のやってることのお陰で事故前よりずっと悪くなったんですよ。そのことを立地自治体の住民の方々と共有しないといけないと思ってます。

事故後いろいろな原子力事故の調査報告書が出ましたが、そこには何度も言ってるように我々の記述は少ない。ほとんどない。政府事故調に関しては、酷い。「犯罪者の責任を問うものではない」と先に言ってる。そんなものの中身を見る必要はないと思ってます。そういう住民軽視の中で再稼働が進められているのです。何も学んでない。

事故後、住民が外されたまま事故処理が行われているんです。

本来、事故が起きたら、オフサイトセンターの現地対策本部とやりとりしながら、町には情報が来るようになってる。そういう訓練も行っています。ところが震災後はそれが全く機能していない。震災後四日目にして現地対策本部が福島県庁内に立ち上がりました。そこで国と県、東電は情報がやりとりできたのですが、双葉町は会議に参加させられていません。

当初の混乱の中で、それができなかったという見方もあるでしょうが、それは違う。その

汚染土が詰まったフレコンバッグが置かれた仮置き場の風景。福島ではこうした広景がどんどん拡がっている（2013年８月、楢葉町付近）

後もずっと情報は来なかった。最初から被害者外しを意図的に行っていた。これまでの経緯を見てもそうとしか考えられない。

原発事故が起きる前年の一一月二五、二六日には、県主催の防災訓練を浜通り原発立地自治体と広野、浪江を交えて行っています。原子力災害が起きたらどうするかということを、県と町でシミュレーションもしています。双葉町は対策本部のメンバーに入らないといけなかったのです。にもかかわらず、事故が起こってからはメンバーを外されたままです。

何度も繰り返しますが、中間貯蔵施設にしても、私たちの健康管理、生活再建についても、まともな情報が来て、まともな説明がなされたことがない。質問も議論もまともにできていない。

だから私は知事選後、福島の人たちが中心となった事故検証が必要ではないかと考え、その学習会を立ち上げました。そこに関わってもらった方がいいと思います。金とか旅費とか言ってる場合ではないと思います。

ここに一九九一（平成三）年に東京電力と町が取り交わした協定書※があります。ここには、損害の補償として「発電所の保守運営に起因して地域住民に損害を与えた場合は、丙（東電）は誠意をもって補償するものとする」とだけある。

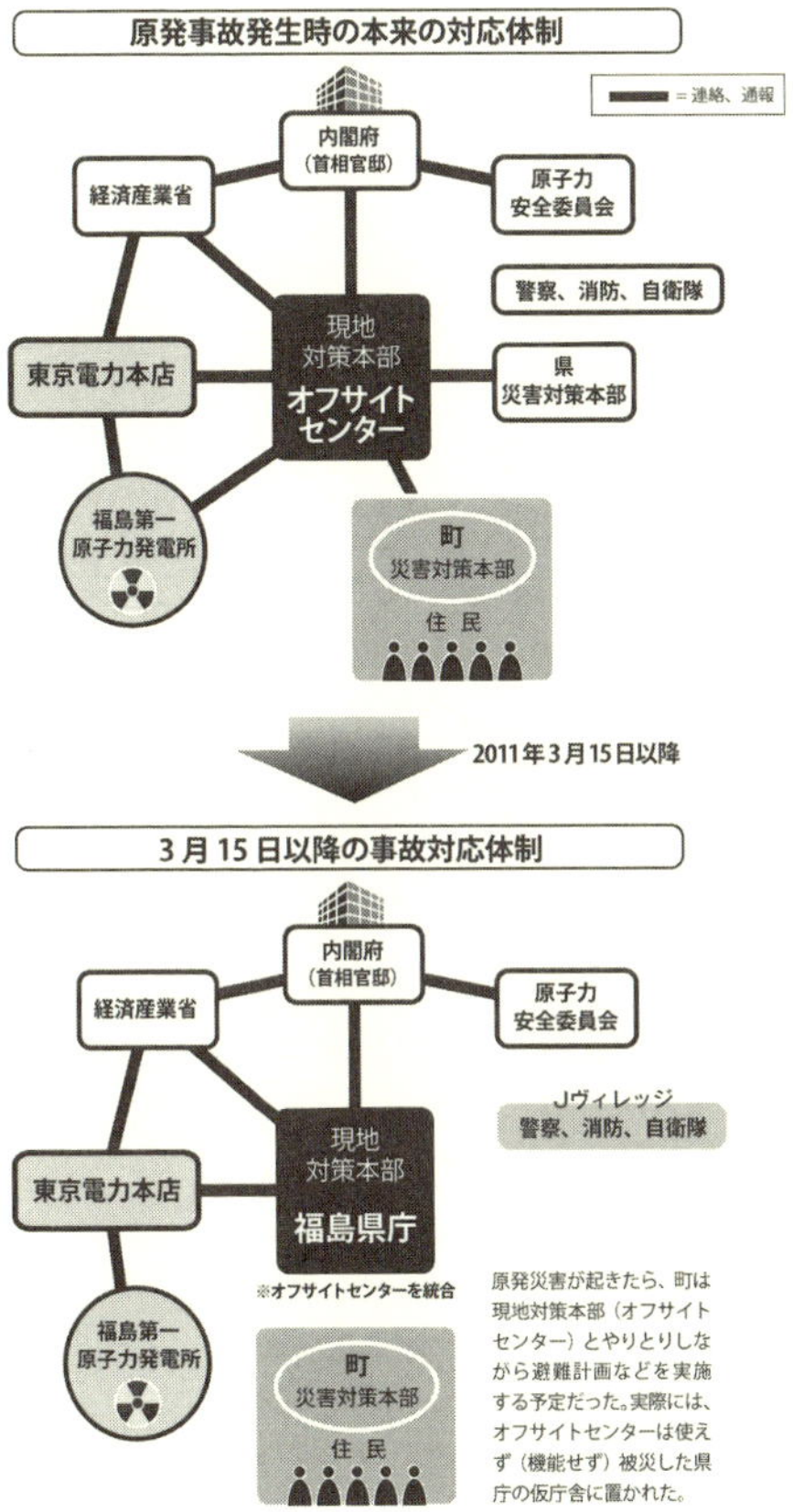

原発事故発生時の対応体制。2011年3月15日以降、町と住民が連携から外され、取り残されてしまった図式がわかる

（測定結果の提出）

第6条　甲及び丙は、第4条の規定に基づき実施した環境放射能の測定結果を技術連絡会に提出するものとする。

（測定結果の公表）

第7条　第4条の規定に基づき実施した環境放射能の測定結果は、技術連絡会の評価を経たのち、甲が公表するものとする。ただし、技術連絡会の審議を経ることができない緊急な事情があるときは、甲、乙及び丙は相互に連絡のうえ公表するものとする。

（立入調査）

第8条　甲又は乙は、次に掲げる場合は、発電所への立入調査を行うことができるものとする。

（1）発電所周辺の環境放射能及び温排水等に関し、異常な事態が生じた場合

（2）発電所の保守及び管理の状況等について特に必要と認めた場合

2．前項の規定に基づき立入調査を行うときは、甲又は乙は、あらかじめ丙に対し、立入調査を行う者の氏名、日時及び場所を通知し、丙はこれに立ち会うものとする。

（状況確認）

第9条　甲又は乙は、前条第1項各号に掲げる場合を除き、丙が行う環境放射能の測定、発電所の保守及び管理、その他発電所の安全確保に関する事項について、状況確認を行うことができるものとする。

2．前項の規定に基づき状況確認を行うときは、甲又は乙は、丙にその旨を通知し、丙はこれに立ち会うものとする。

（適切な措置の要求）

第10条　甲又は乙は、第8条第1項の規定に基づく立入調査の結果、安全確保のため特別の措置を講ずる必要があると認めたときは、国を通じ丙に適切な措置を講ずることを求めるものとする。ただし、特に必要な場合は甲又は乙から直接丙にこれを求めることができるものとする。

2．丙は、前項の規定に基づき甲又は乙から適切な措置を講ずることを求められたときは、誠意をもってこれに応ずるものとする。

（立入調査を行う者及び状況確認を行う者の選任）

第11条　甲又は乙は、第8条第1項の規定に基づき立入調査を行う者及び第9条第1項の規定に基づき状況確認を行う者を甲又は乙の職員の中からそれぞれ選任するものとする。

2．甲又は乙は、前項の規定により選任した職員に対し、身分証明書を交付し、立入調査等の際はこれを携帯させるものとする。

3．身分証明書の様式は、甲又は乙がそれぞれ別に定めるものとする。

（損害の補償）

第12条　発電所の保守運営に起因して地域住民に損害を与えた場合は、丙は誠意をもって補償するものとする。

28 | エネルギーのまち　ふたば

※　東京電力株式会社福島第一原子力発電所周辺の安全に関する協定書（抜粋）第1条から第16条まであり、12条に損害の補償について記載されている。

『エネルギーのまち　ふたば』（福島県双葉町発行）より引用

こういう協定書の内容を立地の人が見てるのだろうかって思います。これしか書いてないわけです。補償の限度や加減が書いていていない。

逆に書いてないから「一切だ」って言い方もできますが。そういうことをまず知っておかないと。

請願とか署名運動もいいですが、それをしたからと言って議会が動くとは限らない。議会自らがこういったことを参考にして知るべきだと思う。住民の人が知ることだと思う。こういう協定書は出てきますから。

◆事故が起きたら、避難計画だけでは対応できない。避難生活計画、帰還計画がセットになってはじめて機能する

それと立地自治体の方に言いたいのは、避難計画そのものがおかしいということです。なぜ安全ならあなた方が逃げるのかということです。避難計画の拒否宣言をするくらいでないとおかしい。

もし避難計画を立てるなら、私は「避難計画」に「避難生活計画」「帰還計画」の三つが

セットだよと言ってる。原発事故の避難は台風の避難とは違う。避難計画がない、つくれないと言ってますが、避難なんて三日もあれば完了する。仮設としてどこかの体育館を押さえて、後どうするんだということですから。問題は避難後の生活をどうするか。これが一ヵ月二ヵ月の話ではないわけです。何年、何十年のスパンで考える。次にいつどのような段階になったら帰るのか。帰れるのか。それを帰還計画としてしっかり立てる。

さらにこの三つには、それぞれの主体の役割がある。国、電力会社、県、基礎自治体、住民。それぞれが役割を果たしながら、帰還までの計画を立て、実現する。この三つが揃って

避難しない方法を実行しよう

●避難しない権利の行使

・生活権、自治権、生存権、先住権、親権、幸福追求権、歴史の伝達義務、放射能被曝の義務がないので**社会権としての権利がある**

●避難の拒否

・避難の義務の存在の立証を電力会社に求める
・市町村長に避難の義務の存在証明を求める
・営利企業のために避難計画作成義務が首長に存在するのか
・住民の生存権よりも営利企業の利益が優先するのか
・上記に憲法上の整合性がない場合は避難を拒否できる

●避難の原因の除去

・避難の原因は原発事故を想定して住民を現場から避難隔離するため、避難の趣旨は放射能からの避難であるが、線引きを曖昧にして福島では現在まで避難は完了してない。このような事から住民に避難させるのには無理があるので**自己原因物質である原発を避難させるのが最良の解決策である**

はじめて帰還できる。

本来だったらそういったことが全国の原発立地自治体の避難計画の話の中で出てくるはずなんですが、出てこない。原発事故が起こった時の膨大な避難生活の時間というものを考える感覚が原発の立地自治体の首長からは見えてこない。

もともとそういう発想すらないのが公務員の世界なんです。そういうことを見ようともせ

それぞれの責任と避難計画

区分	役割と内容
国	避難新法の整備 避難指示、救助、救済、資金
電力会社	場所確保、誘導、被曝防止
都道府県	都道府県庁の避難計画、避難誘導、 避難場所整備、生活費交付
市町村	避難場所の確定と整備、避難周知、 機能保持、生活費配付
住民	安全避難訓練、避難の役割分担

それぞれの避難生活計画

区分	役割と内容
国	避難生活法制定、想定できる原発事故は 災害救助法が使えない
電力会社	生活の場の提供、避難生活費負担、 避難場所管理、問題抽出の解決
都道府県	都道府県民の苦情解決、電力会社の 指導監督、国との連絡調整
市町村	住民の苦情調査、生活管理、健康管理、 ふるさと、文化の保持
住民	生活維持、避難者の絆保護、家族管理、 健康管理、共助・協調

それぞれの帰還計画

区分	役割と内容
国	帰還法整備、復旧・復興計画作成、 避難指示解除、救済完了宣言
電力会社	放射性物質の撤去、インフラ整備、 市町村の原型復帰、安全確認・環境保護
都道府県	安全の監視確認、避難解除協議、 国・電力会社と市町村の連絡調整
市町村	市町村の環境復元確認、インフラ整備、 市町村機能復元、市町村民避難終了
住民	生活再現計画、家屋修繕・新築、居住、 環境整備、帰還、生活再開

ず、首長は職員に丸投げして、職員はコンサルタント会社に丸投げしてる。なぜそういう発想を私がするのか。そういう経験を、身体で体験しているからです。だからその目で見てほしいんです。

――知事選をきっかけに、事故の検証についてのネットワークづくりをはじめました。また今いろいろな訴訟の準備などもしていますし、国や県、町にも質問書などを送って闘っています。ただどうも一人で闘っているように見えます。もっと積極的に組織化を進める必要もあるように思えますが。

基本は一人でやるしかないと思っています。知事選も最後は妥協してしまったところがあった。もっとやりたいことはあった。でも二人以上になると妥協するところも出てくる。振り返ってみても失敗は妥協したことで起きている。

事故は起こしません。放射能は出ませんよって言われて、「ああそうですか」って妥協したから、こんな大事故になった。だからもう安易な妥協はしないんです。

――現地対策本部といい、中間貯蔵施設といい、帰還区域の線引きといい、3．11後の福島の対応を見ていると、住民が黙っていると国や行政はどんどん好き勝手にやることが明らかになりました。

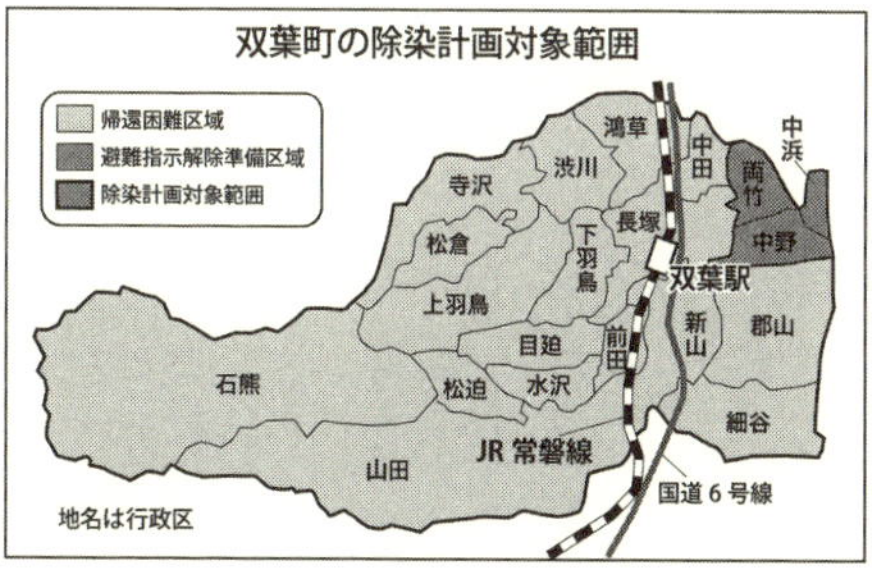

双葉町の除染計画対象範囲（2015年2月現在のもの）。「双葉町（避難指示区域及び警戒区域の見直し）」双葉町ホームページ　http://www.town.fukushima-futaba.lg.jp/secure/4130/20130507_03.pdf を元に作成（参照：2015年2月27日）

公務員は国民が得るべき利益を妨害してはならないということを、公務員法では言っています。住民が黙っているからと言って勝手なことはできない。国民に不要な負担を強いてはいけないのです。

勝手にやっているとしたら、その公務員たちは役目を果たしてないから、公務員という場から離れるべきです。片方に対して有利に取り計らっていること自体がおかしい。

今、国民は負担するいわれのない除染費用を負担させられ、賠償費用だってほとんど東電は出さず、株式を持ってもらって国有企業になったようですが、その原資は全部国民が出している。

一営利企業の経営者の責任を問うてからですよ。素っ裸になって責任をとったわけでもない。事故当時の責任者は今なお優雅な暮らしをしてる。それを放置している日本は法治国家の体をなしていない。法治国家とは言えないですよ。

公務員は黙っていても公平公正な仕事をしないといけない。公務員の罷免権は憲法に謳われている。公務員がそういうことを意識していないといけない。国の言いなりになっていることが首長の仕事ではない。住民の言うことに耳を傾けるのが首長の仕事だと思っている。私はそう思いながら首長になったんです。

私は国民の皆さんに言いたい。特に今、再稼働の問題をつきつけられている町の地元の人たちに。なんであなた方は、最初から負けているんだと。負けている話をするなと。

再稼働の前に福島の様にしないと約束させた方がいい。再稼働に同意した首長に全ての責任を求めると住民の皆さんは契約した方がいい。言葉だけだと私のようにされますよ。勝ちなさい、原発立地の皆さん。

双葉町原発の沿革〜原子力発電のあゆみ

一九六〇年　五月　一日　県が原子力産業会議に加盟し、立地調査を行い、双葉・大熊地点が適地であることを確認

一九六一年　九月　双葉・大熊両町長が原子力発電所の誘致及び事業促進に係る陳情書を県と東京電力㈱に提出

一九六三年　一〇月二二日　双葉町議会が原子力発電所誘致を議決

一九六四年　一二月　県開発公社、東京電力㈱の用地買収を受託

五月　県開発公社、双葉・大熊町の議員で構成する両町合同の開発特別委員会に用地買収の基本方針を説明

七月　県開発公社、町長立会いのもとに地権者の承諾書を取付け

一一月三〇日　東京電力㈱が原子力発電所建設計画を発表（一号機は一九六六〈昭和四一〉年度から着工）

一九六五年　一二月　一日　東京電力㈱、大熊町に福島調査所を設置

九月　県開発公社、第一期用地買収完了（二八万七六四三坪）

一一月一〇日　県開発公社、第二期用地買収着手（双葉町側）

一二月　一日　東京電力㈱、福島原子力発電所建設準備事務所を設置

一九六六年　四月　東京電力㈱、原子炉の炉型を米国GE社の「沸騰水型軽水炉」と決定

一九六六年　四月　四日　電源開発調整審議会、福島原子力発電所一号機計画を承認
七月　一日　東京電力㈱、福島原子力発電所一号炉の設置許可申請書を提出
一二月　一日　内閣総理大臣、福島原子力発電所一号炉設置を許可（沸騰水型軽水炉（以下同型炉））電気出力四〇万kW、一九六九（昭和四四）年四月七日電気出力四六万kW変更申請許可）

一九六七年　七月三一日　県開発公社、第二期用地買収完了（三四万九七三七坪・双葉町分）
九月二九日　福島第一原子力発電所一号機着工
一二月二三日　東京電力㈱、漁業権損失補償協定を請戸漁業協同組合外九組合締結
一九六八年　三月二九日　内閣総理大臣、福島原子力発電所二号炉設置を許可（電気出力七八・四万kW）
六月　五日　全国原子力発電所所在市町村協議会発足
一九六九年　四月　四日　県、東京電力㈱と「原子力発電所の安全確保に関する協定」を締結
五月二七日　二号機着工

一九七〇年　一二月　県、原子力発電所安全確保技術連絡会を設置
一月二三日　内閣総理大臣、福島原子力発電所三号炉設置を許可（電気出力七八・四万kW）
一〇月一七日　三号機着工

一九七一年　三月二六日　一号機、営業運転開始

一九七二年

九月二三日　内閣総理大臣、福島原子力発電所五号炉設置を許可（電気出力七八・四万ｋＷ）

一二月二二日　五号機着工

一九七三年

一月一三日　内閣総理大臣、福島原子力発電所四号炉設置を許可（電気出力七八・四万ｋＷ）

一月二五日　県、原子力発電所安全確保連絡会議を設置

九月一二日　四号機着工

一二月一二日　内閣総理大臣、福島原子力発電所六号炉設置を許可（電気出力一一〇万ｋＷ）

一九七四年

二月一九日　「原子力発電所の安全確保に関する協定」を改正（県の立入調査権を追加）

五月一八日　六号機着工

六月　一日　県、大熊町に原子力対策駐在員事務所を開設
科学技術庁、大熊町に原子力連絡調整官事務所を開設

八月　七日　県、原子力発電所建設集中地区の双葉五町の環境放射能測定を開始

四月　一日　県、大熊町の原子力対策駐在員事務所を「原子力センター」に改組

四月　三日　「ＢＷＲ運転訓練センター」が大熊町（大沢地区）に完成

七月一八日　二号機、営業運転開始

一九七五年　二月二〇日　原子力センター新庁舎、双葉郡大熊町に完成
一九七五年　六月三〇日　原子力センター環境放射能測定監視テレメータシステム完成
一九七六年　三月二二日　「原子力発電所周辺地域の安全確保に関する協定」、立地四町を加えた三者協定に改定
　　　　　　三月二七日　三号機、営業運転開始
一九七七年　一〇月二八日　自治省、核燃料税の新設を許可（一一・一福島県核燃料税条例公布、一一・一〇施行）
一九七八年　一月二五日　県漁連、東京電力㈱と福島第一原子力発電所の使用済核燃料の海上輸送に伴う「福島第一原子力発電所に関する協定」を締結
　　　　　　四月一八日　五号機、営業運転開始
　　　　　　一〇月一二日　四号機、営業運転開始
一九七九年　三月二八日　米国スリーマイル島原子力発電所二号機（加圧水型軽水炉、出力九五・九万ｋＷ）事故発生
　　　　　　一〇月二四日　六号機、営業運転開始
　　　　　　一〇月二五日　資源エネルギー庁、福島第一原子力発電所へ常駐検査官派遣
　　　　　　一二月一四日　福島第一原子力発電所と県原子力センター・大熊町・双葉町間に緊急時連絡通報用のホットライン設置
一九八〇年　六月一一日　資源エネルギー庁、福島運転管理専門官事務所を双葉町に開設

一九八一年　四月　一日　財団法人福島県原子力広報協会（理事長：田中清太郎）発足
一九八二年　三月三〇日　「原子力発電所周辺地域の安全確保に関する協定書」改定（品質保証活動の励行を追加）
　　　　　　七月二六日　田中清太郎氏（双葉町長）が電源立地促進功労者賞（内閣総理大臣賞）を受賞
一九八五年　一二月二七日　「原子力発電所周辺地域の安全確保に関する協定」の運用に関する規定と通報連絡要綱の一部改正（協定運用の充実・強化、通報連絡事項の一層の明確化）
一九八六年　四月二六日　ソ連チェルノブイリ原子力発電所四号機（黒鉛減速軽水冷却型炉、出力一〇〇万ｋＷ）事故発生
一九九一年　三月一八日　「原子力発電所周辺地域の安全確保に関する協定」、同協定の運用に関する規定及び関係要綱を改定
　　　　　　九月二五日　双葉町議会、九月定例議会で「原発増設に関する決議」を全会一致で採択
　　　　　　九月二七日　国会議員への陳情及び東京電力㈱に議会の決議文書を渡す
　　　　　　一〇月　二日　町長、議長が出県し奥山副知事に対して増設決議の経過説明
　　　　　　一一月一九日　町政懇談会を開催し、増設について理解を求める（三二九名出席）（～一二月二日まで）

各種団体・委員会役員との懇談会を開催し、増設についての理解を求める（一〇〇名出席）

一九九一年　一一月二五日　国、県、東京電力㈱に対して原子力発電所増設要請

一九九二年　四月　一日　企画開発課内（現：企画課）に原子力対策室を設置

七月　九日　双葉町原子力安全連絡会議設置

一九九三年　三月　二日　東京電力㈱、県に対し「運用補助共用施設」設置計画の事前了解願を提出

四月　七日　東京電力㈱、一九九三（平成五）年度の施設計画発表。原発二基の新設を盛り込む（場所を特定せずN1・N2の符号）［N1　二〇〇一（平成八）年度着工　一九九六（平成一三）年度運転開始　N2　一九九七（平成九）年度着工　二〇〇二（平成一四）年度運転開始］

四月一三日　県・双葉町・大熊町、「運用補助共用施設」設置計画について事前了解通知

一九九四年　一月一二日　大熊町議会との懇談。増設誘致決議に関し理解と協力を求め、立地町同士、協力していくことを確認

四月　六日　東京電力㈱、一九九四（平成六）年度の施設計画発表（場所N1・N2のまま着工を一年先送り）［N1　一九九七（平成九）年度着工　二〇〇二（平成一四）年度運転開始　一九九八（平成一〇）年度着工

八月二三日　二〇〇三（平成一五）年度運転開始〕
東京電力㈱、県に対し、福島第一原子力発電所七、八号機及び広野火力発電所五、六号機増設に係る環境影響調査実施を申し入れ
※増設計画概要
一．用地　福島第一原子力発電所敷地内（双葉町の遊休地）
二．増設規模　一三五・六万kW×二基
三．原子炉型式　ＡＢＷＲ（改良型沸騰水型軽水炉）
四．工程　イ．環境影響調査開始　一九九五（平成七）年四月
ロ．電源開発調整審議会　一九九七（平成九）年度
ハ．着工・運転開始
七号機　一九九九（平成一一）年度着工、二〇〇三（平成一五）年度運転開始
八号機　二〇〇〇（平成一二）年度着工、二〇〇四（平成一六）年度運転開始
九月二一日　双葉町、県及び県議会に対し福島第一原子力発電所の増設促進について要望書を提出
一〇月一一日　大熊町議会議員との懇談。増設問題、地域振興策等について意見交換

一九九五年

四月一一日　東京電力㈱、一九九五（平成七）年度の施設計画発表

・七号機：二〇〇四（平成一六）年度、八号機：二〇〇五（平成一七）年度運転開始

一〇月二六日　岩本忠夫氏（双葉町長）が原子力安全功労賞（科学技術庁長官賞）を受賞

一二月　八日　高速増殖原型炉「もんじゅ」二次冷却系ナトリウム漏えい事故発生

一九九六年

三月　八日　東京電力㈱、一九九六（平成八）年度の電力供給計画発表（・七号機：二〇〇四（平成一六）年度、八号機：二〇〇五（平成一七）年度運転開始）

四月二五日　原子力委員会、第一回原子力政策円卓会議開催（延べ一一回開催。七月一二日第七回原子力政策円卓会議に岩本忠夫氏（双葉町長）出席）

一〇月　七日　東京電力㈱、県に対し福島第一・第二原子力発電所原子炉設置変更（以下「9×9燃料採用」計画という）に関しての事前了解願を提出

一二月二六日　県・双葉町・大熊町・富岡町・楢葉町、「9×9燃料採用」計画について事前了解通知

一九九七年

二月二一日　電気事業連合会、プルサーマル計画を公表

三月　六日　東京電力㈱、福島・新潟県に対し、東京電力㈱としてのプルサーマル計画を説明

三月一一日　動力炉・核燃料開発事業団東海事業所再処理施設アスファルト固化処

理施設で火炎爆発事故発生

三月二八日　東京電力㈱、一九九七（平成九）年度電力供給計画発表（・七号機：二〇〇五（平成一七）年三月、八号機：二〇〇六（平成一八）年三月運転開始）

七月一一日　県庁内に「核燃料サイクル懇話会」を設置

九月一二日　原子力発電所の配管溶接部の焼鈍（しょうどん）における温度記録に係る疑義発生

一〇月　七日　双葉地方町村会、双葉地方町村議会議長会主催の第一回核燃料サイクル研修会開催

一一月一八日　双葉地方町村会第二回研修会開催

一九九八年

一月一九日　通商産業省・科学技術庁、大熊町で「プルサーマルを考えるフォーラム」開催

二月一九日　第五回核燃料サイクル懇話会に岩本忠夫氏（双葉町長）出席

三月二七日　東京電力㈱、一九九八（平成一〇）年度電力供給計画発表（・七号機：二〇〇五（平成一七）年七月、八号機：二〇〇六（平成一八）年七月運転開始）

四月二三日　東京電力㈱、郡山市で「プルサーマル説明会」開催

四月二八日　通商産業省・科学技術庁、福島市で「プルサーマル説明会」開催

七月三〇日　双葉郡五町長、県知事に対し東京電力㈱の原発増設計画及びプルサーマル計画の早期実現を求める陳情書を提出

八月一八日　県・双葉町・大熊町、東京電力㈱の「福島第一原子力発電所三号炉におけるウラン・プルトニウム混合酸化物燃料の採用計画等（以下「プルサーマル計画」等という）に係る事前了解願を受理

一〇月二三日　大熊・双葉両町長、知事に「プルサーマル計画」等に関する町の意向を説明

一一月　二日　県・双葉町・大熊町、「プルサーマル計画」等について、東京電力㈱に事前了解通知

一一月　四日　東京電力㈱、通商産業大臣に対し「プルサーマル計画」等に関する原子炉設置許可変更を申請

一九九九年

三月一五日　通商産業大臣、東京電力㈱の「プルサーマル計画」等に関する原子炉設置許可変更申請を安全基準に適合と判断。原子力安全委員会及び原子力委員会に諮問（原子力安全委員会は六月二八日、原子力委員会は六月二九日に審査結果を答申）

三月二九日　東京電力㈱、一九九九（平成一一）年度電力供給計画（・七号機：二〇〇五（平成一七）年一〇月、八号機：二〇〇六（平成一八）年一〇月運転開始）

四月一四日　東京電力㈱、福島第一原子力発電所七・八号機の環境影響調査書を国・県・大熊町・双葉町に提出（四月二〇日～五月一九日まで調査書縦覧）

四月二九日　東京電力㈱、福島第一原子力発電所七・八号機環境影響調査書に関する地元説明会を開催（双葉町体育館）

六月　七日　東京電力㈱、資源エネルギー庁・県・六町に環境影響評価調査書の縦覧結果を報告

七月　二日　通商産業大臣、東京電力㈱の「プルサーマル計画」等について原子炉設置変更を許可

八月二五日　東京電力㈱、福島第一・七、八号機増設計画地点に猛きん類「オオタカ」の生息確認

九月一四日　関西電力㈱高浜発電所三号機用MOX燃料の検査データねつ造発覚

九月二七日　MOX燃料、東京電力㈱福島第一原子力発電所に到着

九月三〇日　東海村JCO東海事業所（ウラン燃料加工施設）で臨界事故発生

一二月一六日　関西電力㈱高浜発電所四号機用MOX燃料の検査データねつ造発覚

二〇〇〇年

一月　七日　東京電力㈱、福島第一原子力発電所三号機のMOX燃料装荷延期を表明

二月二四日　東京電力㈱、国に福島第一原子力発電所三号機用のMOX燃料品質管

理データの再確認結果報告書を提出

三月二九日　東京電力㈱、平成一二年度電力供給計画発表

（・七号機：二〇〇六（平成一八）年一〇月、八号機：二〇〇七（平成一九）年一〇月運転開始）

四月　一日　福島運転管理専門官事務所を福島第一原子力保安検査官事務所に改名

五月三一日　「特定放射性廃棄物の最終処分に関する法案」が成立

八月　一日　東京電力㈱、通商産業省・資源エネルギー庁に福島第一原子力発電所三号機ＭＯＸ燃料の品質保証説明書を提出

八月一〇日　通商産業省・資源エネルギー庁、東京電力㈱に対して福島第一原子力発電所三号機に係るプルトニウム混合酸化物（ＭＯＸ）燃料の輸入燃料体検査の合格証を交付

八月二九日　資源エネルギー庁、東京電力㈱は、県に対し、福島第一原子力発電所三号機に係るプルトニウム混合酸化物（ＭＯＸ）燃料の輸入燃料体検査の合格証を交付したことの品質管理説明

一一月　二日　双葉町・双葉町議会、国・県に原子力発電所の安全確保、地域振興を要望

一一月　九日　東京電力㈱福島第一原子力発電所七・八号機増設に係るオオタカの調査結果報告書の内容について国が了承

一二月　一日　「原子力発電施設等立地地域の振興に関する特別措置法」成立

一二月　八日　通商産業省資源エネルギー庁及び双葉地方町村会、大熊町で「輸入MOX燃料の品質保証に関する説明会」を開催

東京電力㈱、福島第一・七、八号機増設計画に伴う漁業補償について、関係七漁協と補償協定締結。補償額は広野火発五、六号機の補償費三〇億円と合わせ一五二億円

県、東京電力㈱に対し、福島第一・七、八号機増設計画に関する環境影響評価の稀少猛きん類保全調査結果を適正とする検討結果を回答

二〇〇一年

一月二九日　東京電力㈱、環境影響評価書を県と六町村（双葉町、大熊町、浪江町、富岡町、川内村、都路村）に提出（二月二九日まで縦覧）

二月　八日　東京電力㈱、電力需要の伸び悩みなどを受け、原子力を含む火力、水力などすべての発電所の新増設を原則として三年から五年凍結する方針を発表

三月二六日　一号機、営業運転開始から三〇年

三月二九日　東京電力㈱、二〇〇一（平成一三）年度電力供給計画発表

・七号機：二〇〇七（平成一九）年一〇月、八号機：二〇〇八（平成二〇）年一〇月運転開始

五月二七日　新潟県刈羽村で東京電力㈱柏崎・刈羽原子力発電所三号機へのプルサ

ーマル導入の賛否を問う住民投票実施（賛成　一五三三票、反対　一九二五票、保留　一三一票、投票率　八八・一四％）

九月一一日　米同時多発テロ事件発生、テロ対策として原子力発電所の警備強化

二〇〇二年

三月　四日　東京電力㈱、二〇〇二（平成一四）年度電力供給計画発表（・七号機：二〇〇八（平成二〇）年一〇月、八号機：二〇〇九（平成二一）年一〇月運転開始）

四月　一日　原子力災害対策特別措置法に基づく緊急事態応急対策拠点施設（オフサイトセンター）が、「原子力災害対策センター」として大熊町に完成、運用開始

六月　一日　資源エネルギー庁、福島双葉地域担当官事務所を富岡町に開設

八月二九日　原子力安全・保安院及び東京電力㈱は、原子力発電所における自主点検作業記録に係る不正事実（二九件）を公表

九月　四日　東京電力㈱、原子力発電所に係る不正問題を受け、福島第一・七、八号機の増設計画を延期

九月一〇日　双葉郡の立地四町長、原子力発電所に係る不正問題を受け、プルサーマルの実施について「推進」から「一時凍結」で合意

九月二〇日　双葉町議会、「東京電力㈱福島第一原子力発電所の増設に関する決議」を凍結

一〇月　一日　原子力安全・保安院は、自主点検作業記録の不正問題の中間報告を公表

一〇月二五日　原子力安全・保安院及び東京電力㈱は、原子力発電所における格納容器漏えい率検査の不正問題を公表

一一月二九日　原子力安全・保安院、原子炉等規制法に基づき福島第一・一号機の一年間の運転停止処分

二〇〇三年　三月二七日　東京電力㈱、二〇〇三（平成一五）年度電力供給計画発表・七号機：二〇〇九（平成二一）年一〇月、八号機：二〇一〇（平成二二）年一〇月運転開始

四月　一日　国（原子力立地会議）は浜通りと都路村の計一六市町村を「原子力発電施設等立地地域の振興に関する特別措置法の対象地域」に指定

県、富岡町に「原子力等立地地域振興事務所」を開設

一〇月　一日　原子力安全規制の新制度が開始。維持時基準の導入、また独立行政法人原子力安全基盤機構が発足

一一月一〇日　東京電力㈱、原子力発電所で発生するトラブル等の公表基準を策定（一一月一七日本格実施）

二〇〇四年　三月二九日　東京電力㈱、二〇〇四（平成一六）年度電力供給計画発表（・七号機：二〇一〇（平成二二）年一〇月、八号機：二〇一一（平

成二三）年一〇月運転開始）

八月　九日　関西電力㈱美浜発電所三号機（加圧水型）で蒸気噴出事故が発生。死者五名を含む一一名が死傷

二〇〇五年　三月二八日　東京電力㈱、二〇〇五（平成一七）年度電力供給計画発表（・七号機：二〇一一（平成二三）年一〇月、八号機：二〇一二（平成二四）年一〇月運転開始）

『エネルギーのまち　ふたば』（福島県双葉町発行）より引用

皆さんに伝えたいこと

東電の原発事故で私は壊されました。

事故前に双葉町が財政危機に陥り、その再建のために町長の給料の五〇％削減を選挙公約として当選しました。それは私の苦難の道のはじまりでした。

特に平成一九年一月から三月までは手取りゼロにしました、この理由は新宿区で派遣切りに遭った若者が、テント生活をしているテレビ映像を見て、大人の責任として決断しました。それだけではこの気持ちが収まらないので、平成一九年度から二三年度まで給料の七〇％削減を実施しました。ところが二四年度は三月議会、六月議会で削減案が否決され、辞任するまで通常の給料に戻されてしまいました。

私の選挙公約を、議会が否決したことは、議決権の濫用に当たります。

双葉町は、原発がありながら疲弊していました、原発が万能のように言われていますが、事実は違います。

なぜ疲弊しまったかをお伝えする前に、町の財布の大きさは、国によって決められる仕組みを国民の皆さんに知っていただきたいと思います。まず総務省が決める町の財布の大きさがあります。これを基準財政需要額と言い、平均で約二五億円です。

基準財政需要額は「地方交付税」の判断基準になります。この基準より多いか少ないかで交付団体か不交付団体に分かれます。双葉町は一時期不交付団体になりました。この時にはこの基準財政需要額よりも収入があったために、福島県に約六〇億円を返上させられていました。

平成二三年の地方交付税収入は約三億円でした。一方、原発の無い南会津町では約五六億円です。このように、交付税は総務省の基準で加減されますので原発があるから豊かだとは限らないのです。

双葉町の財政破たんの原因は、豊かな時に造ったインフラの維持修繕費に収入が追い付かなくなったからです。原発の交付金は長い間、人件費、修繕費、借入返済に使うことができなかったことも、悪化の原因です。

このような中でも希望をつなぎ、安心を伝えるのは、大変厳しいものがありました。首長には諦めたり、進路を見誤る事は許されません。先を学び、多くを知り、安全の確率を高めて、町民をリードしなければなりません。孤独の中で厳しい決断が求められます。

この事故は、今まで話してきたように、人災なんです。事故前も事故後も、隠ぺいとねつ造が延々と繰り返されている。地震・津波については二〇〇二年頃から、国と東電は協議を重ねてきているんですが、双葉町にはその報告はありませんでした。突然津波が来たように、装っていますが、嘘を吐いていたんです。

そもそも国は原発に設置許可を出しています。定期検査で完了検査をして、運転の許可を出していますから、事故が起きることがわかっていて原発に許可をしたということになるので不作為に当たるはずです。事故後は事故処理の法律が整備されていないために、後出しジャンケンのように自分たちに都合のよい法律をつくっている。それから東電の責任を問わないでいること、関係職員の責任を問わないこと、被害者に無用な負担と我慢を強要していること、立地自治体を壊そうとしていること、国民に被ばくの強要をしていること、被害者の人権を蹂躙していることなど、数えきれないほど不作為を働いているのです。

一方福島県は、原発事故から県民の人権と健康を守らないでいるし、事故の調査・分析をして責任追及をしていないし、県土、県民の損害回復の請求をしていません。さらに県民の安全確保を怠っているし、県民の避難を妨害し、被ばくを強要している。県民の立場に立たず、国・東電を擁護していること、事故発生を予知できなかったこと、避難訓練を事故後に活かさなかったこと、**エートス活動**を放置していること。そして、子どもを被ばくさせ続けていること、被害者排除で加害者に都合のよい対策を取っていること、県民の代弁者になっていないことなど、国に勝るほど不作為をしています。

その最大の不作為は、被ばく隠しの宣伝に多額の県費を使っていることです。一部の利益相反関係者のみに健康判断をさせているのは「猿芝居」です。県の本当の役目は県民の不利益を回復することですが、佐藤県政は真逆でした。県民を放射能から守るために避難訓練をしていたのに、実際はやらなかった。この訓練は、放射能から県民を守るためにしていたわけですから、ＳＰＥＥＤＩ情報を隠したり、避難エリアを狭くしたり、ヨウ素剤を服用させなかったのは県民に対する背任に当たります。

正に原発事故は過去・現在・未来を見据えた判断が必要でした。私が埼玉に町民を連れてきたのは、放射能の被害を最小限に抑えるためでした。これほどの苛酷事故では、公務員では適切な対応や安全の確保はできないだろうと考えました。そうなればどこかで彼らは必ず嘘をつくことになるだろうと推測しました。そのためには、嘘からの距離を取らなければならない。

従って誰が何と言おうとも、私の役目は町民の健康を守ることでしたので、独断で埼玉に再避難することに決めたのです。

現在、様々な形で事実が判明してきています。まだそれは緒についてはいませんが、段々とウソの壁が厚くなり重くなり、剥げ落ちることでしょう。本書には私の思いがまだ足りませんが、記載してあることは事実です。原発事故の恐ろしさ、ウソの罪深さを感じていただければ幸いです。引き続き、少しずつ皆さんには忌まわしい報告をしていきたいと思っております。

平成二七年三月

井戸川克隆拝

【用語解説】

エートス活動…エートスプロジェクトのこと。チェルノブイリ原発事故後、ベラルーシで始まった活動。汚染地域から非難、移住せず、汚染地域で線量計を持ちながら自分たちで被ばくを管理して生活していくという考えに基づく活動。主導者はフランス人経済学者のジャック・ロシャール氏。原子力産業団体「放射線防護評価センター」所長で、ＩＣＲＰの副委員長も務めるなど、原子力業界に影響力を持つ。

参考資料

この本の制作にあたっては次の書籍、サイト、資料のデータ情報を参照した。内容を引用したものもあれば、意見や考えとして参考にしたものもある。またあわせて、福島県内の方々、県外で避難されている方々、教育関係者、有識者、都市部に住む一般の方などの話を伺い、参考にさせていただいている。この場を借りて感謝を述べたい。

●書籍

・『明日なき原発　原発のある風景』柴野徹夫著、協力：安斎育郎（未来社　二〇一一年刊）

・『未来に続くいのちのために原発はいらない　アヒンサー第一号』ＰＫＯ法「雑則」を広める会編（ＰＫＯ法「雑則」を広める会　二〇一〇年刊）

・『内部被曝からいのちを守る　なぜいま内部被曝問題研究会を結成したのか』市民と科学者の内部被曝問題研究会著（旬報社　二〇一二年刊）

・『内部被曝の真実』児玉龍彦著（幻冬舎　二〇一一年刊）

・『検証 福島原発事故・記者会見――東電・政府は何を隠したのか』日隅一雄・木野龍逸著（岩波書店　二〇一二年巻）

・『福島原発事故　県民健康管理被害の闇』日野行介著（岩波書店　二〇一三年刊）

・『原子力損害賠償制度の研究――東京電力福島原発事故からの考察』遠藤典子著（岩波書店　二〇一三年

刊）
・『原子力と報道』中村政雄著（中央公論新社　二〇〇四年刊）
・『原発危機官邸からの証言』福山哲郎著（筑摩書房　二〇一二年）
・『原発事故と被曝労働』被ばく労働を考えるネットワーク編（三一書房　二〇一二年刊）
・『原発事故の被害と補償―フクシマと「人間の復興」』大島堅一・除本理史著（大月書店　二〇一二年刊）
・『原発訴訟』海渡雄一著（岩波書店　二〇一一年刊）
・『原発とは結局なんだったのか　いま福島で生きる意味』清水修二著（東京新聞出版局　二〇一二年刊）
・『原発難民　放射能雲の下で何が起きたのか』烏賀陽弘道著（PHP研究所　二〇一二年刊）
・『原発のウソ』小出裕章著（扶桑社　二〇一一年）
・『原発のコスト――エネルギー転換への視点』大島堅一著（岩波書店　二〇一一年刊）
・『原発はなぜ危険か―元設計技師の証言』田中三彦著（岩波書店　一九九〇年刊）
・『原発避難論―避難の実像からセカンドタウン、故郷再生まで―』山下祐介・開沼博編著（明石書店　二〇一二年刊）
・『原発立地・大熊町民は訴える』木幡仁・木幡ますみ著（柘植書房新社　二〇一二年刊）
・『原発列島を行く』鎌田慧著（集英社　二〇〇一年刊）
・『授業案　原発事故のはなし』日本環境教育学会「原発事故のはなし」授業作成ワーキンググループ編（国土社　二〇一四年刊）
・『脱原発で住みたいまちをつくる宣言』井戸川克隆／村上達也／桜井勝延／根本良一／笹口孝明／保坂展

人／上原公子／西原茂樹／三上元／曽我逸郎／澤山保太郎著（影書房　二〇一三年刊）
・『誰が復興を阻んだか』大下英治著（悟空出版　二〇一五年刊）
・『ドキュメント東京電力企画室』田原総一朗著（文芸春秋　一九八六年刊）
・『日本の原発危険地帯』鎌田慧著（青志社　二〇一一年刊）
・『裸のフクシマ　原発30km圏内で暮らす』たくきよしみつ著（講談社　二〇一一年刊）
・『東日本大震災　原発事故　ふくしま1年の記録』福島民報社著（福島民報社　二〇一二年刊）
・『福島原発事故　被爆者支援政策の欺瞞』日野行介著（岩波書店　二〇一四年刊）
・『福島原発事故独立検証委員会　調査・検証報告書』福島原発事故独立検証委員会著（ディスカバー・トゥエンティーワン　二〇一二年刊）
・『福島原発でいま起きている本当のこと』淺川凌著（宝島社　二〇一一年刊）
・『福島原発の真実』佐藤栄佐久著（平凡社　二〇一一年刊）
・『福島原発の真実　最高幹部の独白』今西憲之・週刊朝日取材班著（朝日新聞出版　二〇一二年刊）
・『福島第一原発─真相と展望』アーニー・ガンダーセン著、岡崎玲子訳（集英社　二〇一二年刊）
・『福島と原発─誘致から大震災への五〇年』福島民報社編集局著（早稲田大学出版部　二〇一三年刊）
・『フタバから遠く離れて──避難所からみた原発と日本社会』舩橋淳著（岩波書店　二〇一二年刊）
・『フタバから遠く離れてⅡ──原発事故の町からみた日本社会』舩橋淳著（岩波書店　二〇一四年刊）
・『プロメテウスの罠─明かされなかった福島原発事故の真実』朝日新聞特別報道部著（学研パブリッシング　二〇一二年刊）

・『プロメテウスの罠2　検証！福島原発事故の真実』朝日新聞特別報道部著（学研パブリッシング　二〇一二年刊）
・『プロメテウスの罠3　福島原発事故、新たなる真実』朝日新聞特別報道部著（学研パブリッシング　二〇一三年刊）
・『プロメテウスの罠4　徹底究明！福島原発事故の裏側』朝日新聞特別報道部著（学研パブリッシング　二〇一三年刊）
・『プロメテウスの罠5　福島原発事故、渾身の調査報道』朝日新聞特別報道部著（学研パブリッシング　二〇一三年刊）
・『がんセンター院長が語る 放射線健康被害の真実』西尾正道著（旬報社　二〇一二年刊）
・『放射線被曝の理科・社会』児玉一八・清水修二・野口邦和著（かもがわ出版　二〇一四年刊）
・『放射線被曝の歴史―アメリカ原爆開発から福島原発事故まで―』中川保雄著（明石書店　二〇一一年刊）
・『見えない恐怖　放射線内部被曝』松井英介著（旬報社　二〇一一年刊）
・『メディアは大震災・原発事故をどう語ったか―報道・ネット・ドキュメンタリーを検証する』遠藤薫著（東京電機大学出版局　二〇一二年刊）
・『レベル7　福島原発事故、隠された真実』東京新聞原発事故取材班著（幻冬舎　二〇一二年刊）
・『ヤクザと原発　福島第一潜入記』鈴木智彦著（文藝春秋　二〇一四年刊）

●雑誌

・『住宅新報』（二〇一一年四月一二日号～二〇一二年一〇月七日号）（住宅新報社）
・『週間東洋経済』（二〇一一年四月二三日号）（東洋経済新報社）
・『世界』（二〇一三年九月号）（岩波書店）
・『DAYS JAPAN』（二〇一二年一〇月号）（デイズジャパン）
・『科学』（二〇一一年一二月号）（岩波書店）

●新聞

朝日新聞／東京新聞／毎日新聞／読売新聞

●主なWebサイト

朝日新聞デジタル／東京新聞／毎日新聞／YOMIURI ONLINE／IZA（産経デジタル）／現代ビジネス／ロイター／時事通信／河北新報／福島民報／熊本日日新聞／東京電力／東洋経済オンライン／東北電力／福島県／新潟県／衆議院／内閣府／環境省／国土交通省／経済産業省

佐藤　聡（さとう・さとる）
フリーランスライター兼エディター。一九六一年、福島県南相馬市生まれ。出版プロダクションなどを経てフリー。3．11の震災では地震後、南相馬の実家が集落ごと流され、その後起きた福島第一原発の爆発で緊急時避難準備区域に指定される。震災当時、実家には一人暮らしの母親がおり、運良く津波から逃れることができたが、避難先を点々とすることとなった。二〇一四年四月から、不動産業界紙『週刊住宅新報』において震災後の福島を中心とした連載記事を約一年半続けた。

なぜわたしは町民を埼玉に避難させたのか

証言者　前双葉町町長　井戸川克隆

二〇一五年四月二一日　初刷発行

著者　井戸川克隆
　　　佐藤　聡（企画・聞き手）

発行者　井上弘治

発行所　駒草出版　株式会社ダンク　出版事業部
〒一一〇-〇〇一六
東京都台東区台東三-一六-五　ミハマビル九階
TEL　〇三-三八三四-九〇八七
FAX　〇三-三八三一-八八八五
http://www.komakusa-pub.jp/

カバーデザイン　荒川伸生（NA　design）

印刷・製本　シナノ印刷株式会社

落丁・乱丁本はお取り替えいたします。
定価はカバーに表示してあります。

2015 Printed in Japan
ISBN978-4-905447-46-7